Kreutzkamp

**Husky-Trail**

Nördlicher Polarkreis
Halbinsel Seward
Teller
Council
Mt. Kwiniuk
Solomon
Topkok
White Mt.
Moses Point
Koyuk
Nome
Safety
Cape Nome
Topkok-Hütte
Golovin
Elim
Golovin Bay
Norton Bay
Ungalik
Shaktoolik
Nordroute - gerade Jahre
Nulato
KALTAG MTS.
Galena
Yukon
Ruby
Kaltag
KAIYUH MTS.
Tripod Flat Cabin
Sulatna Crossing
Poorman
Bering-
meer
Unalakleet
Old Woman Cabin
Yukon R.
Eagle Island
Cripple
BEAVER MTS.
St. Michael
A
L
A
Ophir
Grayling
Ganes Creek
Takotna
Farewell Landing
Anvik
Shageluk
Iditarod R.
McGrath
Yukon R.
Innoko R.
Iditarod
Flat
St. Marys
Südroute - ungerade Jahre
Kuskokwim River
KUSKOKWIM
FAREW
ALA
Nördl. Polarkreis
Nome
ALASKA
KANADA
Fairbanks
Anchorage

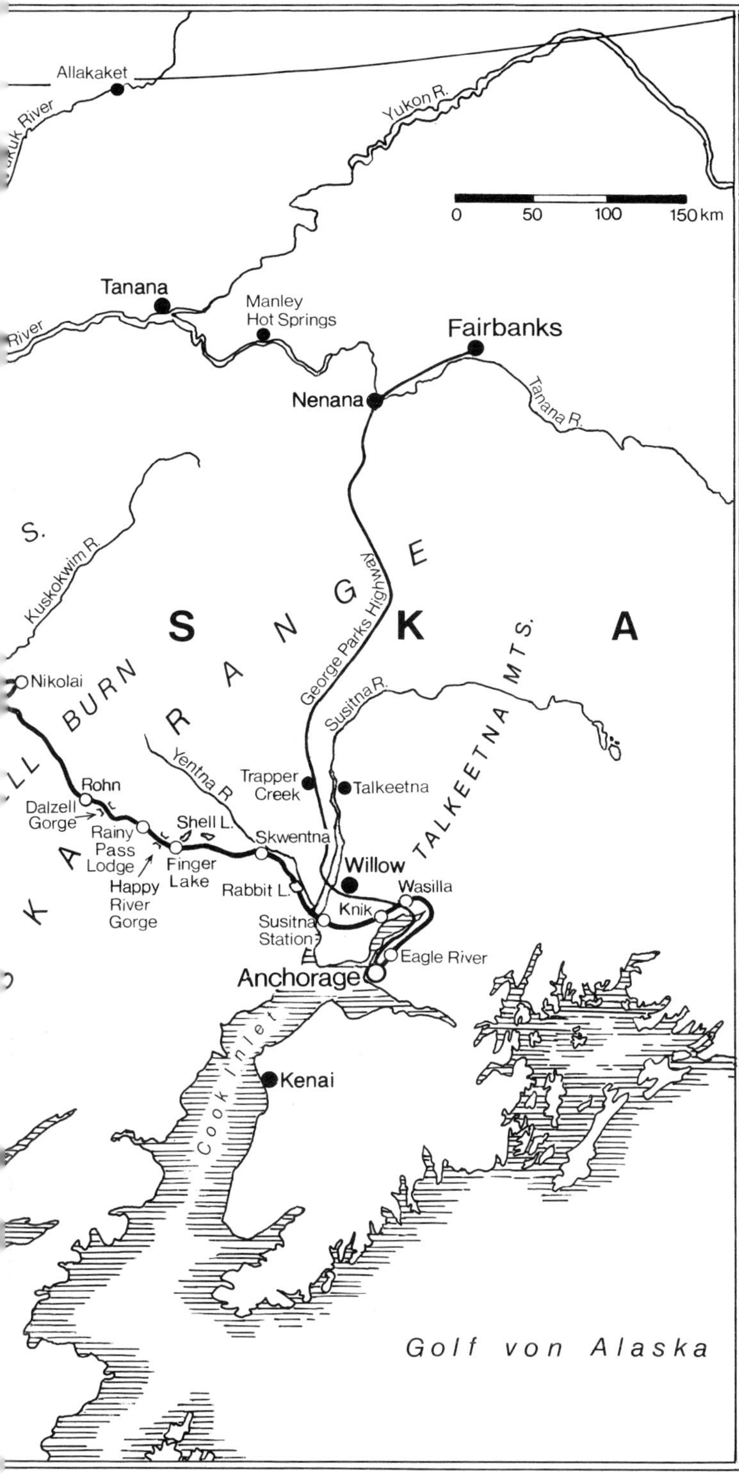


# IDITAROD Schlittenhunde-Trail durch Alaska

## Entfernungen auf dem Iditarod Trail

| O Checkpoints | Km |
|---|---|
| **Anchorage** – Eagle River | 32 |
| Eagle River – Wasilla | 47 |
| Wasilla – Knik | 23 |
| Knik – Skwentna | 138 |
| Skwentna – Finger Lake | 72 |
| Finger Lake – Rainy Pass | 48 |
| Rainy Pass – Rohn | 77 |
| Rohn – Nikolai | 150 |
| Nikolai – McGrath | 77 |
| McGrath – Takotna | 37 |
| Takotna – Ophir | 61 |
| **Nordroute** | |
| Ophir – Cripple | 97 |
| Cripple – Sulatna | 72 |
| Sulatna – Ruby | 121 |
| Ruby – Galena | 84 |
| Galena – Nulato | 84 |
| Nulato – Kaltag | 68 |
| Kaltag – Unalakleet | 145 |
| Unalakleet – Shaktoolik | 61 |
| Shaktoolik – Koyuk | 93 |
| Koyuk – Elim | 77 |
| Elim – Golovin | 45 |
| Golovin – White Mountain | 29 |
| White Mountain – Safety | 88 |
| Safety – **Nome** | 35 |
| **Südroute** | |
| Ophir – Iditarod | 145 |
| Iditarod – Shageluk | 105 |
| Shageluk – Anvik | 40 |
| Anvik – Grayling | 29 |
| Grayling – Eagle Island | 113 |
| Eagle Island – Kaltag | 113 |

Dieter Kreutzkamp

# Husky-Trail

## Mit Schlittenhunden durch Alaska

Frederking & Thaler

**Bildnachweis:**
City of Nome: 98
Iditarod Trail Committee: 142, 171, 185, 195, 215, 234, im ersten Bildteil 8. Bild, Umschlagrückseite
Joe Redington sen./AlaskaStock Images: Titelbild
Joe Redington sen.: 173
University of Alaska, Fairbanks: 13, 187, 205, 218, im dritten Bildteil 3. Bild

Alle übrigen (73 Fotos) wurden von Dieter Kreutzkamp mit Leica $R_5$ und $R_6$ aufgenommen.

Abbildung auf dem Umschlag vorne: Bei Mt. Denali (Mt. McKinley)

Die Deutsche Bibliothek – CIP-Einheitsaufnahme
Kreutzkamp, Dieter:
Husky trail: mit Schlittenhunden durch Alaska / Dieter Kreutzkamp. – München: Frederking und Thaler, 1992
(Reiseabenteuer)
ISBN 3-89405-312-7

REISEABENTEUER
herausgegeben von Monika Thaler


Titelgestaltung: Tinka Schlotterer/Frank Duffek
Karten: Isolde Notz-Köhler, München
Produktion: Tillmann Roeder, München
Fotosatz: Uhl + Massopust, Aalen
Reproduktion: PHG-Lithos, Martinsried
Druck und Bindung: Presse-Druck, Augsburg
ISBN: 3-89405-312-7

# Inhalt

# An meine Freunde

Ihr heißt Beetle, Boomer, Screamer, Zinger, Speedy, Cy, Charge, Blanco, Tamarack, Norton, Junior, Button, Lena, Ickey, Big Man, Bogart, Trigger, Shark, Magic, Yankee, Pearl, Flurry, Warner, Stitch, Champ und Lucky.

*Screamer im Schneesturm am Iditarod Checkpoint Safety*

Die Farbe eurer Felle reicht von purem Weiß bis zu dunkelstem Schwarz, die eurer Augen von Grün bis Blau. Ihr seid Individualisten und Spitzensportler, deren kleine Schwächen mir deutlich wurden, deren Stärken ich vertraute. Ihr Schlittenhunde Alaskas seid zäh, schnell und ausdauernd. In eurem Leben zählt nur eins: Laufen. Ihr überlebt in Nächten auf Eis und Schnee und bei 50 Grad Kälte. Doch unter dieser rauhen Schale habt ihr eine empfindsame Psyche.

Euch, die ihr überlebt, wo die Technik versagt, widme ich dieses Buch.

# I

# In den Wäldern Alaskas
# – Der erste Winter –

## Das Lied der Huskies

Ein Ruf klingt durch die Stille der Nacht, wird lauter, eindringlicher: »Singt mit mir!« tönt die Stimme im Dunkel. Eine zweite fällt ein, eine dritte und vierte, schon heult ein hundertstimmiger Chor sein uraltes Lied: Es ist der Gesang des hohen Nordens, die Melodie der Wölfe. Es ist auch das Lied der Schlittenhunde Alaskas.

Eine Wolke gleitet über den Himmel. Das Licht des Mondes streift jetzt weiße Birken, und abrupt, wie durch die Handbewegung eines Dirigenten abgeschnitten, endet der Chor der Huskies. – Stille.

Nur der Schlag des eigenen Herzens hallt in den Ohren. Dumpf knackt irgendwo ein Baum, so, als wollte Eis den Riesen zum Bersten bringen. Dieser Winter ist vital, gewaltig: wo bei 50 Grad Kälte Metall zerbricht, wo das Anspringen eines Motors nur durch stundenlangen Betrieb von Motor- und Batteriewärmer gewährleistet ist, wo der Mensch nur dick in Daunen, Pelze und Wolle gekleidet überleben kann.

Schon hebt sich der unsichtbare Dirigentenstab von neuem.

Ein Schlittenhund kommt aus der Hütte, er reckt sich. Seine Pfoten ruhen auf Eis und Schnee, bei deren Berührung der bloße menschliche Fuß zurückzucken würde. Empfindsame Lefzen umspielen weiße Zähne.

»Houuuu...« Vorsichtig dringt der Ton aus dem Rachen des Läufers der Kälte, fast wie ein Klagelaut. Und mit ihm entweicht eine dichte Atemfahne in die Nacht, legt sich als Eishauch in den Haaren des Sängers nieder.

Schon recken sich hundert und mehr Hälse, hundert und mehr Stimmen, hohe und tiefe, grelle und leise, fallen in das Lied des einsamen Sängers ein. Der Chor schwillt an, wie ein Echo antwortet ein anderes Rudel – und noch eins. Wie eine Woge im Sturm tanzt der Gesang über die weit auseinandergezogenen Häuser des Ortes und setzt sich von Hütte zu Hütte fort, bis ein halbes Tausend Schlittenhunde singt.

Dies ist ein 80-Seelen-Fleckchen in der Mitte Alaskas, dort, wo es am kältesten und einsamsten ist, wo der Fortschritt die Tradition und Besinnlichkeit noch nicht verdrängt hat. Tief in den endlosen Wäldern zwischen Tanana- und Yukon River liegt das Reich der Schlittenhunde – wo 500 Huskies jährlich 20000 köstliche Lachse schmausen.

Wie ein brausender Schlußgesang durchdringt das Geheul die eisklare Luft, ebbt ab, schwillt an, tanzt, schwingt sich durch die Nacht. Es ist das Lied der Freude am Dasein. Nur traurige Schlittenhunde singen nicht.

## Die Wildnis lockt

Alaska, das ist das Land der Fülle: Wo die größten Bären und Elche der Erde unendliche Wälder durchstreifen, wo Abermillionen riesige Lachse in glasklaren Flüssen schwimmen und die Natur in einer Sternstunde die herrlichsten Schöpfungen hervorbrachte.

Alaska ist aber auch Amerikas *last frontier*, ein Grenzland am Rande der Lebens- und Überlebensmöglichkeit, ein Ziel für Unternehmungsfreudige, Aussteiger, Abenteurer und alle, denen es anderswo zu eng, zu spießig, zu laut und reguliert geworden ist.

Alaska ist der neunundvierzigste Bundesstaat der USA und somit ein weiterer, noch sehr junger Mosaikstein in diesem Gebilde der unbegrenzten Möglichkeiten. Da wundert's nicht, daß nur ganz wenige der gut eine halbe Million *Alaskans* einen Ort dieses Staates im Geburtsschein stehen haben. Viele sind nur Bewohner auf Zeit,

*In den Bergen Alaskas*

die immer wieder sehnsuchtsvolle Blicke zurück auf den warmen Süden werfen. Manche interessiert nur der *quick buck*, der »schnelle Dollar«. Die Chancen, sich ihn im kurzen Sommer mit den langen Tagen zu verdienen, sind nicht schlecht. Zu dieser Zeit kann ein geschickter Lachs- oder Krabbenfischer, genau wie der Mann, der an der Pipeline schuftet, genug Geld für den Rest des Jahres erarbeiten.

Alaska mag auf den ersten flüchtigen Blick wie ein Füllhorn erscheinen: Auf jeden Bewohner, egal ob Baby oder Greis, wird ein jährlicher 900-Dollar-Bonus aus dem Überschuß der Erdöl-Erträge ausgeschüttet.

Solche Verhältnisse und ein langer Winter lassen manchem viel Zeit für Hobbies: Schlittenhunde zum Beispiel.

Atemberaubende Langstreckenrennen wie Iditarod und Yukon Quest machen im Frühjahr die Schlagzeilen der Zeitungen und beschleunigen den Pulsschlag der Alaskaner. Während Indianer und Eskimos auf *iron dogs,* als »eiserne Hunde« bezeichnete Motorschlitten umstiegen, wurde das traditionelle Schlittenhundegespann beim bleichgesichtigen Neuankömmling zur großen Leidenschaft.

Alaska hat mich seit jeher in seinen Bann geschlagen. Mehrere tausend Kilometer habe ich es auf dem Yukon River bis zum Beringmeer durchpaddelt, ich bin durch die Gebirgswelt des Denali National Parks gewandert, Schiffsreisen führten mich zu den entlegensten Fjorden und Gletschern des Südostens. Irgendwann aber war der Wunsch in mir aufgestiegen, einen Winter dort zu erleben. Ich hatte meine ganz bestimmten Vorstellungen: Es sollte kalt und trocken sein, und von tiefverschneiten Wäldern hatte ich geträumt, von Blockhüttenromantik und dem Zauber eines über den Himmel huschenden Nordlichts in einer klaren arktischen Nacht.

Freunde hatten bei meinen Plänen den Kopf geschüttelt: »Winter in Alaska?! Wo die USA doch die Strände Hawaiis zu bieten haben...«

Unsere Anfahrt nach Alaska war lang gewesen: Sie hatte an einem Sommertag in Deutschland begonnen und uns – meine Frau Juliana, Töchterchen Bettina und mich – über mehrere Jahre via Australien, Neuseeland, die Südsee, Zentralamerika und Kanada in den 49. Bundesstaat geführt. So wie bekanntlich die Katze das Mausen nicht läßt, fällt es einem begeisterten Weltenbummler schwer, die Reiseschuhe in der Ecke stehenzulassen. Töchterchen Bettina war zwei Jahre alt, als wir starteten. Wenige Monate vor ihrem fünften Geburtstag standen wir nach einer langen Anfahrt durch drei Erdteile vor dem Schlagbaum zur Grenze Alaskas.

Es war ein kühler, doch zauberhafter Septembertag. Das Land leuchtete in den verschwenderischen Farben des Herbstes. Nur Bettina hatte keinen Blick für die Schönheiten der Natur. Dicke Tränen kullerten. »Und wo ist der viele Schnee, den ihr versprochen habt...? Ich wollte doch so gern einen Schneemann bauen!«

Ich beugte mich nieder und blickte in braune, vertrauensvolle Kinderaugen: »In vier Wochen wirst du im Schnee spielen können.«

*Links Trapper Tom Fogg (Tozitna River) und rechts Trapper Frank Carruthers (Yukon River)*

Dieses Versprechen konnte ich bedenkenlos geben. Etwas anderes aber brannte mir unter den Nägeln: Wo und wann würden wir so kurz vor Wintereinbruch eine Blockhütte finden?

Mit gut 1,5 Millionen Quadratkilometern umfaßt Alaska die fünffache Fläche Deutschlands. Seine Größe und Unzugänglichkeit machen es nicht zu einem Land, das man »mal eben schnell« bereisen kann, vor allem dann nicht, wenn man sich individuell und außerhalb der ausgetretenen Pfade bewegt.

Alaskas klimatische Unterschiede sind gewaltig. Diese Tatsache hatte unsere Zielortvorstellungen eingeengt:

»Der *panhandle*, der wurmfortsatzartige Landstreifen im Südosten vor der kanadischen Landmasse, kommt nicht in Frage.« Da waren meine Frau und ich uns einig. »Wo es dort noch mehr regnet als in Deutschland . . .«

Und noch schlimmer wäre es auf den weit im Südwesten gelegenen Aleuten. »Acht Wintermonate naßkaltes, stürmisches Sauwetter, und während der verbleibenden vier Sommermonate regnet es!«

Nein danke. Mir schwebte ein kontinentales Klima vor. Mein Finger hatte bei der Planung auf der Karte einen großen Kreis um die Stadt Fairbanks gezeichnet.

Irgendwo im Landesinneren, weit von den Küsten und ihren unberechenbaren Niederschlägen entfernt, versprach Zentral-Alaska das, was wir suchten: Temperaturen, die im Sommer 30 Grad Celsius erreichen, aber im Winter durchaus auf klirrende 40 Grad Kälte sinken. Die Vorstellung hatte nichts Erschreckendes an sich, im Gegenteil.

## Ein Traum wird wahr: ein Häuschen im Herzen Alaskas

Auf der Landkarte liegt Manley Hot Springs nur einen Daumen breit westlich von Fairbanks. Doch fünf Stunden dauert die Autofahrt zu diesem kleinen Dorf in einer Sackgasse am Ende des Elliott Highways.

Noch bis vor kurzem war Manley für mich nichts weiter als nur ein Name für eins von vielen Buschnestern Alaskas gewesen. Es war ein Zufall, der uns auf den Ort neugierig gemacht hatte. Doch Zufälle sind oft die interessantesten Wegbereiter beim Reisen.

Die Worte eines Bekannten bei einer Wanderung auf dem historischen Chilkoot Trail hatten uns auf Manley hingewiesen. Und der Hinweis: »Da gibt's auch einen Kindergarten«, war für Juliana ausschlaggebend gewesen.

Ich hatte lange für eine Blockhütte tief im Busch plädiert. Mein alter »Klein-Fritzchen-Traum« vom romantischen Trapperdasein war allerdings bei dem Rest der Familie nicht auf Gegenliebe gestoßen: »Während des langen Winters würden Bettina und ich doch gern mal ein anderes Gesicht außer deinem und dem eines gelegentlich vorüberziehenden Elches sehen . . .«

Menschliche Kontakte sind das Salz in der Suppe des Reisens. Wie sehr sie die Würze unseres Aufenthalts in Alaska sein werden, ahnen wir nicht einmal, als wir am 21. September auf der schotterigen Buschstraße Richtung Manley Hot Springs rollen. Schon seit Stunden fliegen Wälder an den Autofenstern vorbei, die Straße steigt und fällt, windet sich, immer wieder verändert sich dabei das Landschaftsbild, doch die Wälder bleiben. Zentral-Alaska ist ein endloses Meer aus Baumwipfeln.

Das *Interior*, das Zentrum, mag in der Schöpfungsstunde bei der Verteilung der Naturschönheiten allerdings ein wenig hintenan gestanden haben. Die spektakulären Landschaften wie Wrangell- und Chugach Mountains gingen an die Küstenregionen und der Bergriese Denali an den Süden. So ist das Herz Alaskas ein hügeliges Land, in dem nur wenige markante Bergzüge hervorstechen. Endlose Wälder dominieren die von Yukon-, Tanana- und Kuskokwim River durchzogene Region. Doch das *Interior* ist das Land der Weite wo sich der Blick über Taiga, Tundra, Sümpfe und Seen schweifend am Horizont verliert.

Und hier, in der Mitte des 49. Bundesstaates, rund 250 Kilometer von Fairbanks entfernt, an einem Seitenarm des Tanana Rivers gelegen, befindet sich der etwa 80 Einwohner zählende Ort, den wir uns als Drehscheibe unseres Winterabenteuers ausgesucht haben.

»Wo fangen wir denn nun an, nach einer Bleibe zu suchen?« Außer vereinzelt im Wald stehenden Blockhäusern hatte ich bislang noch nichts erkennen können, was die Bezeichnung Siedlung oder Dorf verdiente.

»Irgendwo wird es ja wohl ein Postamt geben, laß uns dort fragen«, schlägt Juliana vor. *Post offices* sind in Alaska Kommunikationszentren. Da eine Briefzustellung ins Haus nicht existiert, geben sich dort die Bewohner der Buschgemeinde nachmittags nach Ankunft des Postflugzeugs die Türklinke in die Hand. Neuigkeiten verbreiten sich dabei wie Lauffeuer.

Manleys Postgebäude ist nichts weiter als eine Blockhütte unmittelbar neben dem Airstrip des kleinen Flughafens. Ein Dutzend einmotoriger Sportflugzeuge parkt rechts und links der Landebahn.

»Danach müßte ja jeder siebte Einwohner hier über ein Flugzeug verfügen«, sinniert Juliana gerade, als neben uns ein alter Pickup hält. Eine Frau kurbelt das Fenster herunter: »Neue Gesichter sind selten im Ort. Willkommen in Manley!« Dann lädt sie uns auf eine Tasse Kaffee zu sich ein.

Wir folgen ihr bis hinter das Postgebäude zum Flughafenhangar, wo ein älterer Mann gerade einen Flugzeugmotor zerlegt.

»Das ist Cy, mein Mann, ich heiße Daisy.« Schon lotst sie uns in den Nebenraum. »Da drüben ist Kaffee, bedient euch. Ich telefoniere mal herum, vielleicht finde ich ein Haus für euch.«

Die Chancen dafür seien nicht schlecht, hatte sie mir zuvor auf meine Frage gesagt. Wie überall in Alaska hat auch Manley seine *snow birds*, Sommerbewohner, die im Spätherbst mit den Zugvögeln dorthin ziehen, wo es warm ist. Bis zum nächsten Frühjahr stehen ihre Häuser und Hütten leer.

Wir finden an diesem ersten Tag noch keine Unterkunft, doch ein interessanter Hinweis kommt am nächsten Morgen: »Ruft doch mal bei Steve in Fairbanks an«, hatte uns Chuck Dart, der Eigentümer der heißen Quellen von Manley, gesagt. Mehrere Jahre hatte Steve ein paar Kilometer oberhalb des Ortes gelebt und ein doppelstöckiges Holzhaus gebaut. Eines Tages, vor gut zwei Jahren, hatte er Freunde in Anchorage besucht und war seitdem nicht zurückgekehrt. Jetzt lebt er in Fairbanks.

Unser nächster Gang führt uns ins Manley Roadhouse, wo sich ein öffentlicher Fernsprecher befindet. Wenn auch die Telefonverbindungen von einem Ort Alaskas zum anderen schlechter sind als die von Deutschland zum anderen Ende der Welt, so wird bei diesem immer durch Geräusche unterbrochenen Gespräch doch eins klar: Wir können das Haus mieten.

Erst vor rund 24 Stunden sind wir in Manley Hot Springs angekommen. Jetzt sieht es tatsächlich so aus, als sollte dieser kleine Ort unsere Heimat für den langen Nordlandwinter werden.

Steve hatte uns das Haus beschrieben: »Es steht am Anfang der Tofty Road. Ein gelber alter Truck steht davor.«

Einige Kilometer vom Ortszentrum entfernt, in einem Wald von Birken, Pappeln und Fichten, steht das doppelstöckige Häuschen. Es ist Liebe auf den ersten Blick. Nachbar Brian, der Lehrer des Ortes, kommt und übergibt uns den Hausschlüssel.

»Von Steves Haus habt ihr die beste Aussicht in ganz Manley.« Er führt uns an eine große Fensterfront im ersten Stock. »Rund 240 Kilometer südlich von hier liegt Mt. Denali (Mt. McKinley). An klaren Tagen könnt ihr ihn gut sehen.«

Ich trete an das doppelverglaste Panoramafenster. Allein die Sicht von hier ist das Geld wert, denke ich.

»Zur Rechten liegt Mooseheart Mountain.« Brian, der Mittdreißiger mit dem langen schwarzen Zopf, weist nach Südwesten. »Steve hat diesen Berg oft in seinen Gemälden dargestellt.«

Unser unbekannter Hauswirt ist ein typischer Alaskaner. Auch er kam aus dem Süden und wollte hier wie jeder, der den langen Weg in den 49. Bundesstaat zurücklegt, seinen individuellen Traum verwirklichen. Für ihn war es der, Künstler zu sein. Es klappte. Für jeden in Manley ist er der *artist*. Er beschickte einige Ausstellungen, konnte davon natürlich nicht leben und arbeitete im Sommer als Zimmermann an der Alaska Pipeline. Mit bienenhaftem Fleiß baute er nebenher auf seinem großen Waldgrundstück ein Gebäude nach dem anderen.

Doch nach ein paar Jahren spürte er, daß ihm in diesem Wildnisnest sowohl Kommunikation als auch intellektuelle Herausforderung fehlten. Er ging und kam nicht wieder.

Alaska ist reich an solchen Beispielen. Das hatte schon um die Jahrhundertwende begonnen, als im Gefolge des Klondike-Goldrausches Orte entstanden und bald wieder verfielen. Auch heute zieht Alaska mehr denn je Zivilisationsmüde und Abenteurer an. Blockhütten entstehen in den Trapper-Bezirken und Fisch-Camps an den Flüssen. Aber viele, die mit Elan und Optimismus beginnen, stellen nach Jahren fest, daß sie der Härte und Isoliertheit des Buschlebens nicht gewachsen sind, und ziehen fort. Zurück bleiben Wunden in der Natur.

Hundegeheul schreckt mich aus meinen Gedanken auf. Noch immer stehen wir an diesem Fenster mit dem großartigen Blick auf die Weite des Landes.

»Das sind die Sprint-Hunde von Joee und Pam Redington, euren künftigen Nachbarn. Joees Hunde zählen zu den schnellsten Alaskas«, sagt Brian lächelnd, ». . . und damit der Welt.« Das Hundegeheul ist erregtem Gebell gewichen. Augenblicke später »fliegt« ein Mann auf einem vierrädrigen Geländemotorrad mit 14 Hunden davor an unserem Haus vorüber.

»Herbsttraining«, sagt Brain. »Die Hunde werden bereits jetzt für die Frühjahrs-Rennsaison in Kondition gebracht. In einigen Wochen, wenn genügend Schnee liegt, wird das Fahrzeug gegen den Schlitten ausgetauscht.«

Fasziniert sehe ich hinter dem Team her. Ich hatte von den großen Schlittenhunderennen Alaskas gehört, allen voran natürlich von dem 1865 Kilometer langen Iditarod. Aber an *dog mushing,* Hundeschlittentrips, hatte ich nicht gedacht, als unsere Idee, hier zu überwintern, geboren wurde.

»Sag mal, Brian, was kostet denn so ein Hundeteam?«

Er sieht mich einen Moment nachdenklich an: »Im *Fairbanks Daily News-Miner,* unserer Zeitung, werden gelegentlich Hunde kostenlos angeboten, wenn die Besitzer Alaska verlassen wollen. Doch da laß besser die Finger von. Wer seine Hunde verschenkt, hat zumeist auch noch andere Gründe dafür . . . Einen ganz brauchbaren Husky kriegst du schon ab 250 Dollar. Erstklassige werden bis zu 5 000 Dollar das Stück gehandelt, und wenn du dir bei Joe Redington sen., dem Vater unseres Nachbarn Joee, ein Team für das Iditarod-

Rennen least, mußt du für ein paar Monate 10000 Dollar auf den Tisch des Hauses legen.«

Ich belasse es bei dieser Auskunft und bohre nicht weiter nach. Doch ich bin neugierig geworden. Neugier aber ist oftmals die Triebfeder zur Reise ins Abenteuer.

## Vorbereitung auf den Winter

Die Tage werden kalt. Ende September hat sich die Temperatur nahe dem Gefrierpunkt eingependelt. Auf den Pfützen bilden sich erste Eiskrusten, und die munteren Squirrels sind hektisch dabei, letzte Wintervorräte anzulegen. In hohen Bögen fliegen Tannenzapfen durch die Luft; zeternd, mit den zackigen Bewegungen eines Charlie Chaplin der Stummfilmzeit, rasen die Eichhörnchen Baumstämme rauf und runter und bauen Vorratshaufen auf.

Noch sind die Bären an den Ufern der Creeks damit beschäftigt, sich die immer fetter werdenden Leiber mit Lachsen vollzuschlagen. Doch schon bald werden sie in ihre dunklen Höhlen kriechen, um sich ein sieben Monate langes Nickerchen auf der Bärenhaut zu gönnen.

Bis auf das herausfordernde »Klong Klong« des mächtigen Raben ist es in der Luft still geworden. Die Zugvögel sind nach Süden geflogen. Die majestätischen Weißkopfseeadler haben ihre Horste an den bald zufrierenden Seen verlassen und folgen den späten Lachszügen. Nur noch vier Wochen, und das Leben wird in Kälte erstarrt sein.

So wie in der Tierwelt verlassen nun auch die letzten menschlichen Zugvögel Alaska. Ihre Häuser werden winterfest gemacht und die Fenster zugenagelt. Nicht so bei uns: Eine Betriebsamkeit wie bei den Squirrels ist ausgebrochen. Haus und Grundstück sind längst inspiziert. Die tollste Entdeckung dabei war eine etwas vom Haus entfernte Sauna, ein anderer kleiner Pfad führt vom Wohnhaus zum *outhouse*. Wie es wohl sein wird, wenn wir auf diesem stillen Örtchen bei 40 Grad Kälte die Sterne oder das Nordlicht bewundern?

Um sich diese Minuten zu verschönern, hatte Steve seinerzeit auch hier nicht mit Einfällen gegeizt: Eine bunte Lichterkette ziert das Äußere des *outhouse*, die Vorderfront ist aus Glas.

In unserem Haus wird es immer gemütlicher. Es duftet herrlich nach Holz, und die großen Baumstämme der Wände vermitteln Behaglichkeit. Mehrere Tage ist Juliana beim Hausputz, dem auch Dutzende von Mäusen angelegte Vorratshaufen zum Opfer fallen. Ich bin für die Arbeiten draußen abkommandiert worden.

Noch haben wir keine Feuerholzvorräte für den Winter. »Zehn *cords* Holz benötigt man, um ein Haus gut warmzuhalten«, hatte Nachbar Brian gesagt. Zehn Klafter, das sind nach Adam Riese rund 35 Kubikmeter Holz. Oder anders ausgedrückt: ein Stapel von 1,20 Meter Breite, 1,20 Meter Höhe und einer Länge von 24 Metern!

Wie fast alle Häuser im Busch Alaskas hat auch das unsrige einen *barrel stove*, ein zum Ofen umfunktioniertes Ölfaß. Das ist eine zünftige und gemütliche Sache, doch an Energieersparnis hat dabei keiner gedacht. Innenverkleidungen mit hitzespeichernden Schamottsteinen sind praktisch unbekannt. Eine kräftige Glut wird also den ganzen Winter vorhanden sein müssen, um uns auch dann warm zu halten, wenn die Temperatur die magische Zahl *sixty below* (– 51 °C) erreicht. Wieviel wir dafür brauchen, wird uns bald erschreckend klar: Bei einer Ofenfüllung verschlingt unser »Monster« drei 60 Zentimeter lange Baumstammstücke von je 20 Zentimetern Durchmesser.

September ist allerdings eine denkbar ungünstige Zeit, um Brennstoffvorräte für den bevorstehenden Winter anzuschaffen. Frisch gefälltes Holz ist zu feucht und wird nie jene Heizqualität erbringen, wie sie ein bitterkalter Wintertag erfordert. »Zwei Jahre sollte Birke abgelagert sein«, hatte man uns gesagt.

»Fragt mal bei Denis, der verkauft Feuerholz«, rät Brian. Da Denis gleichzeitig Hausmeister und Reinigungskraft der Schule ist, treffen wir ihn nachmittags dort an. Doch leider hat sein trockenes Holz schon Abnehmer gefunden. »Ich kann euch nur noch frisches verkaufen; 100 Dollar der *cord*.«

Frisches Holz können wir uns allerdings auch selbst schlagen. Die ganze nächste Woche fälle ich Bäume. Die Temperatur ist mittlerweile unter den Gefrierpunkt gesackt. Mir aber läuft der Schweiß aus allen Poren. Gegen Ende dieser Woche habe ich meine erste Busch-Lektion gelernt: Der Alltag hier ist nicht nur ein Honigschlecken. Abends habe ich immer das Gefühl, meine Arme würden bis auf den Boden reichen.

Knapp drei Klafter frische Birke liegen jetzt vor unserer Tür. Das Holz wird zwar gut sein, um über Nacht die Glut im Ofen zu erhalten. Doch für ein loderndes Feuer und eine schnelle Hitze werden wir noch viele abgestorbene Stämme heranschleppen müssen.

Als ich die frischen, gut halbmeterlangen Birkenstücke stapele, muß ich an Bettinas vorwurfsvollen Blick denken, als sie kürzlich sagte: »Wieso sägst du lebende Bäume ab, wo du doch sagst, ich soll keine Blumen und Zweige abreißen?« Das hatte gesessen.

Nur die wenigsten Leute in Alaska verbrennen abgestorbene und damit zumeist verrottete Bäume, vor allem nicht alte Birke, die förmlich aus dem Schornstein hinausfliegt. Richtig abgelagert, ergibt sie jedoch eine ideale Heizquelle. Rund 40 Birken sind der durchschnittliche Wintervorrat für ein Haus. Das sind ungefähr 1000 gefällte Bäume allein für ein winziges Dorf wie Manley Hot Springs! Und da heben wir schulmeisterhaft den Finger, wenn die Rodung der Regenwälder Südamerikas zur Sprache kommt, denke ich.

Zugegeben, solch kritische Gedanken nimmt man nicht so ernst, wenn man selbst im »Land der Fülle« lebt. Für Alaskaner ist das sowieso kein Thema: »Das kannst du nicht mit Europa oder anderen Ländern vergleichen – sieh dir dieses weite, gering besiedelte Land mit seinen natürlichen Ressourcen an . . .«

In der Tat nimmt man in diesem Meer von Bäumen zehn- oder gar hunderttausend Lücken kaum wahr. Doch Alaskas Bevölkerung wächst rapide, und neue Siedlungen entstehen überall. Über Hunderte von Kilometern fallen neben den Durchgangsstraßen Seitenwege auf, die zu Stellen führen, wo sich Individualisten neue Lebensräume mit entsprechender Ellenbogenfreiheit geschaffen haben – indem sie wiederum Hunderte von Bäumen fällten.

In den letzten Septembertagen beobachte ich, wie sich eine Maus morgens klammheimlich daranmacht, unseren Abwasch zu übernehmen. Obwohl wir nichts gegen Hilfe bei der Hausarbeit einzuwenden haben, sind von nun an mehrere Mausefallen im Einsatz. Unsere Erledigungsliste weist jetzt immer mehr Haken auf. »Einkaufen« steht da allerdings noch.

Mein Shopping-Bummel wird gut 500 Kilometer lang sein. Das Einkaufskörbchen ist die Ladefläche unseres Pickup Trucks. Am Abend vor meiner Abfahrt nach Fairbanks sitzen wir noch lange zusammen und tüfteln die immer umfangreicher werdende Einkaufsliste aus.

Drei Tage später, auf der Rückfahrt, ist unser großer Truck randvoll beladen. Als ich die Wohnungstür öffne und mir Wärme entgegenschlägt, empfinde ich zum erstenmal ganz bewußt, daß wir jetzt ein richtiges Zuhause in Alaska haben. Es ist urgemütlich; Bettinas handgemalte Bilder hängen an den Wänden, auf dem Ofen summt das Wasser im Teekessel, und es duftet verlockend nach selbstgebackenem Sauerteigbrot.

Es darf Winter werden.

Am 5. Oktober werde ich morgens beim ersten Tageslicht von unserer aufgeregten Tochter begrüßt: »Papa, Papa, es schneit!« Dicke, feuchtschwere Flocken tanzen durch die Luft. Ich löse an diesem Tag mein Versprechen ein, und wir bauen einen Schneemann. Es ist der erste und letzte dieses langen Winters. Denn täglich wird es kälter. Schon bald wird der Schnee pulverig und zerfällt schließlich wie Staub zwischen den Fingern. Früher hatte ich auf solche Unterschiede nie geachtet. Jetzt spüre ich sie deutlich unter den Stiefeln: Feucht und glatt ist der Schnee bei Temperaturen um den Gefrierpunkt, bei $-15\,°C$ beginnt er unter den Füßen zu knirschen, und ab 30 Grad Kälte kracht es, und der Tritt klingt hohl. Der Schnee ist dann wie grober Sand, auf dem man sogar bequem radfahren kann.

Schnee, Schnee und nochmals Schnee wird von nun an bis Ende April unseren Alltag bestimmen. Gut 200 Tage sind eine lange Zeit. Wir hatten uns darüber Gedanken gemacht, wie wir dieses Wintererlebnis wohl verkraften würden, auch die Kälte und die Dunkelheit von Dezember bis Januar, wenn sich die Sonne nur für wenige Stunden knapp über den Horizont erhebt. Würde sich dann auch bei uns das *cabin fever*, der Hüttenkoller, einstellen?

## Zurück zur Natur: bei einer Aussteigerin mit Schlittenhunden und Erdhaus

Das Mehl für ihr Brot mahlt sie selbst, per Hand natürlich. Ihr Feuerholz zerteilt sie mit einer selbstgebauten Säge. Aus Überzeugung schlägt sie kein frisches Holz: »Warum Leben zerstören, wo es so viele tote Bäume gibt.« Energie kommt bei ihr von der Sonne. Ein paar Dutzend Solarzellen laden eine Autobatterie. »Im langen dunklen Winter muß sie aber doch mal ans Stromnetz angeschlossen werden . . .«, sagt sie mit einem entschuldigenden Lächeln.

Carol Schlentner, Lehrerin und Mutter zweier Töchter, lebt tief im Wald an einem Seitenarm des Tanana Rivers in einem Haus, das an einen übergroßen Maulwurfshügel erinnert. Seit mehr als 20 Jahren genießt sie den Busch-Alltag in vollen Zügen. »15-Stunden-Arbeitstage – nur um zu überleben«, sagt sie ohne eine Spur des Bedauerns. Konkret sieht das so aus: Im Winter läßt sie stundenlang den Ofen in der Mitte ihrer Hütte Berge von Schnee schmelzen, um anschließend in einer kleinen Zinkwanne ein heißes Bad nehmen zu können. Für den Frühjahrsputz wartet sie auf das Hochwasser nach der Schneeschmelze. Dann geht sie zu dem nur einen Steinwurf entfernten Fluß, um ihre Winterkleidung zu waschen. Sie ist ein Kraftbündel, spontan, immer offen für neue Ideen, mit einem Lächeln »so breit wie der Yukon River«.

An drei Tagen der Woche arbeitet Carol als Vorschullehrerin. Dann teilt sie ihre Erfahrungen mit den fünfjährigen Knirpsen von Manley Hot Springs: Da werden Lachse und Mäuse im Unterricht seziert, Tierfallen begutachtet und Felle inspiziert. Im Gefrierschrank liegen zwei erfrorene Vögel – als Anschauungsmaterial. Sie hämmert mit ihren Dreikäsehochs Stiefelknechte, backt Brot . . . und arbeitet mit ihnen am Computer.

Manleys Vorschule befindet sich in einem transportablen Gebäude, das vom Staat in den Buschgemeinden je nach Bedarf mit Frachtschiffen via Tanana- und Yukon River mal hier-, mal dorthin geschafft werden kann. Bedarf aber besteht zur Zeit in Manley Hot

Springs: Luke, Cindi, Brett und Kobi heißen die fünfjährigen *preschooler*, die hier auf den Ernst des Lebens, die im kommenden Jahr beginnende und der Schule angeschlossene Kindergartenklasse eingestimmt werden.

Carol, mit Dirndl und blonden Zöpfen, empfängt uns an der Tür der Schule mit kräftigem Handschlag. Strahlend wendet sie sich auf deutsch unserer Tochter zu: »Hallo, Bettina, wou wouhnst dou in Deutschland?« In diesem Moment versteckt sich Bettina noch hinter Mamas Rockzipfel. Das wird sich aber schnell legen, denn schon bald gehört Carols deutscher Gruß mit dem rollenden amerikanischen Akzent zum Ritual: »Schlafen Sie well in Ihrem klapprigen Bettgestell.«

Wir sind noch keine 14 Tage im Ort, als Carol Juliana mit einer anderen Mutter bekanntmacht: »Das ist Donna, sie sucht einen Babysitter für ihre beiden Kinder Cindi und Billy. Hast du dafür Zeit, Juliana?«

Ihr »Ja« kommt spontan, und so wachsen wir, ohne es beabsichtigt zu haben, in das Leben dieses kleinen Buschdorfes hinein. Oft krabbeln fünf Kinder gleichzeitig bei uns auf dem Fußboden herum. Teresa, Nachbar Brians Frau, kommt gelegentlich auf eine Tasse Kaffee vorbei. Auch sie ist Lehrerin. Mit ihrem Mann wechselt sie sich ein um das andere Jahr in der Schule ab. »Jetzt unterrichtet Brian«, sagt sie. »Aber ich freue mich schon darauf, wenn ich wieder dran bin.« Die Freude ist dann auf beiden Seiten, denn so wird Brian wieder mehr Zeit haben, mit seinem Huskyteam unterwegs zu sein.«

Doch wie bei jedem Busch-Alaskaner bedeutet der gegenwärtige Beruf auch bei ihnen beileibe keine Lebenszeitbeschäftigung. Der »Job« ist dazu da, Geld in die Haushaltskasse zu bringen. Ergibt sich etwas Attraktiveres, wird schnell umdisponiert. »Brian hat in gut acht Jahren einen Mindestpensionsanspruch«, sagt sie, »danach will er als Pilot arbeiten.« Während der zehn Jahre, die sie als Lehrer in der kleinen Siedlung Nulato am Yukon River gelebt haben, besaßen sie ihre eigene Maschine. »Nichts Besonderes«, Teresa lacht bei den Worten, »ein altes Ding. Aber sie flog.« Mit einem Seitenblick auf mich: »Vielleicht hättest du dich gar nicht getraut, mitzufliegen.«

Die Spritkosten für den rund einstündigen Flug mit einer kleinen Einmotorigen von Manley nach Fairbanks liegen nicht höher als die Benzinkosten für unseren Truck, doch unter vier Stunden hätte ich den Weg nie bewältigt. Kein Wunder, daß Privatflugzeuge in Alaska beliebt und weit verbreitet sind. Eine Pilotenlizenz ist, zumindest im Vergleich zu europäischen Verhältnissen, schnell erworben. Gebrauchte Maschinen sind nicht teurer als ein Mittelklasseauto, und ihre Einsatzmöglichkeiten sind schier unbegrenzt. Ich kenne Fallensteller, die im Winter das mit Skiern ausgerüstete Flugzeug neben der Trapperhütte im Busch landen. Im Sommer, wenn die Arbeit im Fisch-Camp ansteht, gleitet dieselbe Maschine, doch diesmal mit Schwimmkufen, über das Wasser des Yukon. Flugzeuge sind die Haupttransportmittel in der Wildnis. Viele Orte sind, abgesehen von einer beschwerlichen Anfahrt mit Schlitten im Winter oder Boot im Sommer, nur aus der Luft zu erreichen: Dörfer, aber auch Kleinstädte wie Fort Yukon, McGrath, Barrow oder Nome. Es gibt nichts, was Busch-Airlines und Privatpiloten nicht transportieren: ganze Schlittenhundeteams, Bären, die zur Plage geworden sind und nun – betäubt – in entlegene Gebiete ausgeflogen werden, Kranke, Tote, Schwangere vor der Entbindung, und ich sah auch Maschinen, die bis zur letzten Ritze mit Lachs vollgestopft waren.

Alaskas Buschpiloten umweht der Hauch des Abenteuers. Sie gelten als tolle Kerle und müssen es auch sein, wenn sie alt werden wollen. Nur wenige Piloten mit vielen Flugstunden sind ohne Absturz oder Notlandung davongekommen.

Unberechenbare Witterungsverhältnisse und ein unzugängliches Terrain machen Alaska zu einem der schwierigsten Fluggebiete auf Erden. Doch es sind nicht diese professionellen *bush pilots*, die »Alaskas Himmel mit 27 Abstürzen in sechs Wochen zum tödlichsten seit Jahren« gemacht haben, wie die *Anchorage Daily News* kurz nach unserer Ankunft berichtet. Meistens sind es die Fehler von Sonntagsfliegern. Besonders auffällig ist die Unfallhäufigkeit während der Jagdsaison, wenn das *moose*-Fieber grassiert und die Hatz auf die mächtigen Elche beginnt.

Eine Flugtragödie ereignet sich während unseres Aufenthalts: Anfang September starten Lawrence Schneider und Richard Halstead, beide aus Fairbanks, aber unabhängig voneinander, zu ihren Jagdflügen. Plötzlich entdecken sie nahe Pyramid Mountain denselben mächtigen Elchbullen. Die Maschinen rasen aufeinander zu, doch keiner der Piloten ahnt etwas vom anderen, ihre volle Aufmerksamkeit gilt dem Tier 200 Meter unter ihnen. Augenzeugen berichten von einem Frontalzusammenstoß. Die abgestürzten und zertrümmerten Maschinen bleiben 30 Meter voneinander entfernt liegen. Beide Piloten sind tot.

Die Tagestemperatur hat sich Mitte Oktober zwischen −10 °C und −15 °C eingependelt. Eine dünne, durchgehende Schneedecke verschönt jetzt das Land. Da überrascht uns das Energiebündel Carol mit einer Einladung: »Sonntag könnten wir einen kleinen Schlittentrip unternehmen. Der Slough ist jetzt zugefroren. Wie ist es, habt ihr Lust zu einer Spritztour?«

Na und ob!

11 Grad minus zeigt unser Außenthermometer am Sonntagmorgen. Rauhreif, der weißglitzernd die Zweige und Grashalme ummantelt, gibt dem Tag einen fast feierlichen Glanz. Juliana notiert an diesem Morgen im Tagebuch: »Der Gang zum *outhouse* ist nicht mein liebster. Wie schön wäre es, eine hausvorgewärmte mobile Toilettenbrille zu haben . . . !«

Leicht abgewandelt erfüllt sich ihr Wunsch bald. Ein zurechtgeschnittenes Oval aus Styropor ziert nach wenigen Tagen unser stilles Örtchen.

Mittags werde ich innig geküßt: Eine lange, warme, feuchte Zunge fährt mir quer durchs Gesicht.«

»Nicht so wild, Stitch.« Carol zieht ihren Leithund zurück. »Entschuldige, aber die Hunde sind geradezu verrückt. Den ganzen Sommer haben sie auf der faulen Haut gelegen, jetzt spüren sie, daß es losgeht, und sind außer Rand und Band.« Neben Stitch, einem kräftigen, aber etwas schwerfälligen Hund, steht Yankee, eine schöne Hündin mit der feingezeichneten Gesichtsmaske eines Huskies.

Und nicht lange danach finde ich mich hinten auf den Schlittenkufen stehend wieder. Vielleicht umklammern meine Hände den

Griff am oberen Schlittenende in diesem Moment fester, als es unbedingt nötig wäre. »Carol, bist du ganz sicher, daß die Hunde jemals halten werden? Sie kennen mich ja gar nicht...«

Sie lacht. »Mußt nur ›Whoo‹ sagen. Das ist der Befehl zum Anhalten.«

»Und wie kriege ich sie dazu, loszulaufen?«

»Es gibt unterschiedliche Kommandos. Viele Hundeschlittenführer sagen einfach ›Okay‹ oder ›All Right‹. Manche sagen ›Hike‹ oder schnalzen nur mit der Zunge.« Sie lächelt vielsagend: »Ich habe meinen Hunden ›Okay‹ als Startbefehl beigebracht. Aber sei vorsichtig, damit du dieses Wort nicht unbedacht in ihrer Nähe gebrauchst, wenn du gerade nicht auf den Schlittenkufen stehst. Es könnte sonst eine lange Wanderung werden, bis du dein Team irgendwo draußen in der Wildnis wiedergefunden hast.«

Es ist ein eigentümliches Gefühl, zu wissen, daß man den Schlittenhunden ausgeliefert ist. Nur das gesprochene Wort steuert sie, es gibt weder Zügel noch sonstige physische Einwirkungsmöglichkeiten. Bei vier Tieren sehe ich da noch keine Probleme, doch die großen Rennteams machen zwölf bis zwanzig Hunde aus...

»Hier auf dem Slough wirst du kaum andere als die Start- und Bremskommandos benötigen. Doch ›rechts‹ heißt ›Ghee‹ (ausgesprochen dschii); du mußt das Wort langsam und weich ausklingen lassen, im Gegensatz zu dem scharfen kurzen ›Ha‹, was ›links‹ bedeutet. So, und nun viel Glück!«

Sie tritt von den Leithunden zurück.

»Okay!« Ich sage es nur leise. Doch so, als hätte jede Muskelfaser ihrer Leiber nur auf dieses Wort gewartet, ziehen die Hunde an und jagen mit mir über den vereisten Wasserarm.

Mein Gott, ist das herrlich, fast wie schwereloses Gleiten, wie Schweben! Schlittenkufen zischen über das Eis. Hunde hecheln, Schaum spritzt von ihren Mäulern. »Whoo!«

Die Vierbeiner werden geringfügig langsamer. Doch erst als ich den Befehl scharf wiederhole und leicht auf die Schlittenbremse trete, kommen sie zum Stehen. Vier Zungen hängen weit aus den Mäulern, der Atem geht heftig. Acht Augen sehen mich erwartungsvoll an.

Carol hat mich auf Schlittschuhen eingeholt. Begeistert rufe ich aus: »Dieses Erlebnis allein lohnt die Winterreise nach Alaska!«

Trockene Kälte macht durstig. Carols Vorschlag, auf ein Getränk zu ihr ins Erdhaus zu kommen, trifft auf offene Ohren. Ich bin sowieso gespannt, was mich da erwartet.

Ihre Hütte befindet sich einige Kilometer außerhalb Manleys nahe dem Winterpfad nach Fairbanks. Wenn Schnee liegt, ist der Zugang zu ihr gut. Der etwa eineinhalb Meter breite Trail ist dann glatt und mit Skiern, Fahrrad, Hunde- und Motorschlitten bestens zu befahren. Im Sommer aber ist der Fairbanks Trail nicht mehr als ein sumpfiger, schwer begehbarer Einschnitt im Land. Das ist die Zeit, wo Carol auf dem Slough per Kanu zum Postamt paddelt.

Ihr großes Waldgrundstück wirkt aufgeräumt und wohl organisiert. »Muß wohl mein deutsches Blut sein«, sagt sie lachend, als ich sie daraufhin anspreche. Ihr Vater kam als junger Mann von Deutschland nach Amerika.

Zwei *caches*, Vorratshäuser auf Stelzen, sind für Vorräte: eins für sie selbst und die noch bei ihr lebende Tochter Paula, das andere für die Hunde. Um gelegentlich durch das Gelände stromernde Bären davon abzuhalten, ihre Vorräte zu plündern, hat sie die meterlangen Pfosten mit dünnem Blech ummantelt.

Das Außergewöhnlichste aber ist ihr Wohnhaus, ein Erdhügel im Wald.

Die Idee für solch ein *sod house*, ein mit Erde bedecktes Holzgerüst, ist alt. Viele Indianerstämme Nordamerikas haben noch im letzten Jahrhundert so ihre Winterunterkünfte gebaut.

Ein paar Stufen führen zum Eingang. Über der Tür, die anstatt mit einem Schloß durch ein verknotetes Seil gesichert ist, hängt ein Schild mit der Aufschrift: »*Welcome*«.

»Puff« macht der kleine Ofen, als ich die Tür hinter uns schließe. Ein Rauchwölkchen pafft aus einer Ritze. Meine Augen müssen sich erst an das Dunkel gewöhnen. Doch Carol ist schon dabei, eine Gaslampe anzuzünden.

Rund fünf Meter lang und sechs Meter breit ist das Innere. Das schwache Licht des Winters fällt durch ein großes Fenster, das

*In Carols Erdhaus*

während der kalten Jahreszeit zusätzlich mit einer durchsichtigen Plastikplane abgedeckt wird. In die Ritzen rundherum ist Moos gestopft. Natur hautnah also. Getragen wird das Haus durch eine Balkenkonstruktion, die sich, wie auch die gesamte Wohnfläche, zu einem Drittel unter der Erdoberfläche befindet. Das Gerüst ist nahtlos mit einer stabilen, durchsichtigen Plastikplane bedeckt, auf der gut ein halber Meter Erde und Grasnarbe liegt. Gelegentlich sieht man Mäuse dahinter entlangkriechen . . .

»Es gibt keine bessere Isolierung als Erde«, sagt Carol. »Auch wenn mein Haus bei – 30 °C tagelang unbeheizt bleibt, gefriert das Wasser in den Kanistern nicht.«

Auf ihrem Ofen stehen vier Konservendosen, in denen Brot in einem Wasserbad gart. »Gekochtes Brot« – so etwas hatte ich bislang noch nicht kennengelernt. Dieser Nachmittag aber hat mich davon überzeugt, daß *boston boiled brown bread* mit Butter und Honig bestrichen eine Buschdelikatesse ist, deren Wert man ganz besonders dann schätzen lernt, wenn man eine halbe Tagesfahrt vom nächsten Supermarkt entfernt ist.

»Könntest du so leben wie Carol?« Abwartend sehe ich abends Juliana an, als wir mit Bettina über das Eis des Sloughs in Richtung unseres Hauses schlittern.

Ihre Antwort ist eher eine Gegenfrage: »Ist es nicht ein unverhältnismäßiger körperlicher und psychischer Aufwand, zehn Stunden lang zu rackern, um endlich abends all die hundert kleinen und großen Alltagsaufgaben erledigt zu haben?! Für den einen oder anderen im fünften Stock eines Mietshauses mit Blick auf die Durchgangsstraße mag Carols Aussteigeridyll im Busch vielleicht traumhaft erscheinen, doch ich bin mir sicher, daß nur wenige die Kraft hätten, diese Belastungen durchzustehen.«

Carol hatte uns erzählt, daß sie vor wenigen Jahren erstmals in Deutschland gewesen war. »Als ich meinen Freunden in München erzählt habe, daß ich mit Hundeschlitten zur Post und zum Wasserholen fahre, Elchfleisch esse und im Sommer mein eigenes Gemüse ernte, haben sie leuchtende Augen gekriegt. Aber ob die wohl eine Ahnung davon haben, was es bedeutet, ununterbrochen von morgens bis abends für die simpelsten alltäglichen Dinge zu arbeiten: Trinkwasser aus Schnee zu tauen, Holz mit der Hand zu sägen und zweimal pro Tag eine Meute hungriger Hunde zu versorgen? Einen Motorschlitten habe ich nicht, jeder Gang in den Ort dauert mindestens eine halbe Stunde.« Dann, nach einem Moment des Nachsinnens, fuhr sie fort: »Aber weißt du – ich genieße das alles. Auch die langen Wege. Denn irgendwann, wenn ich abends nach Hause skie, leuchtet über mir das Nordlicht. Und dann weiß ich, daß ich hier das richtige Leben lebe.«

# Alaskanisches Tagebuch: 7.–12. November

**7. November:** – 22 °C. *Windstille. Schnee fällt in leichten Flokken.*

**8. November:** – 18 °C. *Ostwind. Der Himmel ist bewölkt.*

**9. November:** – 21 °C. *Nordwind. Sonnenschein. Nachts tanzt eine Aurora borealis (Nordlicht) über den sternklaren Himmel; mal ist sie grün, dann wieder rosa. Es ist, als würde der Himmel explodieren.*

**10. November:** – 28 °C. Nordwind. Morgenröte zwischen 8.45 Uhr und 10 Uhr. Goldener Abendhimmel gegen 17 Uhr.

**11. November:** – 31 °C. Es ist sonnig und windstill. Morgens nur + 4 °C im Haus. Kein Vogel zeigt sich mehr am Futterring. Das Leben friert jetzt ein.

**12. November:** – 25 °C. Donna bringt ihre Kinder per Hundeschlitten zum Babysitten. Mt. Denali ist den ganzen Tag über klar zu sehen.

*Juliana und Bettina bei der ersten Schlittenhundefahrt ihres Lebens*

# Unser kleines Dorf am großen Fluß

*Der Tanana River ist völlig unerforscht. Kein weißer Mann hat jemals das Paddel in sein Wasser getaucht, und was wir über seine Länge und Besonderheiten wissen, erfuhren wir von Indianern ... Der Name »Tanana« bedeutet Fluß der Berge,* schrieb 1870 der Forscher William Dall.

Noch im selben Jahrzehnt zogen die Prospektoren Harper und Mayo durch das Tal des großen Flusses. Aber die Zeit war noch nicht da für das Goldfieber, das Alaska später packen sollte. Harper, Mayo und ihr Partner McQuesten gründeten stattdessen Handelsniederlassungen.

In Harpers Bend, einer Schleife des Flusses, ließ sich 1878 das Händlerehepaar Bean nieder. Im selben Jahr ermordeten Indianer, unzufrieden mit den für ihre Felle gezahlten Preisen, James Beans Frau. Der Überfall wirkte lange nach. Die Tanana-Indianer galten als gefährlich, und weiße Zuzügler machten einen weiten Bogen um das Gebiet. Allerdings nicht mehr lange ... Angestachelt durch sensationslüsterne Zeitungsberichte bestiegen 1898 zehntausende Glücksritter in San Francisco und Seattle Dampfschiffe, die sie zum Gold am kanadischen Klondike führen sollten. Doch die Realität nach den unsäglichen Mühen und Gefahren der Anreise über Chilkoot-Paß und Yukon River war ernüchternd. Die meisten *claims* waren bereits vergeben, und die Träume von einer eigenen Bonanza zerplatzten wie Seifenblasen. Die Männer, die kaum noch etwas zu verlieren hatten, zogen weiter nach Alaska, wo Hoffnungen noch solideren Grund hatten. Nicht weit vom heutigen Manley Hot Springs, in Eureka, wurde 1901 Gold gefunden. Einen Schatz ganz anderer Art aber erwarb Dad Karshner, der sich 1902 an den heißen Quellen am Slough des Tanana Rivers niederließ und mit Hilfe von Thermalwärme mitten in Alaska Gemüse zog.

Hudson Stuck, der spätere Erstbesteiger des Mt. Denali notierte am 30. März 1905 in sein Tagebuch:

*14 Meilen später erreichten wir Dad Karshners hot springs, einen der außergewöhnlichsten Plätze Alaskas. Gerade eben habe ich in dem fast kochenden Wasser gebadet ... es bewässert auch viele*

*Morgen Land, und der alte Bursche baut köstliche Gemüse an. Dieser Platz ist so wertvoll wie eine Goldmine.*

Wie recht Hudson Stuck hatte! Karshner verkaufte wenig später seinen Besitz an den gewitzten Geschäftsmann Frank Manley, der an der seit Jahrhunderten von den örtlichen Indianern als *Tunale-Ten* (... der Platz, wo die Wasser heiß sind ...) bezeichneten Stelle ein nobles Touristenresort erbaute. Besucher kamen von weither. Hot Springs war damals größer als Fairbanks. Doch um 1911 ließ der Goldfluß und damit auch das Interesse an Mister Manleys Resort nach. 1913 ging das stattliche Anwesen in Feuer auf. Manleys Name aber überlebte. In den 50er Jahren wurde die Ortsbezeichnung zu Manley Hot Springs erweitert. Es gab da noch ein anderes »Hot Springs« in Arkansas, und so mancher Postsack war lange Irrwege gegangen, bis er endlich am Slough des Tanana Rivers anlangte.

Nicht allein der Ortsname wechselte in den 50ern, sondern auch die Eigentümer der heißen Quellen. Für Gladys und Chuck Dart bot sich damals »eine Gelegenheit, wie sie nur einmal im Leben kommt«. Sie wurden schnell mit dem Verkäufer Bob Byer handelseinig, der mit seiner *biggest little airline* die Postflüge zwischen Fairbanks, Minto, Manley Hot Springs, Tanana und Rampart besorgte. Wer weiß, wie Manley heute aussähe, hätte der Zufall nicht die Darts, sondern einen geschäftstüchtigen Unternehmer den Federstrich unter den Kaufvertrag setzen lassen. So aber wurde statt eines Hotels ein Gewächshaus gebaut: Chuck widmete sich der Zucht von grünem Gemüse, Gladys, die Lehrerin, hatte ähnliche Ambitionen: In einer Hütte auf dem Dartschen Grundstück entstand Manleys erste Schule.

Ein Stück oberhalb der Durchgangsstraße, kurz vor der Brücke über den Slough, stößt man auf das Wohnhaus der Darts. Ich hatte es als solches zunächst gar nicht erkannt: ein großes Kunststoffgebäude, dessen Wände nichts weiter sind als schwach durchsichtige Plastikbahnen. Das Ganze war einem großen Zelt nicht unähnlich. »Und was ist, wenn die Temperatur unter −50 °C absackt?« frage ich Chuck. Lächelnd weist er in seiner ruhigen Art auf eine ausgetüftelte Thermalheizung: »Dank des heißen Hauchs der Erde ist uns auch im Winter mollig warm.«

Gut hundert Meter vom Haus entfernt befinden sich Gewächshäuser, dahinter beginnt der Wald. Im Winter stellen sich gelegentlich Elche ein. Im Sommer kommt es schon mal vor, daß sich ein Bär in den Ortsbereich hineinwagt. »Doch so schlimm wie 1963 ist es nie wieder gewesen«, sagt Gladys. »29 Bären wurden im Ort erlegt.«

Auch sie hatte »ihre« Bärenbegegnung, und zwar viel dichter, als ihr lieb war: Es war hinter dem Gewächshaus, wo sie gerade wilde Erdbeeren pflückte, als sie spürte, daß irgendetwas in der Luft lag. Sie sah auf – geradewegs einem Schwarzbären ins Gesicht. Tausend gute Ratschläge schossen ihr durch den Kopf: Lärm machen, das verjagt Schwarzbären! Sie trommelte gegen die Blechdose, die sie bei sich hatte. Das einzige Ergebnis war, daß die mühsam gepflückten Erdbeeren durch die Luft flogen. Der Bär aber rührte sich nicht vom Fleck. Da kriegte sie Angst und rannte Hals über Kopf in das Gewächshaus.

Am selben Abend, sie nahm gerade in einem der großen Steinbehälter ein heißes Bad, sah sie durch die Kunststoffwände, wie der Bär Jagd auf ihren Hund machte. In Bademantel und mit strähnignassem Haar legte sie das mitgebrachte Gewehr an, zielte und drückte ab. Sofort verschwand der Bär. Doch die Angst vor ihm blieb. Noch Tage später lag ein Nachbar auf der Lauer. Der Schwarzpelz aber blieb verschwunden. Der Sommer verstrich. Es war Monate später, als sie nicht weit vom Gewächshaus entfernt plötzlich etwas Dunkles im hohen Gras entdeckte: Mein Gott, schon wieder ein Bär! raste es ihr durch den Kopf. Bis sie sah, daß es ihr alter Bekannter war. Auf gut hundert Meter Entfernung hatte sie ihn mit einem Schuß erledigt.

## Alaska – wo Männer noch Männer sind . . .

»Da lebt man nun am Ende der Welt in einem Dörfchen mit nur ein paar Dutzend Einwohnern und lernt doch die außergewöhnlichsten Menschen kennen«, sage ich, als wir abends mit unseren Mountainbikes von den Darts nach Hause zurückradeln. »Siehst du«, sagt meine Ehegattin mit triumphierendem Lächeln, »und du wolltest abgekapselt wie ein Eremit dort leben, wo sich Wolf und Elch gute

Nacht sagen.« Eins zu Null für sie. Und es sollte sogar noch besser kommen.

Manley ist ein *dog musher*-Ort. Die Bezeichnung Musher ist eine Adaption des französischen Wortes *marcher*, das frankokanadische Waldläufer einst als Kommando für ihre Schlittenhunde verwandt hatten. Mit der für die USA typischen Ungezwungenheit im Umgang mit Sprachen wurde das amerikanische Wort zum Begriff für den Hundeschlittenführer.

Steckt man die Grenzen Manley Hot Springs etwas weiter und schließt die auch postalisch dazugehörige Siedlung Eureka mit ein, so ist Alaskas berühmteste Frau, Susan Butcher, die viermalige Gewinnerin des Iditarod-Schlittenhunderennens, Einwohnerin Manleys. Ihr verdanken die Machos der Arktis den als flotten Slogan verpackten Seitenhieb

*Alaska – wo Männer noch Männer sind . . .*
*aber Frauen das Iditarod gewinnen.*

Susan Butchers *Trail Breaker Kennel* liegt am Ende eines schmalen, vom Elliott Highway aus leicht zu übersehenden Pfades. Kein Namensschild weist auf die berühmte Bewohnerin hin. Wüßte man es nicht besser, würde man die Grundstückszufahrt für einen Weg zum Abtransport von Holz halten.

Auf einer Lichtung befinden sich rund 150 Hundehütten, manche der Bewohner stehen auf den Dächern, andere drehen sich aufgeregt vor ihren Hütten im Kreis. Aufmerksam die Ohren gespitzt, sehen mich die Aristokraten unter den Schlittenhunden dieser Welt an. »Butcher-dogs« haben einen solch hervorragenden Ruf, daß Susan sie erfolgreich über die in Alaska erscheinende Zeitung »Mushing« zu stolzen Preisen zwischen 500 und 3000 Dollar pro Stück anbieten kann. Doch so rosig waren die Zeiten nicht immer.

Als Susan Butcher Ende 1977 den Initiator des Iditarod-Rennens, Joe Redington sen., im Großraum Anchorage besuchte und 15 Huskies aus der Enge ihres Volkswagens sprangen, hatte sie gerade noch ausreichend Geld in der Tasche, um ihren Vierbeinern für eine Woche Hundefutter kaufen zu können. Ihr anschließender Aufstieg aber liest sich wie eine Notiz im Buch der Rekorde:

*Susan Butcher auf dem Iditarod Trail*

»Sie gewinnt 12 Rennen, einschließlich vier Iditarods, bricht zehn bestehende Rekorde und kommt elfmal auf den zweiten Platz.«

Geboren 1954 und aufgewachsen in Massachusetts, zog es sie schon früh in den Westen, wo sie im Staat Colorado ihre erste Begegnung mit Huskies und Sprint-Rennen hat. 1975, zwei Jahre nach dem ersten Iditarod-Rennen, erreichte sie Alaska, wo sie auf einer Moschusochsenfarm tätig war.

Hier begegnete sie Joe Redington sen. Es war ein Zufall, der ihr Leben veränderte. Im Frühjahr 1978 nahm sie erstmals am Iditarod teil, dem wohl härtesten Rennen der Welt, von Anchorage quer durch Alaska nach Nome am Beringmeer. Von 34 eingegangenen Mushern belegte sie den 19. Platz und kassierte sogar 600 Dollar Preisgeld.

Ein Jahr später lag sie an neunter Stelle, 1982 auf Platz zwei. Der Lohn der Mühe war jetzt reichlich: 16000 Dollar. Nachdem sie 1984 erneut den zweiten Platz belegt hatte, erwartete 1985 eigentlich jeder, daß Susan die »*number one*« wurde.

Doch . . . es ist ein besonders schneereicher Winter. Während Bären auf der faulen Haut liegen und kein Risiko darstellen, zieht es Elche auf die müheloser begehbaren Schlitten-Trails. So werden sie für Hundeteams zur Gefahr. Das erfährt auch Susan Butcher.

Denn plötzlich, während des Rennens, streift der starke Lichtkegel ihrer Stirnlampe den mächtigen Körper:

». . . wild dreinblickend steht eine Elchkuh mitten auf dem Trail. Mein Herz pocht. Ich werfe den Schlitten auf die Seite, um zu stoppen. Doch die Elchkuh greift schnaubend und mit den Hufen um sich kickend meine Hunde an. Es ist zwar nicht das erstemal, daß ich einen Elch im Team habe, doch sonst waren sie hindurchgestürmt. Nicht so dieses Exemplar . . .

Das Tier verharrt, steigt auf die Hinterbeine und kracht mit seinem immensen Körpergewicht auf Johnnie und Ruff, zwei meiner stärksten Hunde . . .

Ich reiße meinen Parka vom Leib und wedele damit vor seinem Kopf. Vielleicht kann ich es so verjagen, doch stattdessen greift es mich an. Ich muß mich zurückziehen. Und schon trommeln die mächtigen Vorderbeine auf Hyde und Yeller. Ihre Schreie gehen mir wie Stiche durchs Herz. Ich renne mit meiner Axt auf den Elch zu und verpasse ihm damit ein paar Hiebe, doch er quittiert das mit Schlägen seiner Hinterläufe.

Meine Hunde sind jetzt totenstill. Keiner bewegt sich. Trotzdem greift der Elch an. Granite (der Leithund) versucht, ihn bei den Hinterläufen zu packen, doch ein Huf trifft ihn am Kopf und schleudert ihn gegen einen Baum.«

20 Minuten nachdem das Drama begonnen hat, sieht Susan Butcher in der Ferne das Licht eines anderen Mushers. Dieser erschießt die Elchkuh.

Die traurige Bilanz: 15 von 17 Hunden sind verletzt, zwei davon tot. Am Rabbit Lake Checkpoint, nur 184 Kilometer nach dem Start, gibt sie das Rennen auf.

Und doch ist es in diesem Jahr eine Frau, die als Siegerin durch das Ziel fährt. In einem der gefürchteten Schneestürme des Beringmeeres hat sie alles auf eine Karte gesetzt und gewonnen: Ihr Name ist Libby Riddles. Die Sensation ist perfekt. Libby wird für dieses Husarenstück mit dem bis dahin (Vorjahr 24000 Dollar) undenkbaren Preisgeld in Höhe von 50000 Dollar belohnt.

Susan Butcher ist 1986 wieder zur Stelle. Sie gewinnt das Iditarod nach 11 Tagen und 15 Stunden. Auch 1987 und 1988 siegt sie. 1989 belegt sie »nur« den zweiten Platz, doch 1990 ist sie wieder an der Spitze – und um 50000 Dollar reicher.

Mit vier Siegen liegt sie jetzt mit Rick Swenson, ihrem ärgsten Rivalen, Kopf an Kopf.

Es scheint, als hätte Susan Butcher ihr Erfolgsgeheimnis mit ihren eigenen Worten ausgedrückt: »Es besteht eine ganz besondere Beziehung zwischen mir und meinen Hunden. Sie geben alles für mich, und ich weiß, daß ich mein Möglichstes für sie gebe.« Eine solch enge Bindung kann zum Lebensretter werden: Es war nahe dem Ort Shaktoolik am Norton Sound des Beringmeeres, als sie erkannte, daß das Eis unter ihr keine zwei Zentimeter dick war. Die Tiere waren nervös, doch Granite, ihr legendärer Leithund, folgte bedingungslos Susans Befehlen und erreichte das Ufer just in dem Moment, als sie samt Schlitten und hinteren Hunden durchs Eis brach. Granite zog sich am Rand hoch, das restliche Gespann folgte – so wurden sie gerettet.

Wir hatten einen stillen Platz tief in den Wäldern gesucht und gefunden. Es war reiner Zufall gewesen, daß wir dabei in eine Musher-Hochburg geraten waren: Schräg gegenüber wohnen die erfolgreichen Sprint-Renner Joee und Pam Redington. Dann sind da noch die Hunde Rick Grays, Eric Meffleys, Linda O'Briens und die der Taylors. Von den vielen kleinen Zwingern mit »nur« zehn oder 15 Hunden ganz zu schweigen.

Ich liebe es, dem Lied der Huskies zu lauschen. Doch ich beobachte, wie sich meine Beziehung zu ihnen allmählich verändert. Anfangs war es das Interesse des Außenstehenden. Jetzt hat mich die Begeisterung für diese schlanken, zähen und oft blauäugigen Athleten gepackt. Regelmäßig sehe ich sie, wenn ich auf den Wintertrails mit Skiern unterwegs bin. Mehr als einmal mache ich rasante Sprünge zur Seite, wenn – fast lautlos – von hinten eine vielköpfige Meute heranjagt.

Bei einem meiner Ausflüge treffe ich Cleo Schnorf. Seit vielen Jahren lebt der alte pensionierte Briefträger aus Los Angeles ganz für sich allein in einem Haus am Ufer des Slough. In wenigen Wochen, um Weihnachten, wird seine große Stunde kommen. Dann wird er im Gewand des Santa Claus die Vorschulkinder mit Lebkuchen und Pudelmützen verwöhnen.

Cleo und ich haben das gleiche Problem: Wie kriegt man bei – 25 °C den an der Nasenspitze hängenden Tropfen fort, wenn man zwei Paar Handschuhe trägt?

»Heute ist Wahltag in Alaska.« Cleo sieht bei diesen Worten nicht glücklich aus. »Bin gespannt, welche Politiker sie uns diesmal vorsetzen. Im Ostblock schaffen sie den Sozialismus ab, und bei uns hält er Einzug.«

»Wieso?« frage ich.

»Ich bin hierhergekommen, um in einem freien Land zu leben. Doch der Staat steckt jetzt selbst in Alaska seine Nase in alles rein. Das nenne ich Sozialismus.«

Nachmittags wird in den Radionachrichten gemeldet, daß die an der arktischen Küste gelegenen Städte Kotzebue und Barrow zum Wettstreit um die Wählergunst aufgerufen haben. Kotzebue liegt momentan mit einer Stimme vorn. Der Bürgermeister der unterlegenen Stadt muß zur Strafe eine Woche die offizielle Dienstjacke der Konkurrenz tragen. Ein anderer Wahlbezirk setzt sogar eine Belohnung für die höchste Wahlbeteiligung aus: »Chancen haben alle Ortschaften mit mehr als 30 Wahlberechtigten. Der Gewinner erhält eine Flugzeugladung Truthähne!« Auch das ist Alaska.

# Auf den Hund gekommen

Ein ungeschnittener, struppiger Schnauzbart bestimmt den Ausdruck seines Gesichts. Man könnte ihn nach dem ersten Eindruck für einen Mittvierziger halten, doch man ahnt, daß er gut ein Jahrzehnt jünger ist.

»Ich bin Jim Catlin.« Er setzt sich auf das Sofa vor dem Fenster und ergreift die ihm dargebotene Tasse Tee.

»Habe da einige Hunde für euch. Ich sah dich neulich«, er weist auf Juliana, »mit Fahrrad und Wasserkanister am Pumpenhaus vorbeibalancieren. Wird Zeit, daß das ein Ende hat. Ihr solltet ein paar Huskies von mir kaufen!«

Nun habe ich noch nie von einem Züchter namens Jim Catlin gehört, und wann und wo wir Hunde kaufen, werden wir schon selbst bestimmen. Ich sage ihm das.

Es dauert nun nicht mehr allzulange, bis wir erfahren, daß Jim nur eine achtjährige Hündin loswerden will.

»Für mein 18köpfiges Team ist sie zu langsam geworden.«

»Nein danke, Jim, beim besten Willen nicht.«

»Wenn ich keine neue Bleibe für Button finde, werde ich sie erschießen. Hab nicht genug Hundefutter und auch zu wenig Geld, um welches zu kaufen.«

Still für mich denke ich: Gib die Hundezucht auf, wenn du deine Tiere nicht versorgen kannst. – Und daß die Pistolenkugel so schnell zur Sprache gebracht wird, befremdet mich.

Wir kriegen bald die Wahrheit heraus: Vor sechs Jahren hatte er Button für 600 Dollar von einem renommierten Züchter erworben, um mit ihr eine eigene Hundezucht zu beginnen. Jetzt, nachdem er auch andere Hündinnen hat, benötigt er sie nicht mehr.

»Bekämst du es wirklich fertig, sie zu erschießen?« frage ich den Mann vor mir. »Wo sie doch die Mutter der meisten deiner Schlittenhunde ist?«

»Kann mir keine Sentimentalitäten leisten.« Er hält einen Moment inne. »Aber bevor ich sie umlege, könnte ich sie euch ja schenken. Wollt ihr sie?«

Ich sehe zu Juliana rüber. Sie nickt leicht.

Vielleicht als Spielgefährte für Bettina... Eine Katze hat sie bereits.

»Okay, morgen nachmittag sehen wir uns Button einmal an.« Insgeheim hoffe ich, daß sie ein fröhlicher, kinderfreundlicher und verfressener Hund ist.

Viele Jahre hatten wir eine Hündin, die wir von einer langen Afrikareise aus Äthiopien heimgebracht hatten. Ein lieber Hund, doch Addis' Freßgewohnheiten hatten uns mehr Kopfzerbrechen bereitet als die Essenswünsche der ganzen restlichen Familienmitglieder.

»Jetzt haben wir Jim überhaupt nicht gefragt, ob es ein blauäugiger Husky ist«, sagt Juliana, als er gegangen ist.

Am nächsten Tag schneit es. Mit einem kleinen skandinavischen Pulk-Schlitten stapfen wir durch tiefen Neuschnee zu seinem Haus. »Vielleicht kann Button mich darin zurückziehen«, hofft Bettina.

»Er ist ein komischer Kauz, sieh mal!« Juliana weist an Catlins Grundstück auf ein paar Papptafeln mit japanischen Schriftzeichen. Wir waren schon vorbereitet. Heute morgen war uns zu Ohren gekommen, daß Catlin japanische Touristen, die bei einer Wanderung auf sein Grundstück gekommen waren, mit dem Gewehr vertrieben hatte. Seitdem hat der Sonderling Tafeln mit Warnungen auf japanisch aufgestellt.

Button ist nicht blauäugig. Sie hat auch nicht das geringste der klassischen Erscheinung eines Huskies an sich. Eher wirkt sie wie ein Allerweltsköter, ist sehr scheu und fürchterlich mager.

»Sie hat gerade Junge gehabt. Wenn ihr sie gut füttert, wird sie bald besser aussehen.«

Bettina hatte sich derweil zielsicher ihren Weg zum Zwinger mit den Junghunden gebahnt.

»Wie heißt der mit den blauen Augen und den eingeknickten Ohren?«

»Beetle«, sagt Jim. »Wenn du willst, kannst du mit seinem Bruder spielen. Der ist noch so scheu. Mit einem Kind herumzutollen, wird ihm guttun. Du kannst mit ihm ins Haus gehen.«

Als wir zehn Minuten später in seine Hütte treten, hat Bettina den kleinen Hund im Schoß und ist selig. Auf englisch wendet sie sich an

Jim: »Siehst du, dem Kleinen gefällt es, mit mir auf dem Schaukelstuhl (engl.: *rocking chair*) zu sitzen. Ich nenne ihn Rocky!« Seit diesem Tag trägt der Bruder des blauäugigen Beetle den Namen Rocky.

Nach einigem Zögern entschließen wir uns, Button zu nehmen. Bettina ist glücklich. Schon sitzt sie in dem Pulk: »Ab heute bin ich auch ein Musher! Okay, Button, okay. Hike, hike!«

Jims Haus ist ein Zwischending aus herkömmlichem Holz- und Erdhaus. Etwa bis in Fensterhöhe ist es in den Boden eingelassen.

»Für mich allein ist das hier alles zu groß«, sagt er. »Weißt du nicht eine gute Frau für mich?«

Daß in den Buschgemeinden Alaskas ein permanenter »Frauennotstand« herrscht, hatte ich schon gehört.

»Keine will hierbleiben. Bis vor kurzem hat eine mit Kindern mit mir zusammengelebt, aber sie war mir zu unabhängig . . . zu selbständig. Eine Frau gehört ins Haus.«

Aha, Heimchen am Herd, und das Oberhaupt geht seinen Hobbies nach.

»Vergiß aber nicht, deiner künftigen Partnerin eine Schaufel zurückzulassen, damit sie während deiner Abwesenheit den Hundekot zusammenkehrt.« Er kriegt den Seitenhieb gar nicht mit.

»Ich habe gehört, daß du 'ne Menge Fotos machst. Du könntest ja mal wiederkommen und mich ablichten.«

»Geht in Ordnung, aber wofür brauchst du die Fotos?«

»Um ein bißchen Eigenreklame zu machen. Will zusehen, daß ich an eine Frau herankomme. Es gibt da eine Kontaktzeitschrift, ich habe schon eine Menge Briefe auf Anzeigen hin abgeschickt und Fotos beigelegt. Aber keine hat bisher angebissen.« Er grinst. »Vielleicht lag's auch an den Fotos. Dein Nachbar Brian hatte sie gemacht, nachdem ich Bier gebraut hatte. Und – weiß der Teufel – auf jedem Foto habe ich eine Bierpulle in der Hand.«

Trotzdem hat er die Hoffnung auf Zweisamkeit nicht aufgegeben: »Wenn ich das nächstemal wieder keine ›Versandhauskatalog-Dame‹ kriegen sollte, versuche ich es mal mit einer Frau aus den Philippinen oder Japan. An die kommt man ganz gut ran. Die sollen heute noch so sein wie unsere Frauen vor 50 Jahren.«

Na dann viel Glück, Jim Catlin. Nimm aber vorher deine japanischen Durchgangsverbotsschilder weg.

Als wir nach Hause stapfen, denke ich an die spröden Beziehungsgeflechte in den entlegenen Gemeinden Alaskas. Ehen im traditionellen Sinne hatten wir bisher ganz selten kennengelernt. Die meisten waren verheiratet gewesen, doch die Ehen waren zerbrochen. Entsprechend viele alleinstehende Frauen und Männer gibt es, häufig genug mit Kindern. Beziehungen, die in vielen Fällen eher an Zweckgemeinschaften erinnern, werden schnell eingegangen, doch genauso selbstverständlich, wie man zusammengezogen ist, trennt man sich wieder.

Auf unserem Grundstück haben wir zum Glück eine Hundehütte mit Kette. Pam Redington, die wir auf der Straße treffen, kennt unsere Hündin und spult ihren Stammbaum herunter. »*Good blood line*«, sagt sie, prima Stammbaum.

»Selbstverständlich ist sie ein Husky«, bestätigt sie auf meine zweifelnde Frage. Sie muß es wissen. Auch offizielle Iditarod-Informationen definieren »Alaskanischer Husky« als: »jeder nordlandtypische Hund«. Das ist eine sehr weitgehende Begriffsbestimmung, ganz anders als die beim Sibirischen Husky, für dessen Charakterisierung klare Merkmale festgelegt sind.

## Die Stunde der Huskies

Seit Jahrtausenden sind Hunde des Menschen bester und zuverlässigster Freund. Er züchtete sie, paßte sie seinen Bedürfnissen an: als Hirten- und Wachhund, Spielgefährte, aber auch als Schoß- und Renommierhund an Fürstenhöfen. Weit entfernt von solchen Wünschen aber waren die Jäger der arktischen Regionen. Kraft, Ausdauer im Laufen, Widerstandsfähigkeit gegen Kälte und das Vermögen, unter tiefem Schnee verborgene Pfade zu finden, waren die Eigenschaften, die sie von ihren Schlittenhunden verlangten.

Aber auch die Hunde der sibirischen Jäger unterschieden sich von denen der Eskimos Alaskas oder Kanadas und Grönlands. Besonders ins Auge fällt das bei den »Samoyeden«, einer Rasse, die den Namen sibirischer Nomaden trägt. Er, der »lächelnde« Samoyede mit dem über den Rücken erhobenen Schwanz und dichtem weißen Fell, hebt sich äußerlich von allen Schlittenhundearten deutlich ab. Dagegen wird die Unterscheidung zwischen dem Alaskanischen Malamute und dem Sibirischen Husky schwierig: Beide sind zumeist schwarz-weiß oder haben das Grau der Wölfe. Auffällig bei beiden ist die »Gesichtsmaske«. Doch während die Augen des Malemute braun sind, haben jene der Sibirischen Huskies oft das Blau der glasklaren Nordlandseen. Nicht selten ist, daß ein Auge blau, das andere braun oder hellgelb ist. Sibirische Huskies haben eine spitzere Schnauze, sind schmaler gebaut und leichter als Malemutes. Sie sind schneller auf kurze Distanzen, können es aber an Kraft und Langstrecken-Durchhaltevermögen nicht mit ihren nordamerikanischen Vettern aufnehmen.

Anfang dieses Jahrhunderts, als die Renngeschichte Alaskas noch in den Kinderschuhen steckte, begann bereits das Experimentieren: Es müßte doch möglich sein, Kraft und Ausdauer der Malemutes mit der Geschwindigkeit der Huskies zu vereinigen! Aus diesen ersten Überlegungen entwickelte sich der Alaskanische Husky. Er ist kein Rassehund mit Stammbaum und einheitlichen körpertypischen Charakteristika, doch zweifellos der schnellste Schlittenhund auf Erden.

Blicke in die *dog yards* unserer Nachbarn in Manley hatten mich anfangs irritiert: Da gab es braune, fast blonde und schwarze Hunde, manche erinnerten an Dobermänner, andere an Füchse. Hier und da schien eine Prise Deutscher Schäferhund oder ein Schuß Labrador in einem Exemplar zu stecken.

»Wir züchten Hunde gezielt für den jeweiligen Bedarf«, hatte mir Pam gesagt, als sie uns eines Nachmittags besuchte. »Ein Sprint-Renner, der von seinen Tieren auf den rund 40 Kilometer langen Sprintstrecken Höchstgeschwindigkeiten bei leerem Schlitten fordert, muß auf völlig andere Eigenschaften Wert legen als ein Iditarod- oder Yukon Quest-Musher.«

Während sich der Sprint-Hund mit einer wahren Geschwindigkeitsexplosion seiner Kraftreserve in kurzer Zeit (z. B. 40 Kilometer in ca. 90 Minuten beim »Fur Rendezvous« in Anchorage) entledigt, kommt es beim Langstrecken-Hund auf wohldosiertes Einsetzen der Kräfte und ein – mehr in der Psyche angesiedeltes – eisernes Durchhaltevermögen an. Einige Merkmale aber müssen allen Hunden zu eigen sein: eine gesunde Freßlust und gute, unempfindliche Füße. Besonders von ihnen wird Erfolg oder Mißerfolg des Mushers abhängen.

Aus dem großen, kraftvollen, aber schwerfälligen Schlittenhund alter Art wurde in rund 90 Jahren Züchtung ein schlanker Athlet, ein Spitzensportler, dessen Ernährung den Anforderungen angepaßt ist. Für solche Entwicklungen zahlen Hundezüchter Alaskas jährlich Zehntausende von Dollars. Das nach ernährungswissenschaftlichen Aspekten ausgetüftelte Dinner eines Renn-Huskies hat nichts mehr mit dem gemein, was Dackel Waldi in sein Näpfchen bekommt, oder jenen zwei bis drei Pfund Seehundsfleisch pro Tag, die Eskimos früherer Tage verfütterten. Diesen Bewohnern der arktischen Küsten verdankt der Schlittenhund übrigens seinen Namen: Husky ist eine Slang-Bezeichnung für Eskimo.

Der weiße Mann in Nordamerika hat die Vorzüge der Schlittenhunde schon früh erkannt: Sie zogen die Pelzladungen der Hudson Bay Company. 1873 setzten kanadische Mounties erstmals Husky-Teams ein, um Whisky-Schmugglern auf die Spur zu kommen. Noch 1930 hatte die Royal Canadian Mounted Police 470 Hunde im Einsatz, die im selben Jahr 95000 Kilometer für Gesetz und Ordnung liefen. 1969 erst ging der letzte beamtete Vierbeiner in Pension. »Eiserne Hunde« traten seine Nachfolge an.

In Alaska währte die große Zeit der Huskies von 1900 bis zum Ende der 30er Jahre. Es war die Zeit des Goldbooms, während der die Postversorgung zwischen November und April mit Hundeteams erfolgte. Die US-Post-Kuriere jener Tage waren die Könige der Trails. Ein Gesetz bestimmte, daß ihnen jedes andere Team Vorrang zu gewähren hatte. Eine wichtige Post-Route war der gut 2000 Kilometer lange Iditarod-Trail zwischen Seward und Nome. Die Goldstadt Nome an der windgepeitschten Küste des Beringmeeres war zu jener Zeit der bedeutendste Ort Alaskas.

»Alle Schlittenhunde-Trails führen nach Nome«, lautete eine Redewendung.

Nome wurde auch zur Geburtsstätte des organisierten Schlittenhunde-Rennsports. 1908 erlebte es das »*All Alaska Sweepstake*«, ein 650 Kilometer langes Rennen, dessen Regel zur Grundlage aller späteren hundesportlichen Veranstaltungen wurde. Es war ein US-Post-Team, das 1908 gewann. Das Jahr drauf und auch in der Folgezeit dominierte Musher »Scotty« Allan. »König der arktischen Trails« nannte man ihn, und sein Leithund erlangte solchen Ruhm, daß über ihn ein Buch geschrieben wurde: »Baldy of Nome«.

Das Sweepstake entfachte das Rennfieber in Alaska. Es wurde experimentiert: Hundegeschirre und Schlitten wurden leichter und besser. Als 1909 ein Team des russischen Pelzhändlers Goosak, bestehend aus Sibirischen Huskies, am Rennen teilnahm, war man über deren Leistung so beeindruckt, daß innerhalb kürzester Zeit 60 Hunde dieser Rasse importiert wurden. Ein daraus zusammengestelltes Team gewann das Sweepstake von 1910 in der nie wieder erreichten Spitzenzeit von 74 Stunden und 14 Minuten. Sibirische Huskies sind seit jenem Ereignis aus der Schlittenhundezucht Alaskas nicht mehr wegzudenken.

1915 tauchte noch ein anderer Stern am Musher-Himmel auf: Leonhard Seppala, ein Immigrant aus Norwegen. Während der nächsten drei Rennen stellte er den bis dahin als unschlagbar geltenden »Scotty« Allan in den Schatten. Seppala wurde zur Legende in Alaska. Sein Name ist auch aufs engste verbunden mit jenem Ereignis, das Auslöser für das heutige Iditarod war: das Rennen gegen den Tod.

*Husky-Team des Autors in Tanana/Alaska*

*Unser Haus nach den ersten Schneefällen des Winters*

*Carol beim Holzsägen; natürlich mit handgefertigter Säge*

*Unser Wohnraum mit »barrel stove«*

*Husky-Team in den Ray Mountains*

*Hundeteam zwischen Manley und Tanana*

*Bei Susan Butchers »Trail Breaker Kennel«. Rechts im Bild: Carol*

*Schlittenhunde bei einer Rast auf dem Iditarod Trail*

*Unsere Hündin Button mit Juliana und Bettina bei – 30 °C*

*Bei 50 Grad Kälte legt sich der Atem als Eis auf Haaren und Kleidung ab.*

*Carol wärmt sich am Lagerfeuer.*

*Mit Schlittenhunden durch die Einsamkeit Alaskas*

# Mit Hunden durch die Kälte: unterwegs bei 50 Grad minus

Endlich hat Butch unser Telefon angeschlossen. Eigentlich heißt er Charles Zimmermann, doch unter diesem Namen kennt ihn kaum einer. Butch ist eben Butch. Sein Job ist es, Manleys Stromgenerator in Betrieb zu halten und dann und wann ein Telefon anzuschließen. Der leutselige, hilfsbereite Endvierziger ist einer der wenigen, die einen Ganzjahres-Job haben. Lehrer und Straßenarbeiter sind die anderen. Postmeister Bob Lee gehört auch dazu, ein etwas bärbeißiger, aber nicht unsympathischer Typ. Nach zwei Monaten notiert Juliana im Tagebuch: »Heute hat er sogar gelächelt.«

Geraume Zeit hatte Butch an unserem Telefonanschluß experimentiert, bis der Ruf durchging. Seine Anmerkung dazu: »Habe denen von der Telefongesellschaft ja gleich gesagt, daß ich von sowas keine Ahnung habe. Bin schließlich Holzfäller gewesen.«

»*Jack of all Trades*« sind sie alle. Eine Art »Hans Dampf in allen Gassen«, Pfiffikusse, die jeder Situation gewachsen sein müssen. Man braucht gar nicht mal lange hier zu sein, bis man selbst einer wird: Klappt's nicht, wird man die Wälder Alaskas bald verlassen müssen.

»Nanu, kommt Butch zurück?«

Juliana ist ans Fenster getreten und blickt zu dem Lichtkegel hinaus, der sich langsam unsere Einfahrt hochbewegt. Eine Snowmaschine hält vor dem Haus. Es klopft, aber nicht Butch, sondern ein hochgewachsener Mann Anfang vierzig tritt ein.

»Entschuldigt, wenn ich euch so spät abends noch störe. Ich bin Eric Meffley.«

Wir hatten von ihm gehört und wußten, daß er unten im Ort nahe der Schule eine Hundezucht betrieb.

»Ich wollte euch fragen, ob ihr mir beim Training behilflich sein könnt. Momentan habe ich noch rund 80 Hunde. Das ist aber zuviel, wenn man ganz allein davorsteht.«

Bis zum Frühjahr hatte ihn eine Freundin bei der Arbeit unterstützt. »Sie fuhr Rennen und war dabei, sich einen recht guten

*Hundeteam des Autors auf dem Tanana River*

Namen zu machen«, sagt er, »doch dann reiste sie in den Süden und kam nicht zurück.«

»Welche Art Hunde züchtest du?«

»Sprint-Renner.«

Hmm – das hört sich recht verlockend an.

»Okay, Eric, für ein paar Wochen will ich dir gerne unter die Arme greifen.« Mir ist bekannt, daß die meisten namhaften Musher Alaskas *dog handler*, Helfer, haben, die gegen Kost und Logis viel Enthusiasmus, Zeit und Arbeit einbringen. Gut ein halbes Dutzend von ihnen versorgt z. B. die Hunde Susan Butchers. Für einen aufmerksamen Helfer, der sich mit dem Gedanken trägt, selbst einmal ein Hundeteam zu haben, ist so ein Job ein unbezahlbarer Intensivkurs. Erics Einladung zur Arbeit ist also auch unter diesem Aspekt nicht uninteressant. »Morgen bin ich bei dir, Eric.« Ich begleite ihn bis zu seinem Motorschlitten. Neuschnee dämpft unsere Schritte. 30 Zentimeter waren bis heute mittag gefallen.

Nachdem das nervöse Heulen des Zweitakters verklungen ist, lausche ich in die Stille der Nacht. Bereits kurz nach 15 Uhr hatte sie begonnen, als die Sonne mit einem brandroten Streifen am Horizont verschwunden war. Jetzt ist der Himmel wolkenlos. Ein weißer, kalt schimmernder Halbmond lugt durch die Zweige der Birken. Nach dem heftigen Schneefall vom Vortag scheint eine Wetterveränderung bevorzustehen. Das aber hieße: Kälte.

Am anderen Morgen notieren wir im Tagebuch: ». . . selbst der Gang zum *outhouse* wird zur Expedition. Doch die Entschädigung für das Überziehen von Daunenjacke, Mütze und warmen Stiefeln ist heute ein bezauberndes Nordlicht.«

Um sieben Uhr zeigt das Thermometer −25 °C. Als wir mittags mit Fahrrädern zu Eric radeln, ist es auf −36 °C gefallen. Hinter Julianas Mountainbike hängt der kleine Pulk-Schlitten mit einer dick eingewickelten Bettina drin. Button, im Hundegeschirr, ist vor das Fahrrad gespannt und zieht. Juliana fällt mit diesem auch für alaskanische Verhältnisse »exotischen« Transportmittel auf. Selbst bei −50 °C bringt sie so Bettina zur Vorschule. Bei derartigen Extremtemperaturen ist es allerdings unmöglich, die Gangschaltung zu bewegen. Von 18 Gängen benutzen wir daher nur den zweiten oder dritten. Die wenigen Male, die wir umschalten wollen, erfordern einigen Aufwand: Wir nehmen die Räder ins Haus, tauen sie auf und schalten danach.

Erics Anwesen ist nicht zu verfehlen. Frenetisches Hundegeheul weist uns den Weg. Er ist gerade dabei, getrocknete Lachse in einen riesigen, über offenem Feuer stehenden Kochtopf zu werfen. »Das wird das Fressen für heute abend«, sagt er. »Allerdings kommt noch Trockenfutter und Fleisch dazu.«

Wir gehen in sein gemütliches Blockhaus. »Verflixt kalt ist es.« Er sieht mich abwägend an. »Bist du dir sicher, daß du heute mit mir auf den Trail gehen willst?«

»Sonst wäre ich nicht hier.«

Temperaturen um *forty below* gelten auch in Alaska als kalt. »Minus 40 Grad« ist die Marke, bei der sich Fahrenheit- und Celsiuswerte treffen.

Und diese Temperatur haben wir erreicht, als wir bei Eric sind. Während sich Bettina draußen im Zwinger mit einem Dutzend Welpen balgt, erläutert Eric mir die örtlichen Trails.

»Das beste wird sein, wir nehmen ein großes Hundeteam und binden zwei Schlitten hintereinander. Du wirst auf dem hinteren stehen. Aber sieh zu . . .«, er grinst, »der wird schleudern. Vermutlich wirst du runterfliegen.«

Ich passe schon auf, denke ich nur.

Nach dem Aufenthalt im warmen Haus beißt mir die Kaltluft schmerzhaft ins Gesicht. Eric zieht seinen *neckwarmer*, einen 15 Zentimeter langen Stoffschlauch aus Polarfleeze – Material, das nur schwer vereist, über Hals und Nasenspitze. Ich trage an diesem bitterkalten Nachmittag noch meine mit Mund- und Augenschlitzen versehene Gesichtsmaske. Später, auf dem Schlitten, wird sich mein Atem als dicke Eisbälle im Gewebe festsetzen. Sie werden Schmerzen bereiten, und der Fahrtwind wird wie Messerspitzen in die Haut unter dem Gesichtsschutz dringen.

Erics leichter Trainingsschlitten steht nicht weit vom Wohnhaus am Ende eines geraden Pfades, der später in den Fairbanks Trail mündet. Um einen tief in den Boden eingelassenen Pfahl ist ein

*Ratlosigkeit auf der ganzen Linie. Bei der Trailsuche im tiefen Schnee hat sich das Team verwickelt. Rechts: Stitch, Mitte: Yankee, daneben stehend: Button. Links vorn liegend: Flurry.*

Autoreifen gelegt, hinter dessen Innenwulst der Schneeanker gehakt ist, ein schwerer Doppelhaken, der ein ungewolltes Davonjagen der Hunde verhindert. Sorgfältig vor dem Schlitten ausgelegt ist das Zugseil, an dem die Hunde rechts und links mit ihren Hals- und Zugleinen befestigt werden.

»Ich habe vor, heute 14 Hunde zu nehmen. Allein würde ich bei einem Trainingslauf zwar nicht so viele vorspannen, doch der zweite Schlitten plus dein Zusatzgewicht wird sie schon etwas verlangsamen.«

»Wieviele Hunde nimmst du, wenn du allein trainierst?«

»Nicht mehr als acht. So viele kann man gerade noch mit eigener Körperkraft kontrollieren. Wenn 16 Hunde durchgehen, kannst du nur noch beten . . .«

»Auf dem Iditarod Trail sind doch bis zu 20köpfige Teams keine Seltenheit«, werfe ich ein. »Wie kommen die Musher damit lebend über die Berge der Alaska Range?«

Eric lächelt: »Problematisch sind vor allem die Starts, und auch die nur während der ersten ein bis zwei Tage, wenn die Hunde noch überdreht sind. Danach ahnen sie, daß sie jeden Tag zu arbeiten haben, und teilen ihre Kräfte ein.«

Eric steht auf den Kufen seines Schlittens. Seine Hand ruht leicht auf dem sichernden Schneeanker. Ein prüfender Blick. Ich nicke. Langsam zieht er den Anker hoch, und ohne daß das leiseste Wort fällt, wie wenn sich Tier und Musher geheimnisvoll verständigen würden, rasen die Hunde los. Welch ungeheure Kraft! Das grelle Heulen, das wilde Bellen, das nervöse Springen, welches das Team eben noch wie einen wildgewordenen, ungebändigten, verrückten Haufen hatte erscheinen lassen, ist lautloser Stille gewichen. Beine greifen weit ausladend durch die Luft, Speichel fliegt, Muskeln spielen, Schnee spritzt.

Kein Laut, nicht der Versuch eines Bellens. Jede Muskelfaser genießt das Über-den-Schnee-Fliegen. Es ist wie die lustvoll ästhetische Harmonie der Bewegung eines einzigen kraftvollen Körpers.

In diesem Moment wird mein Schlitten in einer Kurve wie von einer Riesenfaust zur Seite geschleudert. Den Kopf voran fliege ich in dichtes Unterholz. »Whoo! – Ist dir was passiert?« Eric hat das Team angehalten und blickt zu mir.

Außer ein paar schmerzhaften Kratzern im Gesicht habe ich nichts abbekommen.

»Kein Wunder, daß keiner auf dem zweiten Schlitten stehen will. Auf schlechten Trails und in Kurven schleudert der ja wie ein Lämmerschwanz.«

Eric lacht: »Habe ich dir nicht gesagt, daß du von dem Ding runterfliegen wirst? Morgen, wenn du die Trails kennst, wirst du dein eigenes Gespann haben.«

Von unserem Haus am Fuße der Tofty Hills überblicken wir Manley. Der geringfügige Höhenunterschied von 50 Metern macht sich bei extremer Kälte angenehm bemerkbar: Es ist drei Grad wärmer als im Ort. Als *temperature conversion*, Temperaturumwandlung, bezeichnet man dieses erstaunliche Phänomen, das seine Erklärung in der simplen Tatsache findet, daß Kaltluft sinkt, während Warmluft steigt.

Doch bitterkalt ist es hier wie dort. Bis zur gestrigen Schlittenfahrt hatte ich gemeint, hinreichend für den Winter in Alaska ausgerüstet zu sein, doch selbst meine gefütterten Lederstiefel mit zwei Paar Wollsocken trotzen der Kälte nicht. Auch die wollene Gesichtsmaske, Pudelmütze und Kapuze sind angesichts des Fahrtwindes auf dem Schlitten völlig unzulänglich. Am Nachmittag des zweiten Trainingstages leiht Eric mir ein Paar Bunnyboots. Ich hatte von diesen Stiefeln, die bei militärischen Einsätzen in arktischen Regionen benutzt werden, schon gehört. Mehrere Gummi- und Luftschichten sorgen dafür, daß die körpereigene Wärme nicht vom Fuß entweichen kann. Die 200-Dollar-Stiefel sind zweifellos warm, werden aber innen extrem feucht, da der Fuß keinerlei Luftaustausch hat. Bunnyboots, die abends im Camp ausgezogen und nicht am Feuer getrocknet werden, sind bei 40 Grad Kälte am nächsten Morgen so flexibel wie Eichenbohlen. »Einen Becher heißen Tee aus der Thermoskanne in die Stiefel gießen, schnell ein paarmal hin- und herschütteln, auskippen und dann nichts wie rein mit dem Fuß!« sagt man dann. Da in der Realität jedoch morgens selbst der Tee in der Thermoskanne eiskalt, wenn nicht gefroren ist, bleibt nur eins: Zähne zusammenbeißen, Füße langsam in die Stiefel zwängen und sie von innen durch die Körperwärme auftauen.

Am Morgen des 29. November liegt die Temperatur in unserem Haus bei 2 °C. Als sich kurz vor 11 Uhr die ersten Sonnenstrahlen zeigen, gehe ich mit Schneeschuhen und Handsäge in die Wald, um trockene Baumstämme zu holen. Was ich mühsam in eineinhalb Stunden heranschleppe, werden wir bei dieser Kälte innerhalb von 24 Stunden verfeuert haben.

Auf minus 41 °C beläuft sich die Außentemperatur am nächsten Morgen. Innen überrascht uns das Thermometer mit + 1 °C – und das trotz guter Glut im Ofen. Wir legen kräftig nach, doch im gleichen Maße, wie es wärmer wird, schwinden unsere Holzvorräte.

Als ich an diesem kalten Wintertag vor die Haustür trete, liegt mein Atem als zwei Meter lange Fahne in der Luft. Die mit mir aus dem Haus gedrungene Warmluftwolke bringt die Holzbalken zum Knakken.

Doch ansonsten ist es unglaublich still. Leben beschränkt sich jetzt aufs Überleben. Und die Temperatur sinkt noch weiter. Als wir mittags zur Post gehen, haben wir die magische Marke erreicht: »*Sixty below*«, sagt Postmeister Bob, der trotz der Kälte uns gegenüber auftaut. Minus 60 Grad Fahrenheit – das sind – 51 °C! Sicherheitshalber prüfe ich das Thermometer an der Schule: *sixty below*, kein Zweifel. Eisiger Nebel erstickt jeden Laut. Das ist ein Moment, wie ich ihn immer erleben wollte.

Ich bin ein Freund der Wärme und Sonne. Ich habe in der Südsee gelebt, war lange im Outback Australiens, durchquerte dreimal die Sahara, und bin auf einem Kamel durch die indische Wüste geritten. Ich habe die Wärme genossen. Trotzdem empfinde ich diese Kälte als großartiges Naturerlebnis. Die Luft ist klar wie ein Diamant. Sie ritzt allerdings auch wie ein solcher bei jedem Atemzug tief in die Lunge. Wie tausend glänzende Perlen liegen kleine Eisbälle in Haar und Bart, der Atem schlägt sich wie Puderzucker am Rand der Kapuze nieder.

Als ich bei Eric ankomme, sieht er mich mit ernsten Augen an: »Meine Ölheizung hat heute morgen den Geist aufgegeben, und in meinem Holzofen gab es eine Verpuffung, bei der Ruß und Asche durch die Wohnung flogen. Als ich Fische für die Hunde hackte, brach mein Beilgriff. Während ich noch so dastand, entdeckte ich, daß mein neuer Truck auf zwei Reifen platt ist – und du willst heute wirklich mit den Hunden rausfahren?!«

»He, Eric, was ist los mit dir? Das ist der schönste Wintertag meines Lebens, und du läßt die Ohren hängen!«

»Dir wird aufgefallen sein, daß bei den Temperaturen heute kein Musher unterwegs ist.«

»Umso besser«, sage ich, »dann werde ich den Trail für mich allein haben.« Ich spucke in die Luft und kontrolliere das Ergebnis: »Habe mal gelesen, daß bei minus 60° Fahrenheit die Spucke gefriert, bevor sie den Boden berührt. Hmh... nicht bei mir. Vielleicht liegt's daran, daß ich so ›heiß‹ aufs Schlittenfahren bin.«

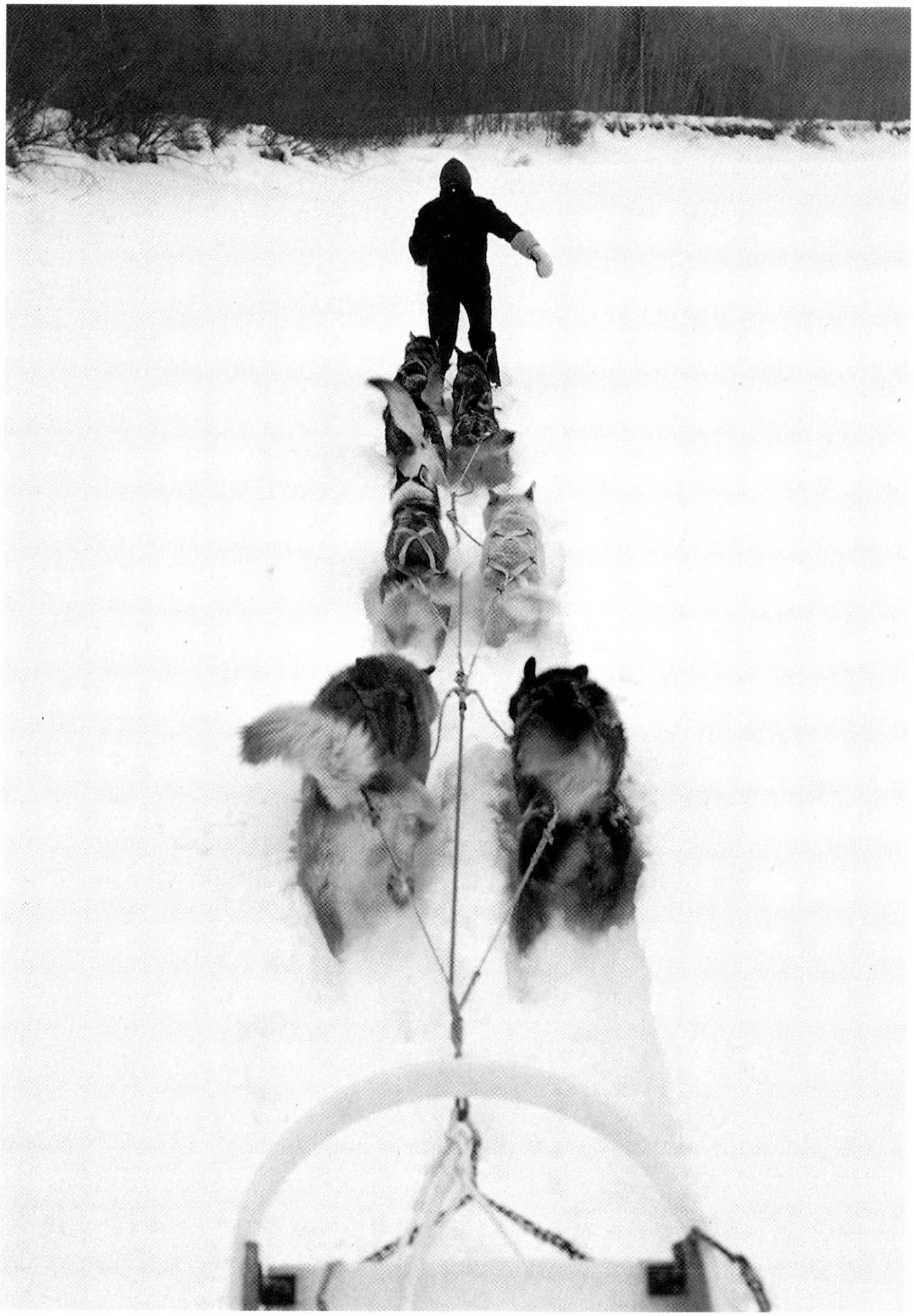

*Wenn die Hunde im tiefen Schnee nicht mehr den Trail finden, beginnt die Schwerarbeit mit Schneeschuhen für den Musher: »trail breaking«.*

Huskies sind einfach großartig. Bei Temperaturen, bei denen ihr Herr und Meister noch ein, zwei wärmende Lagen mehr über seine Ausrüstung zieht, kriechen sie bei der geringsten Hoffnung auf eine Schlittenfahrt aus der Hütte, strecken sich, reißen das Maul auf, gähnen, wackeln mit den Ohren, recken den Kopf zum Himmel und heulen so erregt, daß man sich ihrem Wunsch beim besten Willen nicht verschließen kann.

Vielleicht ist das der Grund, daß Eric plötzlich warm angezogen hinter mir steht. »Werde heute meine Neuerrungenschaft ausprobieren«, und er erzählt von der Hündin Bluee, die er gerade für 5000 Dollar gekauft hat.

Erstmals habe ich heute acht Hunde vor dem Schlitten. Leicht wie ein Schatten fliegen wir dahin. So muß es sein, wenn man »high« ist. Es ist, als glitte ich sanft durch Zeit und Raum. Die unberührte Winterlandschaft mit offenen, verschneiten Tundren und dürren Nadelholzwäldchen verstärkt dieses Empfinden. Da ist nichts, was den Blick oder das Gefühl begrenzen würde.

Nach Zweidritteln des 12-Meilen-Trails spüre ich allerdings starke Schmerzen im Gesicht: Mein wollener Gesichtsschutz ist vereist. Eine Außentemperatur von −51 °C plus Fahrtgeschwindigkeit von rund 30 Stundenkilometern ergibt einen Kältefaktor von 100 Grad minus.

»Was ist mit deiner Nase los?« fragt Eric nach meiner Rückkehr. »Sie ist weiß. Das ist das erste Anzeichen einer Erfrierung. Geh ins Haus, wärm' dein Gesicht und massiere die Nase sehr vorsichtig.«

Er kommt etwas später nach. Wieder ist er zerknirscht: »Es zahlt sich einfach nicht aus, zu ehrgeizig zu sein. Bluee, die teuerste Hündin, die ich je gekauft habe, hat sich beim heutigen Lauf eine Brustwarze erfroren.«

Meine Nase wurde zum Glück kein Kälteopfer. So bin ich schon etwas später mit einem anderen Team erneut unterwegs. »Das ist nicht mein Tag!« hatte Eric gesagt, und war zuhause geblieben.

Leider ist es auch nicht ganz der unsrige. Juliana empfängt mich mit der Mitteilung, daß das Obst, die Gemüse und Kartoffeln die Beschaffenheit solider Kiesel hätten. Auch der Gasherd funktioniert nicht mehr.

»Vermutlich ist das Gas gefroren.« Ich nehme einen Eimer mit heißem Wasser vom Ofen, gehe nach draußen und gieße den Inhalt langsam über die große Gasflasche. Es knackt und knistert bedrohlich, als sich das Metall bei dieser Schocktherapie ausdehnt. Schnell wickle ich ein paar alte Decken um die Flasche.

»Super, Gasherd funktioniert!« ruft meine bessere Hälfte. Und dann, mit einem spitzbübischen Seitenblick: »Der Alaska-Winter macht auch aus dir noch einen richtigen *Jack of all Trades.*«

Die Kälte hat sich in Manley festgesetzt. Seit gestern ist die Temperatur unverändert geblieben. Minus 8 °C haben wir morgens im Wohnzimmer und −18 °C im Treppenhaus. Ein Feuer bringt schnell Wärme, trotzdem gefriert in der Küche auf den Fußboden getropftes Wasser auch noch mittags. Am 3. Dezember findet sich der bedeutungsschwere Satz im Tagebuch: »Meine Güte – ist Kälte kalt!« Von einer bestimmten Minustemperatur an ist Kälte nicht mehr einfach nur Kälte. Sie ist dann mehr als ein Begriff für niedrige Temperaturen und verdient es, daß man sie näher beschreibt. Die Unterschiede zwischen −20 °C, −30 °C oder gar −50 °C spürt man im Hals, in der Lunge, in der Nase, in alten Wunden, Prothesen und Zahnfüllungen. Ich mache mir einen Spaß daraus, die Kälte danach einzuschätzen, wie lange mein Atem wie eine weiße Wolke still in der Luft hängt. An völlig windstillen Tagen sind das mehrere Minuten. Die Kälte ist jetzt allgegenwärtig – nicht nur morgens bei uns im Haus. Sie legt Autos und gelegentlich Motorschlitten lahm. Sie ist Gesprächsstoff und Auftakt so mancher Unterhaltung: »Ich hoffe, es ist dir heute kalt genug . . .«

Kälte ist auch gefährlich. Das spüre ich, als ich am 4. Dezember bei −47 °C an fast allen Fingerspitzen *frostbites,* leichte Erfrierungen, kriege. Wie gelegentlich zuvor hatte ich beim Anschirren der Hunde, um schneller voranzukommen, die Handschuhe kurz ausgezogen. Doch offenbar war es diesmal zu lange. Die Haut der Fingerspitzen schält sich danach wie bei einer Verbrennung.

Am Abend dieses Tages gebe ich meiner Überraschung in einer Tagebuchnotiz Ausdruck: »Innerhalb einer Stunde ist die Temperatur auf nur −29 °C geklettert. Es ist fast frühlingshaft.«

# Eine merkwürdige Elchjagd

»Hast du Lust, mit mir auf Elchjagd zu gehen?« hatte Carol mich eines Tages gefragt.

»Na und ob! Aber wo ist denn Mitte Dezember Jagdsaison?« Ich hatte bei dieser Gelegenheit erfahren, daß in entlegenen Gebieten auch im Winter örtlich und zeitlich begrenzte Jagdperioden eingerichtet werden. Der Grund dafür war mir mit einem Satz klargemacht worden: »Was nützt mir der schönste Elch im September, wenn ich weder Elektrizität noch Tiefgefrierschrank habe.«

Nach der Kälte Anfang Dezember hat sich die Temperatur eine Woche später bei $-20\,^{\circ}C$ eingependelt. Carol spricht jetzt kaum noch von etwas anderem als von unserem neuen Vorhaben: einem »Campingtrip«. Wir haben beschlossen, sowohl Zelt als auch Zeltofen zurückzulassen. Stattdessen werden wir zünftig auf Karibufellen im Schnee schlafen.

Zwei Gespanne haben wir: Carol einen schwerbeladenen Schlitten mit acht Hunden und ich einen leichten mit einem Viererteam. Neben Button sind drei Hunde von Eric Meffley dabei. »Sei mit denen vorsichtig«, hatte er mich gebeten, »das sind Sprinter mit anders entwickelten Muskeln als Carols Arbeitshunde.«

Nach einem flotten Start wird mein kleines Team auch schon bald langsam. Carol wartet auf mich.

»Hier an der Brücke beginnt der Jagdbezirk. Wir sollten jetzt die Augen offenhalten.«

»Sag mal...«, ich sehe in Carols Schlitten, »wo ist denn eigentlich dein Gewehr?«

Sie klopft auf ihren Parka. »Ich brauche nur meinen Revolver Kaliber .44 Magnum. Damit habe ich auch im letzten Winter einen Elch erlegt.«

Nachmittags durchfahren wir Tofty. Tiefverschneit und ohne eine Menschenseele wirkt der Minenort wie eine Geisterstadt. Die Farbe der Häuser ist abgeblättert, Schneeschuhe, Sägen und Äxte hängen an den Außenwänden. Doch Tofty ist alles andere als eine Ghosttown: Ab Mai werden hier wieder Menschen und große Maschinen den Boden nach Gold durchwühlen.

Schon wenig später entdecken wir tiefe Fußstapfen im Schnee. Elche! Wir beschließen, hier unser Nachtlager aufzuschlagen. An einem offenen Waldgelände mit abgestorbenen Fichten binden wir die Hunde an. Bald prasselt ein lustiges Feuer.

Carol hatte angedeutet, daß sie mich bei diesem Ausflug zum Abendessen einladen und ich dabei einen ihrer alten Bekannten kennenlernen würde. Jetzt schiebt sie mir eine heiße Blechdose rüber: »Laß dir den Bäreneintopf schmecken. Da ist der Bursche drin, der letzten Herbst ständig auf meinem Grundstück herumlungerte und versuchte, die Vorratshütte auszuräumen. Sein letzter Besuch ist ihm nicht bekommen.« Sie kramt in einem Beutel: »Wo habe ich denn nur mein Tafelsilber?« Sie kichert, und raus kommen zwei verbogene Blechlöffel. »Oje«, sagt Carol, »sieht aus, als sei ich mit dem Truck darübergefahren.«

Zugegeben, leidenschaftliche Jäger sind wir beide nicht. Während der Schein der auflodernden Flammen über unsere Gesichter zuckt und die Hände Becher mit heißem Früchtetee umklammern, lauschen wir dem Prasseln des Feuers oder reden über Gott und die Welt.

Der Wunsch nach Neuem, Einsamkeit und Abenteuer war es, der Carol 1968 vom Staat New York nach Alaska gezogen hatte: »Ich war frisch gebackene Sportlehrerin und heiratete am Tage meiner Ankunft«, sagt sie und lächelt. »Natürlich hatten wir das von langer Hand vorbereitet. Nachdem ich einige Jahre in Fairbanks unterrichtet hatte, wollten Bob, mein Mann, und ich in die Wildnis ziehen. Damals war Land am Mooseheart Mountain zur Besiedlung freigegeben worden. Jeder Interessierte konnte sich fünf *acres* (gut 20000 Quadratmeter) auswählen und zum Eigentum bekommen, wenn er dort drei Jahre lang bleiben würde. Im August 1970 setzte uns ein Buschpilot in unserem neuen Reich ab. Wir mußten uns beeilen; nur zwei Monate blieben uns bis zum Winterbeginn. Doch unsere Blockhütte stand, noch bevor die erste Schneeflocke fiel.

Drei Winter lebten wir dort. Mehr schlecht als recht schlugen wir uns als Trapper durch. Die Sommer mußten wir in Fairbanks arbeiten, um mit dem Ersparten den nächsten Winter überstehen zu können.«

Sie rührt nachdenklich in ihrem Thermoskannenbecher und schnippt ein paar Holzsplitter aus dem Tee: »Weißt du, das Leben als Fallensteller ist hart. Nur die wenigsten kommen dabei gut über die Runden, damals wie heute.

Trotz allem – es war eine schöne Zeit: Fische konnten wir im See fangen, nur mit der Fleischversorgung war es schlecht bestellt. Nicht einen einzigen Elch haben wir im ersten Winter vor die Büchse bekommen. So mußten wir von den in Fallen gefangenen Tieren leben. Das erste Fleisch, das unsere kleine Tochter Tonja zu essen bekam, stammte vom Luchs.«

Ich bin aufgestanden und drehe meinen Rücken dem warmen Feuer zu. »Nachdem wir soviel über die Jägerei gesprochen haben, sollten wir jetzt mal nach unserem 800-Kilo-Steak Ausschau halten«, sage ich. Ich werfe ein paar armdicke Stämme aufs Feuer, greife mir mein doppelläufiges, mit Flintenlaufgeschossen geladenes Gewehr, und stapfe zum Trail. Da ich nur eine Verteidigungswaffe brauchte, waren die riesigen Bleiprojektile das Optimale, um notfalls einen aggressiven Elch oder Bären zu stoppen.

Aus Gewichtsgründen wird von vielen Mushern allerdings der Revolver Kaliber .44 Magnum bevorzugt. Daß er auch als »Bärentöter« eingesetzt werden kann, hatte erst kürzlich jemand unter Beweis gestellt. Die abenteuerliche Geschichte wurde wie folgt erzählt:

»Es ist Mitte September, Jagdzeit. Bruce Brown und sein Kumpel David Delapina sind auf Bärenjagd. Doch es soll nicht irgendein Bär sein: Brown will einen stattlichen Grizzly haben. Auch die Jagd selbst trägt außergewöhnliche Züge: Der Braunbär soll mit Pfeil und Bogen erlegt werden.

Schon nach kurzer Suche entdeckt Brown seine Beute. Er legt den Bogen an, zielt sorgfältig und schießt. Der Schuß ist tödlich, doch noch ist soviel Kraft in dem Braunen, daß er durchs Unterholz flüchten kann. Die beiden Männer machen sich an die Verfolgung. Sie sind bestens gewappnet: Ihre halbautomatischen Gewehre sind mit Flintenlaufgeschossen geladen, dazu tragen sie großkalibrige Revolver.

Unvermittelt stehen sie dem getroffenen Bären gegenüber – doch zwei weitere Grizzlies sind jetzt bei ihm.

Delapina warnt seinen Partner und zieht sich vorsichtig zurück, nicht jedoch Brown. Da überschlagen sich auch schon die Ereignisse: Ein Bär trabt geradewegs auf Brown zu. Der feuert einen Warnschuß in die Luft, doch das war falsch. »Er kam jetzt förmlich über die Büsche geflogen«, sagt Delapina später. »Er selbst flüchtet und läßt seinen Kameraden im Stich. Der Grizzly hat derweil Browns Kopf mit seinem riesigen Maul erfaßt und schleudert den Körper wie einen Sack durch die Luft. Doch in Brown ist noch eine Menge Leben. Er kriegt es fertig, eine Faust in den Bärenrachen zu zwängen und seinen Kopf herauszuziehen. Die rechte Hand ist danach zwar gebrochen, doch mit der Linken fingert er an seinem Brustholster, in dem der schwere Revolver .44 Magnum steckt. Er reißt ihn heraus und feuert aus nächster Nähe viermal in den Leib des Bären. Eine Kugel durchschlägt dessen Rückgrat: Der Grizzly ist sofort tot.

Trotz seiner schweren Verletzungen gelingt es Brown, zum Auto zu kommen und zur nächsten *ranger station* zu fahren.«

Nur unscharf ist die Sichel des Mondes hinter den wie Schleier über dem Himmel liegenden Wolken zu erkennen. Doch dank der Reflexion des Schnees strahlt das Mondlicht wie eine Festbeleuchtung. Hintereinander wandern wir auf dem Trail. Ich habe Carol gerade die Geschichte der beiden Grizzly-Jäger erzählt. Sie greift sie noch einmal auf: »Ich sage ja: Wer sich unnötig in Gefahr begibt, kommt darin um. Obwohl der Bursche ja nochmal Glück gehabt hat.«

»Sind wir Menschen nicht merkwürdige Exemplare der Schöpfung?« sinniere ich. »Da zieht ein Bursche mit Pfeil und Bogen los, um zu testen, ob seine sportlichen Künste ausreichen, ein Leben auszulöschen – aus purem Vergnügen. Und wir stapfen hier bei knapp 30 Grad Kälte durch den Wald und halten nach einem Elch Ausschau, während eine frostige Nacht im Schnee vor uns liegt. Auch das aus purem Vergnügen. Ich wette, Juliana hat es jetzt urgemütlich und warm. Vielleicht nippt sie gerade an dem Rotwein, den ich neulich aus Fairbanks mitgebracht habe.«

Carol wendet sich mir zu: »Es hat einige wenige Momente in meinem Leben gegeben, in denen ich mich gefragt habe, warum ich so lebe und nicht anders: Als Lehrerin hätte ich an der Ostküste mein Auskommen gehabt – ohne diese rissigen Hände, die ich rund 25 Jahren Alaska verdanke.« Nach einem Moment des Nachdenkens fährt sie fort: »Weißt du, daß ich weder Altersversorgung noch Krankenversicherung habe? Aber ich beklage mich nicht, ich bin gesund und mit meinem Leben zufrieden. Ich weiß genau, daß ich nirgendwo sonst so bewußt hätte leben können wie hier.«

Carol hält einen Moment inne. »Bob wohnt heute in Fairbanks. Wir trennten uns 1978. Er hatte zuvor viermal am Iditarod-Rennen teilgenommen und recht gut dabei abgeschnitten. Das letztemal lag er auf dem achten Platz.

Ein paar Jahre nach der Scheidung zog ich mit dem Trapper Miles Martin zusammen. Vier Jahre lang lebten wir mit meinen beiden Töchtern in einer entlegenen Gegend am Kantishna River. Wir rodeten dort Land und legten einen Garten an – einen sehr guten sogar. Nur die Bären waren eine ständige Plage. Wir versuchten die Hunde so zu trainieren, daß sie die Schwarzbären verjagten. Doch der Erfolg war mäßig. Ich erinnere mich an einen, der besonders aufdringlich war: Er hatte sich auf die Hinterläufe gestellt und durch das Fenster in das Innere der Hütte geschaut. Ich hatte keine Lust, ihn zu schießen. Ich erlege nur Tiere, dic ich auch verwerte. Doch es war Sommer, wie hätten wir sein Fleisch einfrieren können? Und der Bursche kam immer wieder. Selbst des Nachts raubte er uns den Schlaf. Es war der reinste Bärenterror.

Nun, die Geschichte endete damit, daß wir ihm doch das Fell über die Ohren zogen und meine beiden Mädchen und ich ihn portionsweise in Konservendosen packten.«

Carol unterbricht sich und weist auf ein paar verlassene, windschiefe Holzhütten: »Die sind noch vom Anfang dieses Jahrhunderts. Ein Stückchen weiter ist die verlassene Goldgräbersiedlung Woodchopper. Und wenn du diesem Pfad noch 60 Kilometer folgst, kommst du zur Siedlung Tanana am Yukon River.«

Nach einem Moment fährt sie fort: »Ich wollte dir noch von einer Begebenheit aus den Jahren mit Miles Martin erzählen. Sie ereignete sich während des Winters 1983/84, als meine Töchter bei ihrem Vater in Fairbanks waren. Miles und ich fuhren in jenem Herbst mit einem motorisierten Hausboot den Kantishna River aufwärts, um eine neue Blockhütte in einem Gebiet zu bauen, das gerade zur Besiedlung freigegeben worden war. Im drauffolgenden Frühjahr wollten wir nach Manley zurückkehren. Es gab da aber ein paar Verzögerungen: Der Eisaufbruch auf dem Kantishna hatte später als sonst stattgefunden, und der Sprit für den Bootsmotor war uns ausgegangen. Doch möglicherweise hat uns das das Leben gerettet.

Als wir endlich Manley erreichten, waren überall *state trooper*. Du weißt, das ist ungewöhnlich, denn normalerweise gibt es hier keine Polizei. Aber der kleine Ort stand noch unter einem entsetzlichen Schock. Tage zuvor hatte ein Unbekannter von hier flüchten wollen. Er hatte in Fairbanks einige Morde begangen und seine Verbrechen in Manley fortgesetzt. Weshalb er nach Manley kam, wurde nie geklärt. Beim Eisaufbruch fahren die Leute aus dem Ort an den Fluß, um das großartige Schauspiel aus erster Hand zu erleben. Das hatte auch ein Ehepaar mit seinem kleinen Sohn vorgehabt. Aber der Fremde brachte sie um. Und er tötete alle anderen, die zum Fluß kamen – auch einen Freund von Miles und mir. Wie jeden Frühling hatten wir mit ihm noch unseren kleinen Wettstreit gehabt, wer von uns als erster nach dem Eis in Manley ankommen würde. In diesem Jahr schaffte er es. Das wurde ihm zum Verhängnis. Der Killer tötete ihn und nahm sein Boot. Von damals 70 Einwohnern Manleys waren nun sieben umgebracht. Das achte Opfer war ein *state trooper*. Der Mörder wurde schließlich vom Hubschrauber aus erschossen.«

Wir schwiegen nach dieser Erzählung. Das Krachen der Schneedecke unter unseren Füßen ist der einzige Laut.

Was das wohl für Menschen gewesen sein mögen, die vor drei oder vier Generationen rechts und links von diesem Pfad in den Hügeln zwischen Manley und Tanana lebten? Was hatte sie hierher geführt? Vermutlich war es mehr, als nur die vage Hoffnung auf Gold. Ich denke, daß die meisten ein wenig außerhalb der Norm waren, wie auch heute: solche, die vor keinem Boß buckeln, Abenteurer, Faulpelze, Naturliebhaber, Spinner und Glücksritter, die bereit sind, alles auf eine Karte zu setzen. So gesehen war Alaska seit dem Beginn der Besiedlung durch Weiße ein »wildes« Land. Während es die Mounties im benachbarten kanadischen Yukon Territory sogar während des Klondike-Goldrausches fertigbrachten, für Recht und Ordnung zu sorgen, ging es in den Siedlungen Alaskas nach bekannter Wildwest-Methode zu.

Ein knappes Jahrhundert ist vergangen, seitdem der Gangster »Soapy« Smith die Stadt Skagway terrorisierte und die Schnelligkeit beim Revolverziehen darüber entschied, wer recht oder unrecht hatte. Die Zeiten und Motive sind andere, doch die Handlungsweisen oft die selben. In erschreckendem Maße berichten auch die heutigen Zeitungen Alaskas über Gewalttaten: »Zwei 18jährige erschießen aus einem Auto einen Mann, dessen Fahrweise ihnen nicht paßt.« »Schüler rechnen miteinander ab: per Pistole und Kopfschuß.« Alaskas Kriminalitätsstatistik schnellt nach oben. »Wir haben hier eine Menge Leute, die unten im Süden nicht mit ihren Problemen fertigwerden konnten und nun versuchen, sich hier auszutoben«, sagt Carol. The *last frontier* lautet der offizielle Beiname Alaskas, der sich auch auf Autokennzeichen findet: Grenzland am Rande der Zivilisation.

Unseren Elch haben wir längst vergessen, als wir zum Camp zurückkehren. Sterne schimmern durch dünne Wolken. Ein Schneehauch, fein wie Puder, liegt in der Luft. Wir breiten die Karibufelle aus und kriechen bei 28 Grad Kälte in die Schlafsäcke. Leichter Wind ist aufgekommen und treibt Schnee über uns hinweg. Die Hunde haben sich zusammengerollt, die Nasen an die Schwänze gepreßt. Keiner gibt einen Laut von sich.

Was für eine erstaunliche Entwicklung, denke ich. Das Schlittenhundeabenteuer hatte für mich mit einer älteren, verstoßenen Hündin begonnen. Schon wenig später trainierte ich Sprint-Renner. Jetzt liege ich umgeben von Huskies in den Tofty-Bergen im Schnee. Jede dieser Episoden war eine Steigerung der vorangegangenen gewesen. Wie es wohl weitergeht?

»Was ich dich fragen wollte . . .« In Carols Schlafsack ist es noch einmal lebendig geworden. Der Zipfel einer Mütze lugt aus der

Öffnung. »Im Februar werde ich als *dog handler* meine Tochter Tonja begleiten, wenn sie am Yukon Quest-Rennen teilnimmt. Würdest du wohl so nett sein, sechs Wochen lang meine Hunde zu betreuen und zu trainieren? Du könntest dann mit den Hunden meine Freunde am Fluß besuchen, nach Eureka fahren und . . .«

»Welches ist der Unterschied zwischen Rauschgift und Schlittenhundesport?« soll ein alter, erfahrener Musher in den Bergen Alaskas einmal gefragt worden sein. Die Antwort des Weisen: »Von Drogen wirst du weniger süchtig.«

*Schlittenhundeteams sind ein alltäglicher Anblick im Busch Alaskas.*

# Alaskanisches Tagebuch: 16. Dezember – 2. März

**16. Dezember:** – 33 °C. *Sonnenaufgang: 11.50 Uhr. Sonnenuntergang: 14.45 Uhr. Eisnebel liegt wie ein dichter weißer Mantel über Manley. Ich fühle mich wie ein Bär im Winterschlaf. Vor 10 Uhr werde ich nicht richtig munter.*

**20. Dezember:** – 8 °C. *20 Zentimeter Neuschnee, und es schneit und schneit und schneit. Sitze abends mit freiem Oberkörper im Haus. Es ist zu heiß geworden!*

**21. Dezember:** 0 °C. *Tauwetter. Selbst die Mäuse kommen bei diesen Temperaturen aus ihren Löchern. Fünf Gallonen Wasser aus Schnee gewonnen und damit Bier gebraut.*

**24. Dezember:** – 13 °C. *Seit drei Tagen schneit es ohne Unterbrechung. Bettina fürchtet, daß der Weihnachtsmann nicht den Weg zu uns findet. Daher zwei*

Links: *Die »Christmas Singers« aus Manley bringen uns ihr Weihnachtsständchen.* – Rechts: *Ich schaufle unser Hausdach schneefrei.*

*Stunden lang mit Schneeschuhen Pfad zum Haus getreten.*

**31. Dezember:** – 33 °C. *Den ganzen Tag wie ein Sklave geschaufelt. Nachmittags ein erstaunliches Naturphänomen beobachtet: Innerhalb einer Stunde schnellt die Temperatur um 10 °C nach oben. Sehe vom Obergeschoß, daß warme Luftströme wie ein tosender Fluß von Südwesten mit rasanter Geschwindigkeit über das Land fließen. Mt. Denali verändert im Spiel dieser Luftmassen seine Form von Minute zu Minute. Abends kommt Brian und hilft uns, das selbstgebraute Bier in Flaschen zu füllen. Er berichtet von einer Silvesterparty in Nulato, bei der ein Indianer das neue Jahr mit Gewehrsalven begrüßte. Die Stromversorgung war danach lahmgelegt. Eine Kugel hatte das Hauptkabel getroffen.*

**5. Januar:** – 28 °C. *Stundenlang auf Schneeschuhen Holz herangeschleppt und per Hand gesägt. Die Sonne*

Links: *Nachbar Brian (links) hilft uns beim Abfüllen des ersten selbstgebrauten Bieres.* – Rechts: *Bei minus 33 °C ist dieses kein Platz, um lange zu verweilen.*

*wird jetzt heller. Während der letzten Wochen lag sie nur als roter Ball dicht über dem Horizont.*

**11. Januar:** – 34 °C. *Sonnig. Manleys Flugzeughangar unter den Schneemassen eingestürzt.*

**12. Januar:** – 28 °C. *Schneidender Ostwind. Erstmals selbstgebrautes Bier getrunken. Super!*

**13. Januar:** – 31 °C. *Sonnig. Temperatur sinkt während des Tages auf – 40 °C. Ungeheure Elektrizität liegt in der Luft. Wann immer ich Metall berühre, spüre ich starke elektrische Schläge. Schaufele 1,20 Meter hohen Schnee vom Dach. Holz des Hauses knackt danach besorgniserregend.*

**15. Januar:** – 55 °C. *Rekordkälte! Dichter Eisnebel erreicht auch unser Haus. Nachdem kräftig eingeheizt worden ist, messen wir im Wohnzimmer folgende Temperaturen:*
*28 °C in Kopfhöhe,*
*10 °C an der Außenwand,*
*6 °C auf dem Fußboden.*
*Kein Gas fließt mehr, müssen auf Holzofen kochen. Juliana läßt heute das Fahrrad zuhause: Reifen sind steinhart gefroren. Abends gehen wir in unsere Sauna. Innentemperatur: + 80 °C, Temperatur im Vorraum: – 40 °C.*

**16. Januar:** – 25 °C. *Kräftiger Ostwind. Schneefall.*

**19. Januar:** – 10 °C. *Meisen tummeln sich am Futterring. Bei großer Kälte hatte sich kein Vogel gezeigt.*

**26. Januar:** + 3 °C. *Verrücktes Wetter. Sturm peitscht den Schnee von den Bäumen. Schneeregen. Abends zieht die Temperatur zum Glück an: – 11 °C.*

**31. Januar:** – 31 °C. *Sonnig.*

**8. Februar:** – 38 °C. *Sonnig. Elch mitten im Ort beobachtet.*

**16. Februar:** – 10 °C. *Sonnig. Unser eigener »dog yard« wird größer. Haben jetzt fünf Hunde neben dem Haus.*

**17. Februar:** – 17 °C. *Sonnig. Kaufe im Ort 100 zehnpfündige Lachse als Hundefutter (Stück 50 cent).*

**24. Februar:** – 11 °C. *Sonnig. Um 13 Uhr fällt im kanadischen Whitehorse der Startschuß zum Yukon Quest-Schlittenhunderennen. Die Ziellinie ist im 1600 Kilometer entfernten Fairbanks/Alaska.*

**2. März:** – 19 °C. *10 Stunden und 13 Minuten Sonnenschein. 75 Musher beginnen heute das Iditarod-Rennen von Anchorage nach Nome. Ältester Teilnehmer ist der 74jährige Joe Redington sen.*

# Im Banne des Schlittenhunderennens: Yukon Quest und Iditarod

Die Tage werden merklich länger. Am 14. März beträgt die Zeit zwischen Sonnenauf- und -untergang 11 Stunden und 39 Minuten. Zwölf Tage später sind es schon eineinhalb Stunden mehr. In einigen Wochen, Ende April, wird es gegen Mitternacht noch so hell sein, daß man ohne Lampe die Zeitung lesen kann.

Februar bis April ist die Zeit der Frühjahrsaktivitäten. Die langen Nächte und das *cabin fever* sind jetzt endgültig vorbei. Noch zeigt sich der Winter in voller Schönheit und Härte, doch während die Strahlen der Januarsonne unfähig waren, Leben zu erwecken, spürt man jetzt ein wenig ihre Wärme auf der Haut.

Februar und März sind auch die Monate der großen Rennen. Nichts schlägt Alaskaner so in den Bann wie das Iditarod, ein Volksereignis, dessen Zwischenergebnisse gut zehn Tage lang stündlich in den Nachrichtensendungen erscheinen.

Yukon Quest, das 1600-Kilometer-Rennen zwischen Whitehorse im kanadischen Yukon Territory und Fairbanks, wird von manchem als »kleiner Bruder« des großen in Anchorage beginnenden Iditarod (1865 km) betrachtet. Was typisch für die Rivalität der beiden größten Städte und ihr Verhältnis zueinander ist. Aus dem Blickwinkel der Bewohner Zentral-Alaskas, der »echten Alaskaner«, gipfelt das in der Aussage: »Anchorage liegt eine halbe Flugstunde von Alaska entfernt.«

Doch das Rennfieber verbindet die Rivalen. Mag auch Yukon Quest (apostrophiert als *the world's toughest sled dog race*) an Popularität hinter Iditarod liegen, so gilt es gleichwohl bei manchem als das härtere Rennen: Die beim Yukon Quest zugelassenen Teams sind kleiner, die Strecken zwischen den Versorgungspunkten größer und dadurch die Schlitten schwerer.

Das Yukon Quest ist ein Rennen durch die Stätten Jack Londons, des Klondike-Goldrausches und einige der reizvollsten Landschaften des Nordwestens. Am 24. Februar starten 30 Gespanne in Whitehorse. Einer, der bislang nur im mittleren Feld dabeigewesen war, ist der bärtige Trapper mit den schulterlangen Zöpfen, Charlie

*Trapper Charlie Boulding*

Boulding. Aufmerksamkeit widmen die Medien in diesem Jahr auch der mit 18 Jahren jüngsten Teilnehmerin: Tonya Schlentner, Carols Tochter.

Von Whitehorse führt die Rennstrecke zunächst über den Yukon River. Ab Carmacks, einer kleinen Siedlung am Fluß, folgen die schwer beladenen Schlitten dem alten Dawson Trail nach Dawson City. Hunde und Musher erhalten hier die wohlverdiente 36stündige Zwangspause.

Dawson City, die »*größte Stadt nördlich von San Francisco und westlich von Chicago*«, in der sich im Sommer 1898 30 000 Klondike-Glücksritter drängten, ist heute ein authentisches Freilichtmuseum mit rund 1 500 Einwohnern. Einer von ihnen ist der Franzose und Yukon Quest-Musher François Varigas. Er kommt als erster an diesem *halfway point* an. Seine Belohnung dafür sind vier Unzen Goldstaub.

Von Dawson City folgt der Trail dem Yukon- und Forty Mile River, schlängelt sich über den 1 000 Meter hohen American Summit und erreicht das 150-Seelen-Nest Eagle am Yukon River. Göttin Fortuna wendet sich hier von Varigas ab. Bei seiner Ankunft liegt einer seiner Hunde tot im Schlitten. Als die Renn-Tierärztin sein Team begutachtet, urteilt sie: »Diese Hunde haben die Grenze ihrer Leistungsfähigkeit überschritten.« Varigas führt zwar den Tod von Pluto auf einen Virus zurück, der mittlerweile vielen Quest-Teams zu schaffen macht, gibt aber schließlich auf.

100 Kilometer vor dem Ziel, nach einer kräftezehrenden Fahrt über tiefverschneite Flüsse, ein halbes Dutzend 1 000 Meter hoher Pässe, nach zehn Tagen und zehn weitgehend schlaflosen Nächten auf einsamen Trails geht es zum Schluß bei einem dramatischen Kopf-an-Kopf-Rennen um Minuten.

Wenige Kilometer hinter dem letzten Checkpoint wird der bis dahin führende John Schandelmeier von Boulding und dessen Konkurrenten Lee überholt. 50 Kilometer vor Fairbanks beträgt Bouldings Vorsprung vor Bruce Lee nur noch ganze 20 Sekunden. Doch Boulding feuert seine Leithunde Charlotte und Lilly Mae an: »*Go ahead, girls, go ahead!*« Bis zur Ziellinie wird er den Abstand noch um vier weitere Minuten vergrößern.

Der 48jährige Trapper mit dem zerschlissenen Parka ist Sieger des Yukon Quest. Seine Rennzeit von zehn Tagen, 21 Stunden und 12 Minuten ist die beste jemals gefahrene Zeit. Charlie Boulding erhält 25 000 Dollar Preisgeld. Viereinhalb Tage später erreicht die 18jährige Tonya als Vorletzte das Ziel.

Szenenwechsel: Fahnen flattern im Wind. Tausende von Zuschauern säumen die Straße von Anchorage. Genau in Downtown, an der

Fourth Avenue, warten 75 Musher und mehr als 1200 Hunde auf das Signal für das »*Last Great Race on Earth*«, das Iditarod. Erregte Huskies springen in die Luft, bellen, reißen an ihren Zugleinen. Dann das Startkommando: »*Three, two, one, go!*«

Wie ein Pfeil, der von der Bogensehne schnellt, rast das erste Team durch die Innenstadt. In zweiminütigen Abständen werden die nächsten folgen. Viele tausend Hände klatschen. Zurufe. Winken. Konzentriert liegen die Blicke der Musher auf den bis zu 20 Hundeleibern vor ihnen. Für die meisten Hunde ist die Großstadt neu. Da sind Lärm, Menschenmassen, Ablenkung. Und irgendwann war da einmal ein Team, das plötzlich wie auf Kommando die Nase hob, den Trail verließ und geschlossen wie »ein Hund« durch das geöffnete Fenster in ein geparktes Auto sprang: zur Freude der darin sitzenden läufigen Hündin.

Iditarod-Tag ist Festtag in Anchorage. Extra für dieses Ereignis wurden Tonnen von Schnee in die ansonsten geräumten Straßen gebracht. Das Rennen bedeutet für viele »alles oder nichts«. Da ist kaum ein Musher, dessen Bankkonto durch die Vorbereitungen nicht wenigstens um 10000 Dollar schlanker geworden ist. In den meisten Fällen war es weitaus mehr. Hinter den Frauen und Männern auf den Schlitten liegt ein Jahr der Arbeit. Teams wurden geleast, gekauft, selbst gezüchtet und trainiert. Manch einer der erregt schwanzwedelnden Athleten hat in diesem Winter schon mehr als 3000 Trainingskilometer unter den Füßen gehabt.

1865 Kilometer durch einige der wildesten und windgebeuteltsten Landschaften Alaskas liegen vor den Iditarod-Rennern. Doch gleichzeitig auch 11 bis 20 lange Tage. Die Qualität der Hunde, Routine der Musher und ein Quentchen Glück werden ausschlaggebend sein, ob das Rennen zwei, drei Wochen oder gar länger dauern wird. 20 Huskies sind auch 20 Individualisten. Keiner gleicht dem anderen in Verhalten, körperlicher Leistungsfähigkeit und psychischer Belastbarkeit. Aber gerade diese wird bis zur Zerreißprobe getestet.

Diese Erfahrung macht Musher Joe Carpenter schon am ersten Renntag. Aus unerfindlichen Gründen gibt sein Team auf. »Vielleicht habe ich es anfangs überfordert«, sagt er später. Die Leithunde legen sich in den Schnee, und sofort tun es die anderen Hunde des Gespannes ihnen nach. Carpenter wartet neun lange Stunden, doch auch die Rast bringt die Tiere nicht wieder auf die Beine. In seiner Ratlosigkeit bittet er einen nachfolgenden Musher um Hilfe. Sie binden die unwilligen Leithunde mit einem Seil an den Schlitten des anderen. Im Schlepp erreicht Carpenter Skwentna, den ersten Kontrollpunkt. Dort überrascht ihn die niederschmetternde Entscheidung der Rennleitung: Gespanne, die sich ziehen lassen, sind disqualifiziert. »Ein Jahr meines Lebens und 20 000 Dollar für Team und Ausrüstung sind vor die Hunde gegangen«, sagt er.

Zum gleichen Zeitpunkt kämpfen sich die ersten Gespanne bereits auf gefährlichen Pfaden über die Alaska Range. Die berüchtigte Abfahrt in die Happy River-Schlucht ist mit Splittern gebrochener Schlitten übersät. Hunde, Musher und Schlitten überschlagen sich, schießen Abhänge hinab oder wickeln sich buchstäblich um Baumstämme. Joe Runyan, Iditarod-Gewinner von 1989, sagt mit sarkastischem Lächeln: »Es war wild. Allein das war das Eintrittsgeld wert!«

Die im Rennen verbleibenden Teams haben sich mittlerweile auseinandergezogen. Die Elite – mit Namen, die Jahr für Jahr aufs neue erscheinen – formt die Spitze. Zwei Frauen, Susan Butcher und DeeDee Jonrowe, erreichen als erste den *halfway point*, die Geisterstadt Iditarod, und teilen sich dafür den Preis: 3000 Silberdollar. Doch Schneestürme und eingeschneite Trails machen es den Spitzenleuten schwer, sich entscheidend vom Mittelfeld abzuheben. In Shaktoolik, einem Eskimo-Dorf am Beringmeer, versucht Susan Butcher sich von ihren Verfolgern zu lösen. Heulende Stürme aber und ein Schneetreiben, das jegliche Sicht nimmt, zwingen sie zur Pause in einer Schutzhütte. Schon bald leisten ihre Verfolger ihr Gesellschaft: Rick Swenson, Tim Osmar und der gebürtige, doch in Alaska beheimatete Schweizer Martin Buser. Während die vier beschließen, gemeinsam das Ende des Sturms abzuwarten, versucht der fünfte, Joe Runyan, ungesehen vorbeizuschleichen und die Führung zu übernehmen. Der Plan scheitert. Butcher und die anderen nehmen die Verfolgung auf. Aufs neue geht Susan in Führung, doch die Wetterschwierigkeiten werfen sie zurück. Daß dieses Rennen durch die Wildnis auch zum Glücksspiel werden kann, spürt sie wenige Kilometer außerhalb der Siedlung White Mountain. Ein *white out*, bei dem Himmel, Horizont und Boden gleichermaßen unbarmherzig konturenlos weiß sind, hat sie orientierungslos gemacht. Sie kriecht in den Schutz ihres Schlittenbeutels, um das Ende des Sturms abzuwarten. Doch da taucht aus dem Schneetreiben wie ein Geisterschiff im Nebel Rick Swenson auf. Die Erzrivalen beschließen, dem Blizzard gemeinsam die Stirn zu bieten. Beide haben sie vier Iditarod-Siege davongetragen. Genüßlich haben die Medien ihre Rivalität in der Öffentlichkeit geschürt. Doch nun sitzen beide im selben Boot. Durch das Weiß ertasten sie sich hintereinander ihren Weg. Plötzlich aber hat der Schneesturm Swenson verschluckt. Susan Butcher versucht nun, den Trail allein zu finden. Ohne Erfolg. Als plötzlich Runyan auftaucht, beschließen die beiden, nach White Mountain zurückzukehren. Nicht so Martin Buser. Ihm gelingt es – oft auf allen Vieren durch den Schnee kriechend und den Trail unter dem Flugschnee erfühlend –, an die Küste des Beringmeeres zu kommen.

Das Blatt hat sich endgültig gewendet. Rick Swenson ist bereits nahe Nome. Sein Sieg ist unaufhaltbar. Als nachts um ein Uhr die Sirenen in Nome die baldige Ankunft des Siegers ankündigen, versammeln sich trotz eisigen Windes, der die Temperatur bis auf –45 °C runterdrückt, viele Hundert Schaulustige an der Ziellinie. Rick Swenson hat das Alaska-Marathon in 12 Tagen, 16 Stunden, 34 Minuten und 39 Sekunden bewältigt.

»Jetzt bin ich wieder in der Lage«, sagt er, »durch die Straßen Fairbanks' zu gehen, ohne daß mich die Leute necken: ›Du läßt dich doch wieder von den Frauen schlagen‹.« Gut zwei Stunden nach Swenson erreicht Martin Buser den hölzernen Triumphbogen in Nome. Der Lohn der beiden ersten: 50 000 bzw. 39 500 Dollar. Von 75 gestarteten Teams kommen 60 ans Ziel, 14 haben von sich aus oder auf Weisung der Rennveterinäre aufgegeben, einer wurde disqualifiziert. Der letzte Musher, die *red lantern*, läuft nach 22 Tagen in Nome ein – zehn Tage später als Rick Swenson. Bereits nach 17 Tagen war der »Pudelmann«, John Suter, am Ziel gewesen. Mehrfach schon hatte er das Iditarod mit Mischteams aus Pudeln und Huskies bestritten, einmal sogar mit einem Leitpudel. Gelächter wie Resonanz waren gleichermaßen groß. »*The poodle man*« erschien in Amerikas großen Talkshows. Doch dringend benötigte Sponsoren, die bereit waren, sein Experiment mitzufinanzieren, stellten sich nicht ein. Es war dies das letzte Rennen eines Pudels auf dem Iditarod-Trail.

## Beetle: Ein Leithund wird geboren

Wenn es nach den Meteorologen und Statistikern ginge, müßten die Renn-Monate März und April schneearm sein. Doch Petrus läßt sich nichts vorschreiben. Mitte März beginnt es zu schneien. »Toll«, sagen wir, »jetzt sieht die Welt wieder herrlich weiß aus.« Doch die Begeisterung sinkt im gleichen Maße, wie sich meine täglichen Tagebuchnotizen wiederholen: »Über Nacht 15 Zentimeter Neuschnee« oder »binnen 24 Stunden 30 Zentimeter Schnee.« Der Wettermann bei Radio Fairbanks hat sich auf die stereotype Aussage festgelegt: »*100 percent chance of snow today.*«

Per Rundfunkaufruf werden Leute zum Schneeschippen gesucht. Bei mir bedarf es keines Aufrufs, ich gehe schon so. Zum dritten Mal schaufele ich unsere Dächer frei. 1,30 Meter Neuschnee messe ich.

Ende März hört es auf zu schneien. »Rekordmenge!« steht in der Zeitung. »Mit 3,60 Metern Niederschlag war dieses der schneereichste Winter in Zentral-Alaska seit Ankunft des weißen Mannes.«

Als wenn meine Arme das nicht schon längst geahnt hätten! Neben den Dächern war immer auch die 100 Meter lange Hauseinfahrt freizuschaufeln . . .

Unsere Hundeschar war zuvor schon auf acht angewachsen: Button, Pearl, Flurry, Warner, Stitch, Lucky, Junior und Champ. Seit heute ist auch Beetle dabei, ein knapp sieben Monate alter Husky, blauäugig, mit schwarzweißem Fell und Schlappohren. Bettina ist begeistert. »Den kenn' ich, das ist doch der Bruder von Rocky.«

Die Entscheidung, unseren Haushalt um einen Kopf zu bereichern, war spontan gefallen.

Ich hatte Jim Catlin beim Wasserholen getroffen:

»Mit dem letzten Wurf von Button ist es zum Auswachsen. Die Welpen taugen einfach nichts. Rocky ist das reinste Nervenbündel. Und Beetle legt sich wie ein Stein auf den Boden und läßt sich von den anderen mitschleifen.«

»Trainierst du die jungen Hunde schon mit sechs Monaten?«

»Dann fange ich an. Aber mit Beetle bin ich schon jetzt am Ende. Ich werde ihn erschießen.«

Mir hatte sich der Magen zusammengezogen: diesen kleinen Kerl mit den blauen Augen einfach umzubringen, weil der Musher vielleicht zu ungeduldig war, auf die Besonderheiten eines blutjungen Hundes einzugehen!

»Bevor du ihn tötest, gebe ich dir 40 Dollar, und dann ist er meiner. Als Spielgefährte für Bettina sollte er schon zu gebrauchen sein.«

»Okay! Wann bringst du das Geld vorbei?«

Ich war noch am selben Tag zu ihm gegangen.

Beetle ist ein putziger kleiner Hund mit auffallend großen Pfoten. Wir schließen ihn im Nu in unsere Herzen. Sein Stammbaum ist bestens: Frank, sein Vater, ist ein Spitzenhund aus der Zucht Rick Grays, der wenig später für 3000 Dollar an Joee Redington jun. verkauft wurde. Und Mutter Buttons Herkunft ist ja auch nicht schlecht. »Wir sollten Beetle später mit nach Deutschland nehmen«, schlägt Juliana vor. »Wäre doch schön, wenn wir ihn dort vor ein Fahrrad spannen könnten.«

Ich unterbreche sie: ». . . falls es uns jemals gelingt, ihn zum Ziehen zu bewegen.«

Während der nächsten Tage lasse ich Beetle in einem kleinen Fünferteam laufen. Ich spüre gleich, daß er Angst hat und unsicher ist. Häufig blickt er sich um. Sobald die anderen Hunde zu schnell werden, verkrampft er sich, legt sich auf den Boden und läßt sich durch den Schnee schleifen. »Engelsgeduld bewahren . . .«, rede ich auf mich ein. Ich weiß mittlerweile, daß die Behandlung eines Husky-Welpen entscheidenden Einfluß darauf hat, ob bzw. was für ein Schlittenhund später aus ihm wird.

Als »völlig unsinnig« hatte es Carol bezeichnet, einen Junghund von knapp sieben Monaten erschießen zu wollen, nur weil er nicht zog. Wenn ein Hund in diesem Alter Schwächen aufweist, liegt das zumeist nicht an ihm, sondern am Musher. Ich gebe viel auf Carols Worte. Sowohl Tonyas Yukon Quest Team als auch Carols Hunde waren von den beiden Frauen als »zweite Wahl« bezeichnet worden. Doch mit viel Geduld, Konsequenz und gutem Futter hatten sie daraus hart arbeitende und ausdauernde Schlittenhunde gemacht. Ganz bewußt züchten die beiden nicht selbst. »Es gibt schon zu viele Hunde in Alaska«, sagt Carol. Nach einem Moment des Nachdenkens fährt sie fort: »Und es gibt zu viele Musher, die bedenkenlos zu viele Welpen heranzüchten. Oft werden die im Ruckzuck-Verfahren getestet. Wenn sie nicht schnelle Erfolge zeigen, werden sie getötet. Wir brauchen nicht noch mehr junge Hunde, sondern geduldigere Musher, die sich bei einer geringeren Nachwuchsmenge ausreichend Zeit nehmen, auf die Besonderheiten der Tiere einzugehen.«

Diese Worte gehen mir durch den Kopf, als ich an einem Spätnachmittag bei −22 °C mit meinem winzigen Team über Manleys Slough fahre. Ich beobachte Beetle. Er gibt eine gute Figur ab, sobald er läuft. Doch manchmal fällt er ab, und wird dabei so langsam, daß der hinter ihm laufende Champ ihn in den Hintern beißt – was augenblicklich Beetles »Versteinerung« zur Folge hat.

»Whoo.« Meine Hunde stoppen. Beetle liegt noch immer steifbeinig auf dem Boden. Seine wasserblauen Augen sehen starr vor Entsetzen geradewegs in den Himmel. Ich gehe zu ihm, streichle ihn.

Da geht mir eine Idee durch den Kopf: »Wenn er schon nicht im Team arbeitet, so vielleicht als Leithund neben Button?!«

Im nächsten Moment gebe ich mir allerdings schon selbst die Antwort: »Das ist völlig verrückt.« Und doch mache ich es. Die anderen Hunde im Team mögen mich vorwurfsvoll angeschaut haben. »Ein grüner Junge als unser Führer ...?!« Falls das so war, habe ich es jedenfalls nicht bemerkt.

Ich stelle mich auf die Schlittenkufen, hebe den Schneehaken an, und noch bevor ich »Okay!« sage, ziehen die beiden ungleichen

*Liebe auf den ersten Blick: Bettina und Klein-Beetle*

Leader an. Fünf Kilometer sind es bis zu unserem Haus. Nicht eine Sekunde nimmt Beetle den Blick vom Trail. Kraftvoll schlagen seine Pfoten in den verharschten Schnee. »Mein Gott, das ist der geborene Leithund. So etwas gibt es nur bei einem von 1000 Fällen!« jubele ich innerlich.

Ich wiederhole den Versuch während der nächsten Tage. Dabei lege ich nur kurze Strecken zurück. Es ist mir wichtig, daß ihm die Arbeit vor dem Schlitten Spaß macht. Beetle entwickelt sich großartig. In Lead scheint er eine andere Persönlichkeit zu entwickeln.

Gute Leithunde gewinnen Rennen. Oft sorgen allein die Spitzen-Leader für den Vorsprung, der beim Rennen alles entscheidet. Canyon, die Leithündin eines Mushers namens Horace »Holy«

Smoke, brachte ihm in drei aufeinander folgenden Jahren bis 1953 sensationelle Siege im *North American Championship* ein. Als sie im darauffolgenden Jahr starb, verschwand Smoke aus dem Feld der Gewinner. Andere Leithunde wurden zur Legende: Togo, der Leader Leonhard Seppalas; oder »Scotty« Allans »Baldy of Nome«, der elf Jahre hintereinander das *All Alaska Sweepstake*-Rennen von Nome lief. Einem Hund namens Balto wurde sogar ein Denkmal in New York Citys Central Park errichtet. In diese Kette reiht sich die Geschichte von Susan Butchers Granite ein. Als Welpe hatte er vor seinem eigenen Schatten Angst. Sie bezweifelte, daß er jemals ein brauchbarer Schlittenhund werden würde. Susan versuchte ihn zu verkaufen oder zu verschenken. Doch sie fand keinen geeigneten Abnehmer. So blieb er und entwickelte sich zu jenem außergewöhnlichen Leader, der sie zu den Iditarod-Siegen von 1986 und 1987 führte.

Alaskanische Leithunde sind nicht unbedingt die körperlich stärksten und dominierendsten Tiere. Die klassische Leithund-Funktion hat der Musher übernommen. Aufgabe des Leaders ist, das Team über die Trails zu führen, die Geschwindigkeit anzugeben und auch dann noch eine straffgespannte Zugleine zu haben, wenn die letzten Kraftreserven des Teams erschöpft sind.

Leithunde sind austauschbar. In jedem Gespann sind mindestens zwei, zumeist aber viel mehr. Ein Team, in dem sich der einzige Leader verletzte oder beschlösse: »Es ist Feierabend«, würde sich nicht mehr vom Fleck rühren. Gute Leithunde sind in unwegsamem Gelände und bei extremen Witterungsverhältnissen eine Lebensversicherung. Kein Wunder, daß für sie gelegentlich Beträge wie für einen Mitteklassewagen gezahlt werden.

Während der zweiten Märzhälfte bin ich fast jeden Tag mit acht Hunden unterwegs. Oft sitzen Juliana und Bettina im Schlitten. Eines Tages, ich komme gerade mit unserer Tochter vom Tanana River zurück, sehe ich einen dunklen Körper auf dem Trail. »Whoo!« Ich ramme den Schneeanker in den Boden und binde zur Sicherheit den Schlitten mit einem Seil am Baum fest.

*Beim Skijöring: Es gibt kaum eine bessere Möglichkeit, einen Leithund zu trainieren, als diese. Im Bild links: Beetle, rechts: Button.*

»Da ist ein Elch auf dem Trail«, sage ich zu Bettina, die immer tiefer im Schlittensack verschwindet.

Ausgerechnet heute habe ich kein Gewehr dabei! Vorsichtig nähere ich mich dem Elch. Er nimmt nicht die geringste Notiz von mir. 20 Meter vor ihm bleibe ich stehen, klatsche in die Hände und rufe. Ohne Erfolg.

Tage später höre ich von Carol, daß der Elch immer dreister wird und bereits die Pfade zwischen ihrem Haus und dem Ort für sich beansprucht. Am nächsten Tag kommt es noch toller:

»Da fahre ich doch heute nachmittag ganz friedlich mit Skiern nach Hause«, erzählt Carol, »als ich plötzlich ein Schnaufen und Stampfen höre. Ich drehe mich um und sehe, wie ein Elch genau von hinten auf mich zugerast kommt. Glaub mir« – bei der Erinnerung beginnt sie in sich hineinzulachen –, »der Satz, den ich samt Skiern in den Wald gemacht habe, war olympiaverdächtig. Im nächsten Moment galoppiert der Koloß einen Meter neben mir vorbei, und wenige Sekunden später erscheint Joee Redington jun. mit seinem Motorschlitten. Er hatte nicht die geringste Ahnung, was sich vor ihm abgespielt hatte.«

Schon bald danach liegt Manleys »Trail-Schreck« portionsweise in den Gefrierschränken und Vorratshütten des Ortes. Dabei hatte Rick Gray eigentlich nur vorgehabt, den Schlittenpfad für das am Osterwochenende stattfindende Manley-Eureka-Rennen zu markieren. Plötzlich aber steht da der Elch angriffslustig vor seinem Hundeteam. Rick zieht seine Waffe, zielt und schießt. Der Schuß erschreckt seine Hunde. Sie machen einen mächtigen Satz nach vorn und jagen samt Schlitten davon. Zurück bleiben ein erlegter Elch und ein verdatterter Musher. 30 Kilometer entfernt findet Rick sein Team wieder.

# Winterreise zum Yukon

Eben noch war im Hundedorf der Teufel los. Jetzt steht man erwartungsvoll auf den Dächern. Es herrscht die Ruhe vor dem Sturm. Begierige Blicke folgen dem Eimer in meiner Hand. Nur »Opa« Lucky wartet auf eine Extraeinladung: Als ich mit der Hand auf seine Hütte klatsche, schießt er vor und huscht mit dem Kopf in den Futternapf. Ganz anders Button. Sie verhält sich ruhig, abwartend, drückt sich fast scheu in die Ecke. Ich fülle das Fressen ein – kaum aber bin ich ein paar Schritte fort, stürzt sie sich auf ihren Napf. »Mister« Stitch ist der Unkomplizierteste, allerdings auch der Gierigste. Wild springt er mich mit seinen »Bärentatzen« an. Yankee hingegen, die Hundedame mit dem Rasseleib, tänzelt erregt, geht aber auf Distanz. Die ruhigste ist Pearl, meine Rotbraune mit den sanften Rehaugen, Spannung drückt sich bei ihr nur im gestreckten Nacken aus.

Nach der Verteilung des Futters herrscht minutenlang gefräßiges Schweigen. Wie gewöhnlich ist Stitch als erster fertig. Schon hebt er das Bein – und gekonnt trifft der Strahl seinen Freßnapf. So beendet er immer die Hauptmahlzeit.

Als ich zum »Nachtisch« übergehe, scheint jeden im Dorf Lähmung zu befallen. Mit der Handsäge zerteile ich die gefrorenen Lachse in 2-Pfund-Portionen. Jeder weiß, was das bedeutet. Ein Jubelchor empfängt mich auf dem Rückweg.

Der Fischverteilung folgt ein Knacken, Brechen, Reißen und Schmatzen. Ich habe an Bedeutung verloren, nur gelegentlich streift mich noch ein »Das-war's-ja-wohl-Blick«. Schon rollen sich neun Vierbeiner wohlig knurrend zusammen, ungestörte Verdauung ist angesagt. Es herrscht Siesta im Hundedorf.

Kurz vor Ostern erreicht mich eine Einladung: Lynette, eine Schwester von Donna, deren Kinder noch immer zum Babysitten kommen, erkundigt sich, ob ich Interesse an einer Schlittentour durch die White Mountains hätte. Was für eine Frage . . .

Zugang in die Berge ermöglicht rund 70 Kilometer von Fairbanks entfernt der Elliott Highway. White Mountain ist »National Recreation Area«, eine für die Öffentlichkeit zugänglich gemachte Wildnis mit Winter-Trails und Übernachtungshütten.

Als ich am 31. März mit meinem Truck und einer achtköpfigen Hundemeute hinten drauf Richtung Berge aufbreche, schneit es bereits seit drei Tagen. Man hatte mir versichert, daß auch bei Neuschnee mit Motorschlitten Trails angelegt würden. Das ist eine gute Nachricht, denn ohne festen Pfad zu reisen, ist für Hunde wie Musher eine Schinderei. Abends treffe ich Lynette und zwei ihrer Freundinnen in der Moose Creek Cabin, einem brandneuen Blockhaus. Es duftet nach frischem Holz und ist urgemütlich. Der Auftakt der Reise hält noch eine weitere schöne Überraschung parat: Der Schneefall läßt nach, und wenig später reißt der Himmel auf. Samtweiches Abendrot legt sich wie ein zarter Schleier über das Land. Mit dem Aufklaren kommt allerdings auch die Kälte – und das Nordlicht, das an diesem Abend wie ein silberner Regen aus dem Himmel fällt.

Morgen ist Ostern . . . anderswo sprießen längst die Tulpen und Narzissen. Hier aber werden noch zwei Monate vergehen, bis Wälder und Ströme durch das Streicheln des Frühlings eisfrei sind und sich das erste Grün zeigt. Mein »Osterspaziergang« durch die White Mountains bietet nicht nur ein großartiges Landschaftserlebnis, sondern auch die Gelegenheit, bei einer erfahrenen Musherin »Mäuschen zu spielen«. Lynette ist die Tochter von Gareth Wright, einem der bekanntesten Hundezüchter Alaskas, ihre Schwester ist die Sprinthunde-Weltmeisterin Roxy Wright-Champaine.

Auch Lynette hatte vor Jahren zur Musher-Elite gezählt. Aber sie sagt: »Sprintrennen kann ich heute nicht mehr soviel abgewinnen. Ich ziehe lieber gemächlich über Land, so wie wir es jetzt tun.«

In der Tat kommen wir langsam voran: Lynettes Team besteht aus nur fünf Hunden. Vier davon gehören Susan Butcher. »Ich trainiere sie während des Winters«, sagt Lynette. Bei den Worten streichelt sie einen kräftigen Junghund. »Das ist übrigens mein eigener, er heißt Iwan. Letztes Frühjahr war seine Mutter mit dem Team der Musherin Sue Steinacher in Sibirien mit einem Flugzeug abgestürzt. Die Hündin kam dabei frei. Erst viele Wochen später griff man sie 400 Kilometer von der Absturzstelle entfernt auf. Als sie nach Alaska zurückkehrte, kriegte sie Junge. Kein Zweifel: Iwans Papa ist Sibirier.«

Am Abend des zweiten Tages unserer Schlittentour erreichen wir die Borealis-LeFevre-Schutzhütte. Als ich das Gelände sehe, in dem sie liegt, weiß ich, daß der Aufbruch von hier nicht einfach sein wird.

Lynette, die am nächsten Morgen als erste einem sich mehrfach verzweigenden Trail folgt, kriegt prompt mit ihren Hunden Ärger. »Dem weichst du aus«, beschließe ich und wähle die direkte, allerdings steile Abfahrt.

»Lisa, würdest du meine Kamera nehmen und ein Foto von mir machen, wenn ich den Hang herunterkomme?« bitte ich Lynettes Freundin.

Kaum habe ich den Schneeanker gehoben, rasen meine Hunde auch schon los. Der Schlitten gerät dabei in weichen Schnee, eine Kufe sackt weg, und blitzschnell schlägt er um. Ich spüre einen Ruck in den Händen, fliege durch die Luft und lande unsanft auf dem Boden. Mein Schlitten hat sich wieder aufgerichtet und rast jetzt führerlos hinter dem Team her. Lisa, noch immer mit der Kamera mitten auf dem Trail, springt beherzt zwischen die Leithunde. Das restliche Team kann nicht so plötzlich bremsen und wickelt sich förmlich um sie herum. Wäre mir danach zumute gewesen, hätte ich über das Bild gelacht.

»He, Dieter, mach doch nicht so ein miesepetriges Gesicht! Wir haben dein Team, und ich habe im richtigen Moment auf den Auslöser gedrückt.«

»Und wo war ich, als du das Foto gemacht hast?« frage ich.

Sie lacht: »Mit den Füßen geradewegs Richtung Himmel!«

»Willkommen im Club der getauften Musher«, empfängt mich Lynette später. »Vergiß nicht: Wo gehobelt wird, fallen Späne. Da sind wir alle durchgegangen!«

Ich wußte das. Auch Carol hatte in diesem Winter ihre Hunde unfreiwillig gehen lassen müssen, hatte sie zum Glück allerdings nach ein paar Kilometern unverletzt wiedergefunden. Und jedes Jahr passiert so etwas aufs neue auf dem Iditarod-Trail. Selbst die Stars am Musher-Himmel sind davon nicht ausgenommen.

Trotzdem ärgert es mich. Und dem an diesem Tag getroffenen Vorsatz bin ich nie untreu geworden: Unter keinen Umständen würde ich noch einmal morgens mit einem frischen und draufgängerischen Team auf einem steilen oder unübersichtlichen Trail starten. Eine Situation wie diese hat sich dann auch nie wiederholt. Lisa hatte übrigens wahr gesprochen. Als ich das Foto in der Hand hielt, sah ich einen Musher ». . . mit den Füßen geradewegs Richtung Himmel . . .« Jetzt konnte ich darüber lachen.

Als ich eine Woche später nach Manley zurückkehre, erzählt mir Bettina begeistert von ihren Erlebnissen des Osterwochenendes: »Ich habe am *one-dog-race* teilgenommen. Ganz allein durfte ich hinten auf dem Schlitten stehen und mich von einem Hund ziehen lassen. – Aber das schönste war doch der Schneeschuhwettlauf« – sie lacht bei der Erinnerung glucksend in sich hinein. »Jeder mußte dabei ein rohes Ei auf einem Eßlöffel balancieren. Und weißt du, wer Sieger geworden ist: meine Vorschullehrerin Carol! Sie hat sich der Länge nach in den Schnee geworfen und war genau um eine Nasenlänge früher im Ziel als der zweite.« Das war Bettinas schönstes Ostererlebnis.

Großartig, um wieviel reicher uns die letzten sieben Monate in Alaska gemacht hatten! Es ist der vitalste Winter, den wir je erlebt hatten. Gleichzeitig sind wir durch die zahlreichen Begegnungen in diesem winzigen Dorf, in dem weniger Menschen leben als in einem einzigen städtischen Wohnhochhaus, in den Buschalltag hineingezogen worden.

Bettina sagt nun schon ganz selbstverständlich in der Vorschule mit ernstem Gesicht und Hand auf dem Herzen vor der Nationalflagge das Treuegelöbnis zum US-Staat auf. Juliana hat während Carols Abwesenheit die Vertretung dort übernommen, und ich bin zum *»dog musher«* gereift.

Eine Reise nach Tanana am Yukon River soll den krönenden Abschluß meiner Schlittenhunde-Abenteuer bilden.

»Mach man«, redet Juliana mir zu, »wer weiß, wann du wieder mal auf dem Schlitten stehst.«

*Beim ungewollten sportlichen Einsatz. Später konnte ich darüber lachen.*

Der Tanana River bildet die natürliche Verbindung zwischen Manley Hot Springs und der Siedlung Tanana am Yukon River. Am Zusammenfluß dieser beiden mächtigen Ströme liegt der rund 500 Einwohner zählende Ort.

Anders als noch zu Beginn dieses Jahrhunderts folgt der Winter-Trail nicht der Flußroute, sondern den Überlandpfaden von Goldsuchern und Trappern. Die gut 100 Kilometer lange Anfahrt über die Ghosttown Woodchopper und den großen Fish Lake ist für mich die längste Tagestour, die ich bislang mit Hunden unternommen hatte. Die Orientierung ist oft schwer. Eine Ausschilderung oder Trail-Markierung besteht nicht. Mehrfach verästeln sich die Spuren. »Trapper auf dem Weg zu den Fallen ihrer *trap lines*«, vermute ich. Um nicht vom richtigen Pfad abzukommen, ziehe ich mehrfach Karten und Kompaß zur Hilfe. Wie geplant erreiche ich abends den kilometerbreiten Yukon River.

Wer im Busch Alaskas unterwegs ist, wird immer jemanden treffen, der ihm eine Tasse Kaffee und einen warmen Platz für die Nacht anbietet. Für den, der mit Hunden reist, gilt das ganz besonders. Bill und Cathy Fliris, Bekannte von Carol, erwarten mich bereits. Einige Kilometer oberhalb des Ortes wohnen sie mit ihren beiden Söhnen und 30 Huskies im Wald.

»Du kannst gern einige von meinen Lachsen an deine Hunde verfüttern«, sagt Bill. Er weist auf eine Stelle im Schnee, wo unter einer Plane mehr als 1000 große Fische liegen: »Das ist der Rest von den 3500, die ich hier zu Winterbeginn eingelagert habe.«

Nachdem ich die Hunde gefüttert habe, gehe ich in das schmucke Holzhaus der Fliris.

»Wenn du dich beeilst«, sagt Bill, »wirst du Bekannte von mir einholen, die gestern Richtung Ray Mountains gestartet sind. Sie wollen versuchen, dort die heißen Kilo Hot Springs zu finden.«

Das hört sich wieder mal sehr verlockend an. Ich überschlage meine Hundefuttervorräte. »Falls es knapp wird, kannst du etwas von mir bekommen«, bietet Bill an.

Und ohne daß es geplant war, folge ich am nächsten Tag einer schmalen Schlittenspur Richtung Tozitna River und Ray Mountains. Der alaskanische Frühling zeigt sich jetzt von seiner schönsten

Seite. Wenn auch die Temperaturen nachts noch um −20 °C liegen, ist es tagsüber doch schon so warm, daß ich oft ohne Handschuhe fahren kann. Die Sonne brennt jetzt nicht nur von oben, sondern auch von unten aus dem Schnee. Mein während der langen Wintermonate blaß gewordenes Gesicht hat die Farbe eines Sommerfrischlers bekommen. Und so fühle ich mich auch ... der Himmel ist tiefblau, kein Lüftchen regt sich, es ist alles so friedlich. An diesem zauberhaften Frühlingstag fällt es schwer, sich vorzustellen, daß hier Stürme den Trail innerhalb weniger Minuten unsichtbar machen können. Bei Windstille und Sonnenschein aber ist mir danach, bis ans Ende der Welt weiterzureisen ... zumindest bis ans Ende Alaskas.

Die erste Nacht verbringe ich in Bills Trapperhütte am Tozitna River. Jahrelang hatte er in dieser Wildnis als Fallensteller gelebt. Heute vermietet er das schmucke Holzhäuschen an Gäste, die hier für ein paar Wochen oder Monate der Zivilisation entfliehen wollen.

Am späten Nachmittag des dritten Tages werden die Spuren im Schnee frischer, die 6köpfige Gruppe mit drei Motorschlitten und drei Husky-Teams kann nicht mehr allzuweit entfernt sein. Plötzlich heben meine Hunde die Köpfe und stürmen wie auf Kommando voran. Wildes Gebell von mehr als 30 Hunden begrüßt uns. Ich habe die kleine Ray Mountain-Expedition aufgespürt.

Beißender Rauch liegt als dicke, unbewegliche Wolke in dem aus Baumstämmen, Fichtenzweigen und Zeltbahnen gebauten Windschutz. Mit mir drängen sich sieben Männer in die Nähe der Feuerstelle: Tom Fogg, der Trapper vom Tozitna River, lädt zum Bibereintopf ein. Dann sind da Frank, ein Trapper vom Yukon, und Paul Starr, ein Athabasca-Indianer aus Tanana, ein gemütvoller Mann mit trockenem Humor. Bill White, ein Mohawk-Indianer, hatte jahrelang im Süden der USA als Lkw-Fahrer gelebt. »Doch eines Tages schlug mein Boß vor, eine Paddeltour auf dem Yukon River zu machen. Gesagt, getan. Wir hatten eine tolle Zeit auf dem Fluß. Dann aber erfuhr mein Chef bei einem Telefonat in Tanana, daß seine Frau krank war. Er flog zurück – ja und ich blieb in Tanana hängen«, sagt Bill.

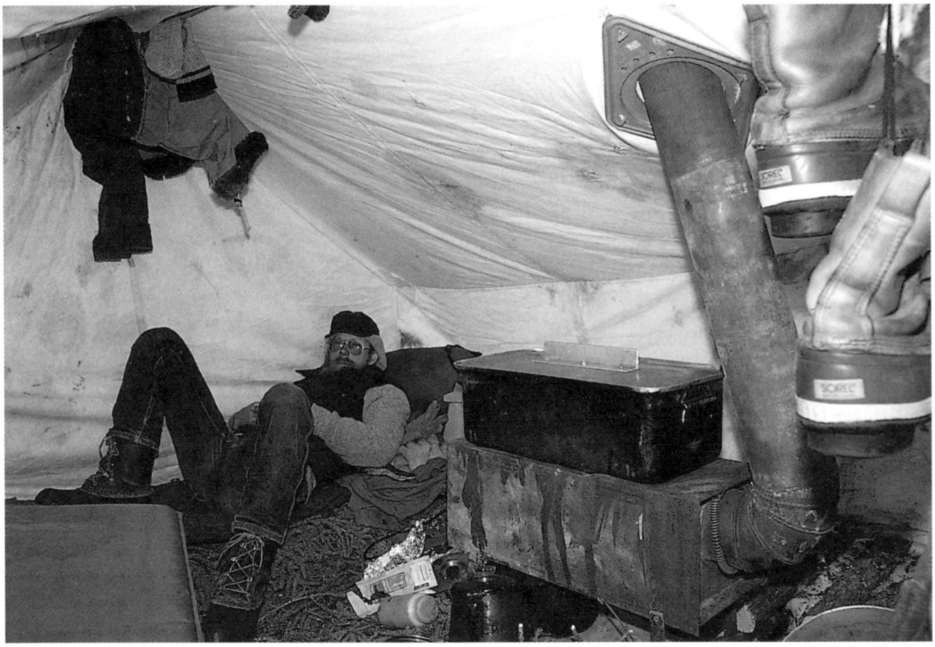

*Trapper Frank Carruthers am Zeltofen*

Meine Überraschung ist groß, hier in den Bergen Alaskas auf zwei Landsleute zu treffen: Walter, einen Arzt, der für ein paar Wochen Urlaub macht, und Christian, einen jungen Münchner. Wie Bill White hatte es ihn nach einer Yukon-Paddeltour hierher verschlagen. Jetzt lebt er in Bill Fliris' Haus am Tozitna River.

»He, Dieter, leiste uns beim Frühstück Gesellschaft!« ruft mir Tom am nächsten Morgen zu. Die anderen der Gruppe sitzen bereits am Feuer, trinken Kaffee und nagen an etwas Weißem.

»Was gibt's denn Feines?«

»Elchfett«, sagt Tom. »Genau das, was der Körper bei diesen Temperaturen braucht. Elchfleisch ist eigentlich sehr mager, das Fett findest du nur in den Eingeweiden. Wenn Wölfe einen Elch töten, reißen sie zuerst den Bauch auf und holen sich gleich diese Leckerbissen heraus.« – Ich gebe an diesem Morgen meinem Müsli mit Nüssen und Rosinen den Vorzug.

Die Kilo Hot Springs erreicht heute keiner von uns. Der Schnee ist so tief, daß selbst die geländegängigen Motorschlitten nicht durchkommen. Ein paar Tage später bin ich wieder in Bills Blockhaus.

»Ich habe gerade mit jemandem ein Flugzeug, das sich beim Landen überschlagen hatte, abtransportiert«, erzählt er. »Wir haben die Maschine von ihrer Rückenlage wieder auf die ›Beine gestellt‹, große Skier untergebaut und sie per Motorschlitten nach Tanana geschleppt.«

Nach einer Tasse Tee gehen wir raus, um unseren Hunden das Frühstückssüppchen zu kochen. Ich hatte mich schon längst daran gewöhnt, daß Alaskas Huskies im Winter kein pures Wasser trinken. Jeder Musher, der von seinen Tieren Leistung fordert, rührt ihnen eine appetitmachende Brühe aus Fett, Trockenfutter und Fisch oder Fleisch an. Ausreichende Flüssigkeitszufuhr ist in dem extrem trockenen Klima Alaskas lebensnotwendig.

Auch Bill züchtet Schlittenhunde, und natürlich sind Rennen seine Leidenschaft, selbstverständlich als aktiver Teilnehmer. Neben mehreren Mittelstreckenrennen hatte er auch am Yukon Quest teilgenommen.

»Irgendwann, wenn sich die Gelegenheit bietet und ich einen Partner finde, werde ich auch auf den Iditarod Trail gehen – allerdings nicht zum Rennen«, sagt er mir an diesem Morgen. »Ich habe vor, von Anchorage bis Ruby am Yukon zu mushen und dort Richtung Tanana abzuknicken.«

Er legt eine Karte auf den Tisch.

»Das wird allerdings nur alle zwei Jahre möglich sein.« Bill fährt mit dem Finger über die Karte. »Hier, in Ophir, teilt sich der Iditarod Trail. In ungeraden Jahren führt er von dort zur Geisterstadt Iditarod und berührt bei Anvik den Yukon. In geraden Jahren jedoch geht das Rennen von Ophir nach Norden, Richtung Ruby und weiter nach Kaltag.«

Namen, Flußläufe, Berge und Seen verschwimmen in diesem Moment vor meinem Blick, so, wie es geschieht, wenn man mit offenen Augen träumt.

Was ist dieses Alaska doch für ein riesiges Land, mit unendlichen Möglichkeiten für einen, der Natur und Abenteuer sucht! Mit meinen Hunden hatte ich all das gefunden – und war auf den

Geschmack gekommen. Wäre Juliana in diesem Moment dabeigewesen, hätte sie mir sicher forschend ins Gesicht geschaut, wie sie es manchmal tut, wenn sie einen meiner noch unausgesprochenen neuen Pläne wittert.

Ich schaue Bill an: »Weißt du, daß wir im nächsten Jahr ein gerades Kalenderjahr haben; Und falls du noch keinen Partner für den Trip gefunden hast . . . hier sitzt einer.«

Um zehn Uhr vormittags war das Wort »Iditarod« zum erstenmal gefallen. Gegen 10.30 Uhr treffen wir den Entschluß, im nächsten Winter auf Alaskas berühmtestem Pfad durch die Wildnis zu ziehen: Gemeinsam wollen wir von Anchorage bis Ruby reisen, wo Bill nach Tanana abknicken wird. Ich werde mich danach die restlichen 800 Kilometer bis Nome am Beringmeer im Alleingang durchschlagen.

Bereits gegen 11.30 Uhr habe ich meine Hunde angeschirrt, um die letzten 100 Schlittenkilometer dieses Winters in Richtung Manley zurückzulegen.

»Bis zum nächsten Winter, Bill!« rufe ich. »Drück die Daumen, daß es ein Super-Trip wird.«

Allen noch nicht erörterten »Kleinkram« wollten wir später telefonisch besprechen – Dinge wie: Wo ist ein erstklassiger Schlitten für mich herzubekommen? Wie lösen wir die Hundefutterversorgung? Und wo könnten wir ein Haus für uns in Tanana mieten? Dann war da noch ein kleines Problem: Wo kriege ich gute Hunde her? Doch Kopfzerbrechen sind für später reserviert. Das Wichtigste ist erst einmal geschehen: Die Idee für das neue Abenteuer ist geboren.

Und sie steht vor meinem inneren Auge, als ich über zugefrorene Seen, durch verschneite Wälder und Tundren nach Hause zurückfahre. Es gelingt mir, mich jetzt ganz dem tollen Plan hinzugeben. Mit all den tausend »Wenn« und »Aber«, den großen und kleinen Schwierigkeiten, die jede Unternehmung mit sich bringt, belaste ich mich noch nicht. Die Ernüchterung bei der späteren Detailplanung wird schon früh genug kommen.

Nach knapp 500 Kilometern Schlittentour empfängt mich Juliana mit ihrem kritischen »Na-was-hast-du-denn-jetzt-wieder-ausgeheckt-Blick«. Ich bemühe mich, die Sache sehr diplomatisch anzufassen, und erzähle, daß es für Bettina in Tanana einen guten Kindergartenplatz gibt. Wenn ich mich nicht verhöre, summt Juliana während meiner Erklärungen so etwas wie »Mitte vierzig und nicht ein bißchen weise« vor sich hin. Aber das geht in meinem Pläneschmieden unter. Es ist jetzt April. In spätestens zwei Monaten wollen wir nach Deutschland fliegen, um von dort mit einem Geländewagen in die Sahara zu fahren.

Abends brüte ich, den Kopf in den Händen, über einem Kalender. »Schau mal, es müßte doch gelingen, vorzeitig, so gegen Mitte Dezember, aus der Sahara zurückzukommen. Dann blieben uns zwei Wochen zum Packen. Bereits am 1. Januar könnten wir nach Vancouver fliegen, wo unser Truck steht. Mit dem wären es nur noch 4000 Kilometer via Alaska Highway nach Fairbanks. Dort besteigen wir ein kleines Buschflugzeug nach Tanana – ich denke, daß wir um den 10. Januar herum ankommen könnten.«

Ehrlich gesagt habe ich mich ein wenig gewundert, daß an diesem Abend nicht ein einziges Mal der Hinweis »deine verrückten Ideen!« kam. Stattdessen begann Juliana am nächsten Tag in Manley Schnittmuster für riesige Überhandschuhe aus Elchleder und Biberfell zu sammeln. »In der Sahara sollte ich Zeit finden, sie zu nähen. Und was ich noch sagen wollte ... das ist zwar mal wieder eine deiner verrückten Ideen, aber Bettina und ich freuen uns schon auf den nächsten Winter in Alaska.«

# II
# Iditarod
# Das Schlittenhunderennen zum Beringmeer

## Wie alles begann ...
## Nome 1925: das Rennen gegen den Tod

Die Popularität der Schlittenhunde Alaskas erlebte einen ungewöhnlichen Aufschwung im Januar 1925. An einem kalten Tag dieses Monats saß der Arzt Dr. Welch am Bett eines Todkranken. Es bestand für ihn in diesem Augenblick kein Zweifel mehr: Diphtherie hatte die Goldgräberstadt Nome am Beringmeer heimgesucht. Am Ende dieses Monats waren 22 Menschen erkrankt und fünf tot. Aber es fehlten die Impfstoffe zur Bekämpfung der Krankheit.

Das erste Viertel des 20. Jahrhunderts war vorüber. Moderne Techniken und Kommunikationsmittel hatten längst ihren Siegeszug um die Welt angetreten. In vielen Gebieten Alaskas wurden dic Teams der US-Postkuriere durch Flugzeuge abgelöst. Doch Technik erfuhr und erfährt ihre Grenzen an der Macht der Natur. Nome, im fernen Nordwesten Alaskas an einer riesigen Meeresbucht, dem Norton Sound, gelegen, war im Januar 1925 bereits seit mehreren Monaten vom Eis eingeschlossen. Die wenigen Flugzeuge, die es im Alaska Territory jener Tage gab, hatten offene Cockpits und waren für Winterreisen unbrauchbar. »Wenn Hilfe von außen kommen kann, dann nur durch Husky-Teams«, erkannte man. Impfstoffe wurden im fernen Anchorage zusammengestellt, ein Sonderzug brachte sie nach Nenana, unweit Fairbanks. Von dort sollte eine Schlittenhunde-Stafette den knapp 1100 Kilometer langen Transport nach Nome besorgen. 20 der schnellsten Hundegespanne Alaskas standen bereit.

»Wild Bill« Shannon eröffnete das »Serum-Rennen« in Nenana mit einem Team von neun Malemutes. Nach 83 Kilometern übergab er das in Kaninchenfell eingewickelte Paket an Musher Dan Green. 50 Kilometer betrug dessen Strecke nach Manley Hot Springs. Fish Lake und Tanana hießen die nächsten Etappen dieses Wettlaufs gegen den Tod. Als das Serum Nulato erreichte, war es trotz großer Sorgfalt gefroren. Die Außentemperatur lag bei −53 °C.

In Kaltag am Yukon endete der Lebensraum der Athabasca-Indianer. Die nächsten Etappen übernahmen zwei Eskimos. Einer der gefürchtetsten Schneestürme der Küste hielt das letzte Team auf. Hüfthoch war der Neuschnee, durch den sich Musher Gonangnan mit seinen Leithunden Meter für Meter vorankämpfte. Völlig erschöpft erreichte er die Küste. Das Serum wurde aufgewärmt und im Schlitten von Harry Ivanoff verpackt. Doch der kam nicht allzuweit: Eine Karibuherde kreuzte seinen Weg, die Hunde gerieten außer Kontrolle und verwickelten sich in ihre Zugleinen. Just in diesem Moment tauchte Leonhard Seppala auf. Er übernahm das Serum. Um kostbare Zeit zu gewinnen, wählte er eine Abkürzung über das Eis zur Siedlung Golovin, eine Route, die wegen gelegentlich offenen Wassers und dünnen Eises sonst von den Mushern gemieden wurde.

Seppala aber vertraute seiner Erfahrung und dem untrüglichen Instinkt seines berühmten Leithundes Togo. Sicher brachte der Renn-Veteran das Serum über das Eis des Beringmeeres. Eine Woche, nachdem das Päckchen in Nenana dem ersten Hundeteam anvertraut worden war, erreichte es im Schlitten Gunnar Kaasens Nome. Binnen kurzem war die Diphtherie in Nome unter Kontrolle.

1100 Kilometer durch heulende Stürme, Blizzards und Temperaturen von −50 °C in nur sieben Tagen zurückzulegen, ist eine fantastische Leistung. Sie wäre allerdings nicht in dieser Zeit möglich gewesen, hätten nicht bereits Winter-Trails bestanden. Über große Abschnitte folgte das »Serum-Rennen« einem als »Iditarod Trail« bezeichneten Verbund solcher Pfade, die südlich von Anchorage am eisfreien Hafen von Seward begannen und in Nome endeten.

Nome war damals eine der bedeutendsten Städte Alaskas. Nach ersten Goldfunden von 1898 hatte es einen Ansturm erlebt, der

*Nome zur Zeit der Diphtherie-Epidemie*

jenem vom Klondike kaum nachstand. Binnen kurzem war eine riesige Zeltstadt entstanden. 20000 Menschen wühlten mit Schaufeln und Sieben in den »goldenen Stränden« nach dem Edelmetall. Nome wuchs rasch. Doch es teilte das Schicksal manch anderer Boomtown, die sich unter dem hitzigen Fieber des Goldrausches aufgebläht hatte, aber wenige Jahre später »wie ein Jüngling in schlotternden Kleidern« wirkte.

Bei den meisten Glücksrittern hatte zu jenem Zeitpunkt der Rausch dem Katzenjammer Platz gemacht. Sie zogen weiter. 1905 hatte Nome nur noch 5000 Einwohner, war jedoch noch immer einer der größten Orte Alaskas.

Mittlerweile hatten Goldfunde im Landesinneren die Abenteurer angelockt: Fairbanks entstand und Iditarod, was in der Sprache der Indianer »Platz in der Ferne« bedeutet. In der Tat: Von den Camps jener Tage war es eins der entlegensten und am schwersten zugänglichen. Im Sommer erfolgte die Anfahrt mühsam mit dem Boot, im

Winter per Hundeschlitten auf einem Pfad, der schon bald den Namen »Iditarod Trail« tragen sollte. 1910, gut ein Jahr nach den Goldfunden, lebten bereits 4000 Menschen in Iditarod. Wie der Reporter des *Iditarod Nugget* genannten Lokal-Blattes schrieb, waren es zumeist Sourdoughs, Alaska-Veteranen, die seit den Tagen des Klondike-Runs dem Lockruf des Goldes von Ort zu Ort folgten. »*Selig sind die, die nichts erwarten, denn sie sollen nicht enttäuscht werden*«, hatte der Artikel geendet. Vier Jahre später zählte Iditarod nur noch 500 Einwohner. Ein Jahrzehnt danach war Alaska um eine Geisterstadt reicher.

Doch der Name »Iditarod« überlebte. 1925 war er während des »Serum-Rennens« in aller Munde. Bis Mitte der 50er Jahre wurde der Winterpfad von den »Königen der Trails«, den US-Postkurieren benutzt.

Dann schien das Ende gekommen zu sein . . .

## Anchorage 1973: Geburtsstunde des Iditarod

Man schrieb das Jahr 1966. Genau 99 Jahre waren es her, daß der russische Zar Alaska für 7,2 Millionen Dollar an die USA verkauft hatte: Das waren 1,5 Millionen Quadratkilometer Land für 1,5 Cent pro Hektar. Die kritischen Stimmen, die damals das ferne Anhängsel am Westen Kanadas spöttisch als »Eisbox« bezeichnet hatten, waren vergessen. »Hundert Jahre US-Alaska« war jetzt ein Grund zum Feiern. Das sagte sich auch Dorothy Page in der nicht weit von Anchorage gelegenen Ortschaft Willow. Sie dachte dabei nicht an große Reden oder Galaparties, sondern an ein Ereignis, das an die Pioniere dieses Landes erinnern sollte. Ihre Idee wurde Realität. Ein Jahr später, zum 100. »Geburtstag« US-Alaskas, jagten 59 Hundeteams auf einem zweimal 40 Kilometer langen Abschnitt des alten Iditarod Trails einem Preisgeld entgegen, das die bis dahin in Alaska nie gesehene Höhe von 25000 Dollar hatte. Das Rennen wurde ein Erfolg.

Als es zwei Jahre später wiederholt wurde, sahen sich allerdings nur 12 Musher einem Gesamtgewinn von lediglich 1000 Dollar gegenüber. »Das ist das Ende des Rennens auf dem Iditarod Trail«, sagte man. Doch keiner hatte mit dem zähen Joe Redington sen. gerechnet.

»Geboren wurde ich am 1. Februar 1917 in einem Zelt am Rande des Chisholm-Rinder-Trails in Oklahoma«, hatte mir der ungewöhnliche Mann zu Hause bei sich in Knik erzählt. »Meine Mutter war eine *outlaw*, eine Gesetzlose, ich habe sie nie kennengelernt.« So wuchs er bei seinem als Rindermann durchs Land ziehenden Vater auf.

»Eine halbe Stunde, nachdem ich 1948 die Grenze Alaskas überschritten hatte, besaß ich meinen ersten Husky.« Noch im selben Jahr hatte er sein eigenes Hundeteam. Heute wird Joe Redington sen. als *»Father of the Iditarod«* gefeiert.

Das Jahr 1973 erlebte dank seiner Initiative die Wiedergeburt des Rennens von 1967. Doch »Old Joe« hatte sich jetzt nicht nur gegen den Widerstand der Schwarzmaler durchgesetzt, sondern auch die Länge des Rennens von 80 auf 1800 Kilometer ausgedehnt! Das war eine Sensation. Gleiches galt auch für das Gesamtpreisgeld von 50000 Dollar. Doch als das Rennen 1973 begann, war Redington sen. nicht dabei.

»Ich hatte immer noch nicht die versprochenen 50000 Dollar zusammen. Und ich mußte mich verdammt beeilen, wenn ich sie bis zum Einlaufen des ersten Mushers in Nome zusammengekratzt haben wollte.« Der zähe Bursche schaffte es. Ebenso erreichten 22 von 34 gestarteten Teams Nome. 20 Tage hatte der Sieger benötigt, 32 Tage der letzte.

*The Last Great Race on Earth* – dieser Name hat sich als schmissiger Slogan eingebürgert – überlebte die Schwierigkeiten der Anfangsjahre und den Druck der Tierschützer. Lautstark hatten sie eine Beendigung dieses Husky-Marathons gefordert, nachdem mehr als 20 Hunde beim ersten Rennen umgekommen waren. Rund zwei Jahrzehnte sind seitdem vergangen: Es gibt heute kaum ein hundesportliches Ereignis, bei dem – schon mit Blick auf die Medien und eine immer kritischer reagierende Öffentlichkeit – mehr Sorgfalt auf das Wohlergehen der Hunde gelegt wird als beim Iditarod. Ruhm wie Preisgeld sind seit damals gestiegen: 12000 Dollar bekam der Sieger von 1973, gut 50 000 kassiert die derzeitige *Number One*. Auch das Tempo ist rasanter geworden: Der Champ von heute halbiert die Zeit seines Vorgängers von 1973.

Aus einem gut 1 800 Kilometer langen Abenteuer-Trip wurde ein professionelles Rennen, dessen Spitzenpositionen von einigen seit Jahren vertretenen Mushern innegehalten werden. Mehrfach muß man schon dabeigewesen sein, um ins Feld der ersten zehn zu gelangen. Es gibt viele Gründe dafür: Bis zu 20 Athleten in kürzester Zeit das Maximum an Fressen, medizinischer Versorgung und Ruhe zukommen zu lassen, ist eine Kunst, die ein *rookie*, jemand, der erstmals am Rennen teilnimmt, kaum beherrscht. Rick Swenson, erfolgreichster Langstrecken-Musher der Gegenwart, gilt als Perfektionist bei der Betreuung seiner Hunde. Und jede Minute zählt bei einem 24-Stunden-Rhythmus, der den Huskies in der Regel zehn Stunden Ruhe, dem Musher allenfalls vier Stunden Schlaf läßt. Trotzdem gelingt es gelegentlich Außenseitern, in die Spitze vorzudringen: wie 1985, als Libby Riddles, die erste Frau, gewann.

Iditarod Musher kommen aus allen Altersgruppen und Gesellschaftsschichten. Der Jüngste ist 18, der Älteste 86. Sie sind Lehrer, Trapper, Hundezüchter, Piloten, Bankdirektoren, Militäroberste, Fischer, Ärzte und Holzfäller. Sie müssen Akrobaten auf den Schlittenkufen sein und Veterinäre, wenn es um die Betreuung ihrer Hunde geht. Sie sind zäh und hart gegen sich selbst: Nächtelang dürfen sie kein Auge schließen, stattdessen müssen sie über 20 Kilometer mit Schneeschuhen einen Trail treten. Gefordert sind Allround-Talente – auch wenn es darum geht, im Stehen auf den Schlittenkufen zu schlafen. Doch was ist das im Grunde, verglichen mit der Leistung ihrer Schlittenhunde: Mit einer Geschwindigkeit von 15 Stundenkilometern und der Präzision von Maschinen nähern sie sich ihrem Ziel, trotzen Schneefällen, Stürmen, eisigen Bächen, durchziehen die Berge der Alaska Range, reisen bei Tag und Nacht, überqueren das Eis des Beringmeeres und stecken ihre Nase in Küstenstürme, deren Gewalt schon so manchen Schlitten wie ein Spielzeug auf die Seite geworfen hat. Sie, die Huskies, sind die wahren Helden des Iditarod Trails.

# Unser Blockhaus am Yukon

Als wir die Grenze Alaskas erreichen, habe ich das Gefühl, nach Hause zu kommen. Wir übertreffen sogar meine vor einem Dreivierteljahr geschmiedeten Pläne und sind bereits in der ersten Januarwoche in Fairbanks. Tausende von Kilometern auf dem winterlichen Alaska Highway liegen hinter uns, mit tiefverschneiter Landschaft, einer Karibuherde und 32 Elchen, die die Fahrbahn kreuzten.

Fairbanks, die freundliche Stadt im »Gefrierschrank der Welt«, empfängt uns mit Eisnebeln und wie immer spiegelglatten Straßen. Das Thermometer der National Bank of Alaska verkündet: −34 °C. Und noch sechs Wochen zuvor hatten wir die Wärme der Sahara genossen!

Ich habe sie bei meiner Ankunft in Fairbanks nicht einen Moment vermißt.

Irgendwo im Ort Tanana am Yukon River wartet ein Blockhaus auf uns. Es war mir schwergefallen, mich an die Vorstellung zu gewöhnen, diesen Winter nicht in Manley Hot Springs zu verbringen. Doch die Vorbereitung unserer Iditarod Tour macht eine räumliche Nähe zu Bill Fliris erforderlich. Langsam nimmt das Abenteuer Gestalt an. Auf der Ladefläche unseres Trucks liegen bereits Teile meiner neuen Ausrüstung: ein warmer Armee-Parka für arktische Einsätze, Bunnyboots, riesige Überhandschuhe aus Biberpelz und Elchleder, dicke Überhosen und ein Dutzend gefütterter Arbeitshandschuhe.

»Heute nachmittag gegen 15 Uhr fliegt das Postflugzeug nach Tanana.« Juliana kommt vom Münzfernsprecher zurück. »Ich habe zwei Plätze reservieren lassen.«

Wir hatten beschlossen, daß sie mit Bettina vorausfliegen sollte, während ich mit dem Truck nach Manley zu unserem Camper und der dort zurückgelassenen Ausrüstung fahren würde. Sobald ich alles herausgesucht und gepackt hätte, wollte ich nachfolgen.

Da wir bald in einem entlegenen Buschdorf ohne jegliche Straßenverbindung und gute Versorgungsmöglichkeiten wohnen werden, kaufen wir Berge von Lebensmitteln, verpacken sie in Kartons und schleppen sie zum *post office*. Ich hatte schon gehört, daß die

*Tanana, vom Yukon River aus gesehen*

Paketpost kräftig vom Staat subventioniert wird, doch daß der Versand eines 32-Kilo-Paketes umgerechnet weniger als 10 DM kostet, übertrifft alle meine Erwartungen. »Um die Trapper im Busch bei Laune zu halten«, sagt der Postbedienstete grinsend, während wir ihm mehr als zehn große Pakete auf die Waage schieben.

Hinter der beschlagenen Scheibe des kleinen Büros von Tanana Air, die mit einmotorigen Maschinen den Post- und Passagierdienst zwischen Fairbanks und unserem neuen Wohnort aufrechterhält, bleiben Juliana und Bettina zurück. »In ein paar Tagen bin ich bei euch«, rufe ich ihnen noch zu. »Und haltet das Blockhaus schön warm.« Ich weiß, daß dort vor der Tür drei Klafter Feuerholz liegen. Die werden uns gut durch den Rest des Winters bringen.

Als ich unseren Truck besteige, knarrt der Kunststoffsitzbezug. Mein Atem gefriert und kriecht als dünne Eisschicht über die Windschutzscheibe. Geraume Zeit lasse ich den Motor warmlaufen, bevor ich vorsichtig anfahre. Ab $-30\,^{\circ}C$ wollen Autos mit Samthandschuhen und Fingerspitzengefühl behandelt werden. Eine Erfahrung hatten wir schon im letzten Winter gemacht: Im Armaturenbrett war ein langer Riß entstanden, nachdem ich an einem bitterkalten Tag die Heizung angestellt hatte.

Auch häufiges Abkühlen und wieder Erwärmen verlängert die Lebensdauer des Achtzylinders nicht gerade. Die Einwohner Fairbanks' lösen das Problem dadurch, daß sie während ihrer Einkäufe die Motoren laufen lassen. Niemand regt sich darüber auf, daß Autos eine halbe Stunde und länger in ihrem eigenen Abgasmief stehen. Und auch den Geldbeutel schmerzt diese Umweltattacke kaum: Mit einem Preis von umgerechnet zwei D-Mark für knapp vier Liter Sprit ist Alaska immer noch ein Traumland für Autofahrer. Obwohl von der klarsten und saubersten Luft der Welt umgeben, hat Fairbanks – vor allem an kalten Tagen mit Eisnebel – aus all diesen Gründen erhebliche Smogprobleme.

Als ich allein bin, erledige ich weitere Einkäufe. Dann gehe ich zur Bank, wo ich allerdings warten muß. Vor mir steht eine etwa 18jährige junge Frau, hinter mir ein kaum älterer Soldat im Kampfanzug.

Er zu ihr: »Du hast ja heute dieses Sonntagslächeln drauf.«

Sie: »Habe auch allen Grund dazu. Daddy ist als Air Force-Pilot nach Hawaii versetzt worden. Nächste Woche ziehen wir in die Wärme.«

In einem Land, in dem man heute als Tauchlehrer in Florida und übermorgen als Trapper in Alaska arbeiten kann, scheinen solche Wechsel selbstverständlich zu sein. Ich gebe es ja – nicht ganz neidlos – zu: Die Amerikaner haben in jeder Beziehung faszinierende Möglichkeiten innerhalb der Grenzen ihrer 50 Bundesstaaten. Das ist sicherlich auch einer der Gründe, weshalb sie mit ihrer »Welt« so zufrieden sind und kaum Bedarf haben, über deren Rand hinauszublicken.

Während ich noch McDonald's ansteuere, werden im Autoradio die mit raffinierter Werbung gespickten Nachrichten durchgegeben. Soviel entnehme ich den Worten des Schnellsprechers: Das letzte Jahr ist die Gewaltstatistik der USA mit 24000 Morden in schwindelerregende Höhen gestiegen. 74 davon sind in Alaska geschehen.

Während mir das Ketchup meines Big Mac über die Hand tropft, steuere ich den Truck vorsichtig aus der Einfahrt des Bendley Shopping Centers nach Norden. Ich bin an diesem dunklen Wintertag froh, in die stille Nacht und die heile Welt hinausrollen zu können. Ich war nach Alaska zurückgekommen, um die Schönheit und Harmonie der Natur zu finden. Doch ich weiß auch, daß das Hochglanzfoto von meinem »Paradies« Kratzer hat.

Die Fahrt nach Manley hat für mich noch eine Überraschung parat: Es ist gegen Mitternacht, als ein »Busch« neben der Straße lebendig wird. Ein Elch! Wie in Zeitlupe setzt sich der Koloß in Bewegung und hält auf mich zu. Ich trete auf die Bremse, reiße das Lenkrad herum, der Truck schleudert und bricht aus. In nur einem halben Meter Entfernung schlittere ich an dem Elch vorbei. Gleich danach muß ich erneut aufpassen. Zwischen dem Minto-Abzweig und Manley gibt es im Winter einige *overflows*, tückische, gletscherähnliche Eisflächen auf der Straße, die entstehen, wenn Grundwasser keine Ausdehnungsmöglichkeit mehr hat und durch den Schnee an die Oberfläche bricht.

Als ich unser noch immer leerstehendes Haus in Manley erreiche, ist mir, als wären wir gerade erst fortgegangen. Da hängen noch Bettinas Malereien an den Wänden, und vor den Fenstern baumeln bunte Ostereier. Ansonsten ist es wenig anheimelnd: – 18 °C zeigt das Thermometer im Wohnzimmer.

»Willkommen in Manley«, empfängt mich Carol am nächsten Tag auf deutsch. Und bevor ich weiß, wie mir geschieht, sagt sie, daß ich hungrig sein müsse, und brät mir *moose burger*, Elchfrikadellen, während sie mit der anderen Hand frische Bohnensprößlinge aus einem in einer Schüssel angelegten Beet erntet. Carol, du bist noch ganz und gar die alte! »Ich habe ein paar Hunde für dich«, eröffnet sie mir und serviert zum Nachtisch Blaubeersaft. Das ist eine gute Nachricht. Bill hatte mir geschrieben, daß es bei den Hunden Engpässe gäbe.

Die nächsten Tage in Manley vergehen mit Packen und Versenden von Ausrüstungsgegenständen. Bald bin ich auch über den neuesten Klatsch auf dem laufenden:

»Eric Meffley ist mit seinem brandneuen Truck nachts in einen Elch hineingefahren«, erzählt Carol. Oh, Eric, du bist offenbar noch immer ein Lieblingskind des Pechs! denke ich.

Carol lächelt jetzt spitzbübisch: »Und Jim Catlin hat seine ›Versandhauskatalog-Dame‹ bekommen. Sie kam aus den Südstaaten, hielt es aber nur eine Woche bei ihm aus – obwohl er ihr den Flug hierher bezahlt hat. Nachdem sie sich schlaugefragt hatte, wer von den Junggesellen einwandfreie AIDS-Befunde hat, zog sie mit einem Trapper am Tanana River zusammen.« Carol lacht: »Aber bei dem ist sie auch nicht mehr. Der hat jetzt eine 18jährige Freundin aus Deutschland. Sie war als Kindermädchen zu einem Professor nach Fairbanks gekommen, zog aber schon bald an den Fluß um.«

Da sag mir einer, ein kleines Nest am Ende aller Straßen hätte nichts Aufregendes zu bieten!

Gut eine Woche nach meiner Ankunft in Manley buche ich den Flug mit der Postmaschine nach Tanana. Eingekeilt zwischen Gepäckstücken sitze ich hinter dem Piloten. Schnee stiebt. Ein Vibrieren durchzieht den Leib der Einmotorigen, und schon rasen wir über die kurze Buschlandepiste. Holzhäuser fliegen vorbei, dann ein paar neben dem Airstrip abgestellte Flugzeuge. Nur wenige nutzen ihre Maschinen zu dieser Jahreszeit. Mir war aufgefallen, daß Bob Lee, der Postmeister, sein Flugzeug diesen Winter sogar mit abgenommenen Tragflächen neben seiner Blockhütte geparkt hatte.

Und schon sind wir in der Luft. Still wie ein Schwarzweiß-Foto liegt Manley unter mir. Dort hinten ist der Slough, den ich hundertmal und mehr mit meinen Hunden im letzten Winter befahren hatte. Das Ortszentrum bleibt zurück, und plötzlich erkenne ich unser altes Haus, unseren Truck, den Camper. Schon schwebt der kleine Vogel aus Metallplatten, Blech, Schrauben, Bolzen und Navigationsgeräten, dem ich mein Leben anvertraut habe, in Richtung Berge.

»Was ist das für ein Nest da unten?« brülle ich dem Flugzeugführer über die Schulter. »Eureka«, kommt die Antwort. Dann ver-

*Yukon und Tanana River; zwei der mächtigsten Ströme Nordamerikas vereinen sich am Ort Tanana.*

schwinden wir im Nebel. Luftlöcher und Winde schütteln uns. Unter uns ist nichts als unendliche eisgraue und kalte Gebirgseinsamkeit.

»Da hinten ist der Yukon, und da drüben Rampart«, ruft mir der Pilot zu.

Ramparts Airport ist weit vom Ort entfernt. Doch kaum sind wir gelandet, dröhnen schon Motorschlitten mit Indianern hinter den Lenkern auf uns zu. Einer transportiert einen Käfig mit einem Schlittenhund. Für den Weiterflug trete ich ihm meinen Platz ab, dafür sitze ich jetzt neben dem Piloten. Minto ist der nächste Stopp dieses Postrundflugs. Als wir über das Gebirge dorthin fliegen, rüttelt und schüttelt uns die Thermik so, daß die kleine Maschine wahre Bocksprünge macht. Vor dem Landeanflug brüllt mir der Pilot ein warnendes »Festhalten!« zu.

Einige wortkarge Indianer holen Pakete ab und bringen Postsäcke. Bereits fünf Minuten später dröhnt der moderne Nachfahre der alten US-Post-Musher Richtung Fairbanks. Zauberhaft ist der anschließende Flug über die Minto Flats. Wie Serpentinen, ver-

*Unser Blockhaus*

schnörkelt und ineinander verschlungen, wirken die Flußläufe. Dazwischen liegen, gleich großen Fußballfeldern, weiße Seen. Schon haben wir Fairbanks erreicht. Sanft gleitet der kleine Vogel an Hunderten schneebedeckter Flugzeuge vorbei. Dann schüttelt er sich, als sein Propeller zum Stillstand kommt: »Welcome to Fairbanks«, sagt der Buschpilot.

Doch die Stadt ist nur ein kurzer Zwischenstopp. Wo eben noch Gepäckstücke lagen, wird ein weiterer Sitz in die Maschine geschoben. Zwei Frauen und ein Kind steigen ein. Man ist jetzt zwar etwas eingeengt, aber was macht's! Überall stapeln sich Einkaufsbeutel mit Tomaten, Äpfeln, frischen Gemüsen und Kartoffeln. Na, ist es doch zu voll geworden? Der Pilot nimmt die Rückenlehnen der hinteren Sitze heraus und stellt ein paar Hundefuttersäcke an ihre Stelle. Jeder der Passagiere hält das für die selbstverständlichste Sache der Welt.

14.45 Uhr ist Abflug. Die Sonne geht unter. Doch trotz der Dämmerstimmung habe ich einen zauberhaften Ausblick. Wir überfliegen Manley, das ich vor wenigen Stunden verlassen hatte, dann liegen die Goldminen von Tofty unter uns. Wenig später ist der Zusammenfluß von Tanana- und Yukon River erreicht. Ausladend wie ein kleines Meer liegt die riesige Eisfläche der beiden Ströme unter uns.

Ein klappriger Bus der Airline bringt jeden einzelnen Passagier nach Hause. Tanana ist ein typischer Yukon-Ort Alaskas: mit zumeist einfachen hölzernen Behausungen und dem Schrott von Jahren davor. Nur wenige können sich erlauben, etwas fortzuwerfen, solange es noch fürs Eratzteillager taugt. Hier und da stehen halb ausgeschlachtete Autos und Motorschlitten. Und überall heulen, bellen, winseln und keifen Hunde hinter dem Bus her. Unter Sprint-Mushern hat Tanana einen guten Ruf: Die Zucht Lester Erhards zählt zu den besten Alaskas.

Ich bleibe als letzter im Bus. Ein paar Kilometer außerhalb des Ortes hält der Fahrer. »Hier muß es wohl sein«, sagt er.

Zwischen Fichten, Pappeln und Birken, nur 150 Meter vom Yukon entfernt, steht ein einstöckiges Blockhaus. Genauso wie »Klein-Fritzchen« es sich vorgestellt hat, denke ich, Lichtschein fällt aus den Fenstern. Aus dem Schornstein küselt der Rauch. Ich bin zu Hause.

# Alaskanisches Tagebuch: 21. Januar–2. Februar

| | |
|---|---|
| **21. Januar:** | −15 °C. *Verhangen.* |
| **22. Januar:** | −18 °C. *Sonnig. Nachts sternenklar. Vollmond.* |
| **23. Januar:** | −25 °C. *Sonnig. Eisiger Sturm.* |
| **24. Januar:** | −18 °C. *Sonnig. Sturm.* |
| **26. Januar:** | −25 °C. *Sonnig. Fast windstill.* |
| **29. Januar:** | −30 °C. *Sonnig. Windstill.* |
| **30. Januar:** | −36 °C. *Sonnig. Windstill.* |
| **2. Februar:** | −38 °C. *Sonnig. Windstill.* |

*Mein Hundeteam unter dem Adlernest am Fish Lake*

# Gefangen auf Fish Lake

Mir war bekannt, daß Iditarod Teams vor dem Rennstart mindestens 2000 Kilometer Training absolvieren. Unvorbereitete Huskies aus ihren Hütten zu holen, vor den Schlitten zu spannen und Richtung Nome reisen zu wollen, würde mit Sicherheit katastrophal enden.

»Meine Hunde sind bereits seit September im Einsatz«, hatte Carol gesagt. Über die noch schneelose herbstliche Tundra hatte sie per Schlitten Feuerholz herangeschafft und mit Blick auf den Winter mehrere Trails von überhängenden Zweigen befreit. Bills Hunde waren jedoch nur wenig trainiert worden. Es kam jetzt darauf an, diejenigen, die bei unserer Reise Verwendung finden sollten, einander anzugleichen.

Bill ist bei meiner Ankunft »irgendwo zwischen Texas und Alaska...« Steve, ein hagerer Mittdreißiger, der normalerweise selbst im Winter in einem Zelt außerhalb Fairbanks' wohnt, betreut zur Zeit die Tiere. »Bin jetzt beim täglichen 20-Kilometer-Training«, sagt er, während er anstatt Frühstück eine selbstgedrehte Zigarette nach der anderen in sich reinsteckt.

Da muß offenbar noch einiges aufgearbeitet werden... Dieses Jahr beginnt das Iditarod am 29. Februar. Die uns verbleibende Zeit ist mehr als knapp.

Die goldene Regel für das ideale Langstreckentraining gibt es noch nicht. Einige Züchter bewegen ihre Hunde sogar schon im Sommer. Spätestens jedoch Anfang September fängt der Ernst des Lebens an. Es geht dabei noch nicht um Geschwindigkeit, sondern um den behutsamen Muskelaufbau.

Ab Oktober beginnen die systematischen Übungsläufe. Zumeist erfolgen sie in einem festen Rhythmus: drei Trainingstage, zwei Ruhetage, usw. Zehn Kilometer pro Tag ist ein guter Einstieg. Im nächsten Monat kann die Leistung auf das Doppelte gesteigert werden. Dann kommt auch der Schlitten zum Einsatz. Anfang Dezember sind es noch 30 bis 40 Kilometer täglich, doch zum Monatsende sehen sich die Huskies den ersten 70-Kilometer-Strekken gegenüber. Danach sollte das Basistraining abgeschlossen sein.

Die Muskeln sind jetzt kräftig und die Pfoten widerstandsfähig. Stärken und Schwächen sind dem Musher bekannt. Ab Januar bis Mitte Februar erfolgt das Abschlußtraining, wobei gelegentlich Strecken von 100 Kilometern zurückgelegt werden. Größere Ruhepausen sind jetzt genauso wichtig wie eiserne Disziplin und häufig wechselnde Trails. Bei allem aber gilt: Es muß den Hunden Spaß machen. Wenn sie gelernt haben, daß das tägliche Ziehen des beladenen Schlittens ein Vergnügen ist, hat man bereits einen guten Vorsprung auf dem Weg nach Nome.

Mitte Januar meldet sich Carol an, uns mit ihrem Team zu besuchen. Dabei will sie diejenigen Hunde hierlassen, die ich auf meinem Trip verwenden werde. Am Vorabend ihrer Reise gebe ich über KGNP-Radio in North Pole/Alaska folgende Nachricht über den Äther:

»Von Dieter in Tanana an Carol in Manley Hot Springs: Ich werde dich morgen mit Hunden am Fish Lake erwarten.«

Die abendliche Radiosendung »Trapline Chatter«, bei der Botschaften und Grüße übermittelt werden, ist eine der interessantesten und meistgehörten Alaskas. Dann sitzen Trapper, Fischer, Aussteiger und Holzfäller an ihren knisternden Empfängern mit den oft 100 Meter langen selbstgebastelten Drahtantennen und lauschen Nachrichten wie: »Von Laura an Sam: Wird Zeit, daß du mir mal wieder Haushaltsgeld vorbeischickst!« Da die Schar der Adressaten recht gleichbleibend ist und oft sehr persönliche Mitteilungen an die selben Leute gehen, hatte Carol mir gesagt: »Ich bin über die Jahre mit vielen so vertraut geworden, als würde ich sie persönlich kennen.«

Fish Lake, unser Treffpunkt, ist ein großer See auf halbem Wege zwischen Tanana und Manley. Je nach Jahreszeit und Wetter schwankt die Klassifizierung des über ihn führenden Trails zwischen »mäßig« und »gar nicht vorhanden«. Vor allem zu Beginn des Winters ist seine Oberfläche eine riesige Eisbahn. Es ist leicht, sich auf Fish Lake zu verirren.

Am Morgen des 19. Januar brechen Steve und ich mit zwei Teams auf.

*Die Annehmlichkeiten der »Zivilisation« habe ich keine Minute vermißt.*

150 Meter unterhalb des Blockhauses befindet sich die steile Zufahrt zum Yukon, den wir zunächst überqueren müssen. Stürme haben den Schnee von den Uferbänken fortgefegt und scharfkantige Felsen freigelegt. Ich werfe mein ganzes Gewicht auf die Schlittenbremse. Trotzdem kratzen, schleifen und krachen die Kufen über die Steine, Erdbrocken und später über die Eisstücke des Flusses. Millionen Eisplatten hatten sich bald nach dem ersten Zufrieren aus seiner dünnen Decke gelöst und ineinander verkeilt. Als die Fröste dauerhaft wurden, war die Oberfläche in dieser bizarren Form erstarrt.

Aus dem Eisnebel über dem Yukon schält sich ein matter Sonnenball. In sein gedämpftes Rot gleiten wir hinein. Dann bleibt der Fluß zurück. Hay Slough ist die nächste Etappe, ein 16 Kilometer langer Wasserarm mit spiegelglatter Eisfläche. Mühsam kämpfen wir uns auf dem unebenen Ufer voran. »*Damn'd nigger heads*«, schimpft Steve und schiebt seinen Schlitten über 30 Zentimeter hohe bewachsene Erdhügel, die wie »Negerkrausen« aussehen. Nur eine leere Bierdose an einem Zweig markiert den Beginn des vom Slough abzweigenden Trails. Es folgt eine abwechslungsreiche Fahrt durch Wälder und über zugefrorene Seen. Das große Nest eines Weißkopfseeadlers auf einem gebogenen Baumstamm ist der wichtigste Orientierungspunkt auf Fish Lake. Wir halten darauf zu und überqueren den großen See in gerader Linie.

Auf der anderen Seite treffen wir auf Carol. Sie deutet zu ihrem 10köpfigen Team. »Sieh mal, wer dich da mit großen blauen Augen anhimmelt.«

»Beetle!« Ich gehe zu unserem »Baby«. Ein wenig erwachsener ist er schon geworden, aber noch immer hat er das freundliche »Kindergesicht«. Während unserer Abwesenheit hatten wir ihn in Carols Obhut zurückgelassen. »Er macht sich prima«, sagt sie. Ich bin allerdings gespannt, wie er diesen ersten 100-Kilometer-Trip seines Lebens verkraften wird.

Während der nächsten Tage wähle ich jene Hunde aus Carols Team, die für meinen Iditarod Trip in Frage kommen. Bill, mittlerweile aus dem Urlaub zurück, deutet an, daß wir noch mehr Leithunde brauchen. »*No problem*«, sagt Carol. Da sie fast ausschließlich mit kleinen, zumeist 6köpfigen Teams reist, sind ihre Hunde sehr individuell trainiert worden. Das Resultat: Mehr als die Hälfte sind Leader. Gute, widerstandsfähige Pfoten haben sie alle. Da ich zunächst bei meiner Auswahl diejenigen Hunde ausklammere, die älter als fünf Jahre sind, bleiben fünf übrig: Screamer, Speedy, Zinger, Junior und Cy. Die ersten drei davon sind Leader. Der Grundstock meines Teams für die Reise nach Nome steht.

Am 23. Januar begleite ich Carol zurück nach Manley. Die Nacht zuvor hatte es zu stürmen begonnen. Bei unserem Aufbruch liegt Flugschnee wie eine weiße Wolke über dem Yukon.

»Schätze, die Wettergötter wollen prüfen, ob ich ein ausreichendes Durchstehvermögen für das Nome-Marathon habe«, witzele ich noch. Minus 25 °C zeigt das an meinem Schlitten angebaute Thermometer. Plus Windgeschwindigkeit von 70 km/h ergibt das einen gefährlichen Wert von mehr als 50 Grad Kälte. Ich habe jedes Stückchen Gesichtshaut abgedeckt. Mein Polarfleece-Mundschutz reicht vom Hals bis zur Nase. Die Wangen sind durch ein breites Stirnband geschützt. Nur die Augen sind frei. Über einer Wollmütze trage ich eine Biberfellkappe. Meistens reicht sie, doch heute ziehe ich noch die Kapuze meines Parkas über den Kopf.

Auf der Seenkette vor Fish Lake hat der Sturm jetzt den letzten Schneerest von der Oberfläche fortgerissen. Einige Hunde stolpern, purzeln auf den Rücken, rutschen gleichzeitig auf allen Vieren und Kinn. Als ich nach vorn gehe, um sie aus ihrer urkomischen Verknotung zu befreien, knalle ich selbst aufs Eis. Auf Händen und Füßen krieche ich weiter, löse Leinen, entwirre Beine, und mache aus einem Haufen miteinander verwickelter Leiber wieder ein Hundeteam. »Bin gespannt, wie es auf Fish Lake wird«, brülle ich Carol zu.

Die Antwort kommt in Form einer waagerecht über den See wirbelnden Schneewolke, die uns jede Sicht raubt.

Unser eigentliches Problem beginnt, als wir den Trail, eine hauchdünne, von Schlitten festgefahrene schmale Schneedecke, nicht finden. »Vermutlich vom Sturm fortgeblasen«, spekuliere ich. Wir beschließen, uns an die geschützte nördliche Seeseite zu halten. Die Sicht wird tatsächlich etwas besser, doch nicht ein Quadratmeter Schnee bedeckt dort das Eis. Learn, mein Leithund, sagt sich »Ohne mich!« und legt sich aufs Eis. Zinger tut's ihm nach. Nicht so Boomer, Bogart und Trigger, drei junge Hunde von Bill. Sie stürmen nach vorn und überrennen die Leader. Schon liegen Hälse, lang wie die von Gänsen, über Hinterteilen. 32 Hundefüße suchen krampfhaft festen Halt, und 16 Augen sehen mich erwartungsvoll an.

Ich versuche gerade die Spitzen des Schneeankers in eine Eisspalte zu schlagen, als mich eine Orkanböe samt Gespann zehn Meter über das Eis schleudert. Eine Kufe kracht in eine Spalte. Der Schlitten schlägt um. Hoffentlich ist nichts zerbrochen! Ich krieche hin. Es scheint alles okay zu sein. Verbissen versuche ich, ihn aufzurichten. Doch wie – ohne festen Halt unter den Füßen?! Irre Situation für Fotos, denke ich. Carol rutscht 100 Meter entfernt auf den Knien vor ihren Hunden und zieht die Leader hinter sich her. Doch kaum hat sie sich ein paar Meter erkämpft, wirft ein Windstoß sie zurück. Ich öffne meinen Parka, um an meine Leica heranzukommen. Dabei verfängt sich die Schnur der Biberhandschuhe im Reißverschluß. Eine erneute Böe drückt mich aufs Eis zurück – wobei sich die Schnur der Überhandschuhe so unglücklich verfängt, daß ich nicht einmal mehr richtig den Kopf heben kann. Kurzerhand schneide ich sie durch. Jetzt bin ich zwar wieder frei, doch einen zweiten Versuch, ein Foto zu machen, unterlasse ich vorsichtshalber.

Säße in diesem Moment jemand in einem gemütlichen Logensessel und ließe die Bilder dieses komischen Kampfes als Film an sich vorbeiziehen, ich glaube, er hielte sich vor Lachen den Bauch. Selbst die Gags von Dick und Doof würden dagegen verblassen.

Irgendwie bringe ich den Schlitten wieder auf die Kufen. Ich schaffe es auch, mein Team zu entwirren. Learn, ein alter erfahrener Leader, der als Trainingshund schon so manchem hoffnungsvollen Nachwuchs in Susan Butchers Zucht den Weg gewiesen hat, läßt sich überreden, noch einmal mit mir aufs Glatteis zu gehen. Zinger folgt. Und so setzen sich alle in Bewegung.

Rund 400 Meter beträgt unsere letzte Etappe von einer kleinen Insel zum Festland. Wenn wir erst mal dort sind, dürften die restlichen 50 Kilometer ein Kinderspiel sein. Carol ist bereits vor mir auf dem Eis. Doch ihre Hunde haben jetzt die Nase voll. Immer wieder wollen sie dem Frontalangriff des Windes entgehen, geraten dabei jedoch in die falsche Richtung. Die Leithunde sind mittlerweile so irritiert, daß sie auf Ghee- und Ha-Befehle kaum noch reagieren. Ich warte. Eine Superverwicklung beider Teams wäre unter diesen Gegebenheiten ein Alptraum.

45 Minuten später ist Carol endlich auf festem Land. Durch ihre Hunde scheint ein Aufatmen zu gehen, ich sehe sie zielstrebig am Ufer entlangtrotten. Halbwegs zwischen hier und Manley werde ich euch eingeholt haben, denke ich noch. Ich war davon ausgegangen, daß mein Team dem anderen mit Ungestüm folgen würde. Weit gefehlt! Kaum sind wir 20 Meter auf dem Eis, signalisiert Learn »Feierabend!«. Weder durch Kommandos noch durch gutes Zureden kann ich ihn zum Weitergehen bewegen. Ich krieche nach vorn, binde die Hunde hinter mich und versuche sie mit mir zu ziehen. Der einzig sichtbare Erfolg ist der, daß die Hälse von Learn und Zinger lang und länger werden. Dafür folgen mir jedoch von weiter hinten Bills Hunde. Innerhalb von fünf Sekunden habe ich das hinreichend bekannte Chaos von Köpfen, Leinen, Hälsen und Beinen, das zu entwirren mich zehn Minuten kostet.

Unter meinem Parka habe ich den Siedepunkt erreicht.

»Kühlen Kopf bewahren«, rede ich mir gut zu. Jetzt sitzen vor mir acht Häufchen Elend und schauen mich mit dem erbarmungswürdigsten Hundeblick der Welt an, ähnlich wie Kinder, die betteln: »Papa, hilf uns!«

So komme ich jedenfalls nicht weiter.

Die Sonne ist gesunken. Eine bedrohliche, fast unheimliche Dämmerung liegt über dem See. Gespenstisch schwebt darin die aufgepeitschte Schneewolke. Es wäre sinnlos, weiterzumachen: Heute morgen hatte mir ein vorstehender Zweig das Kabel meiner Stirnlampe abgerissen. Eine Taschenlampe ist alles, was mir verblieben ist. Und in einer Stunde wird es finster sein.

Ich beschließe, die Nacht auf der Insel zu verbringen. Mein Reich mißt etwa 100 mal 150 Meter. Es ist flach und ohne nennenswerten Windschutz. Zum Glück gibt es ein paar dürre Sträucher und Birken. Trotz eines chemischen Feuerstarters dauert es lange, bis die Flammen hochschlagen. Danach fühle ich mich wohler. Feuer bedeutet Leben und Überleben.

Nach dem Füttern der Hunde steige ich in den Schlittenbeutel und krieche in meinen warmen Daunenschlafsack, was allerdings bei der Enge des Schlittens einer akrobatischen Einlage gleichkommt. Wie herrlich windgeschützt es doch drinnen ist! Das Prasseln des Schnees und das Heulen des Windes singen mich in den Schlaf. Ich träume, meine armen Hunde seien in der Nacht unter Schneeverwehungen, an ihren Ketten festgebunden, gestorben, und ich torkele zu Fuß durch die Wildnis nach Tanana zurück.

Stattdessen: Als ich morgens zu meinen Hunden gehe, begrüßen mich acht freudig wedelnde Schwänze. Nach einem gemeinsamen Frühstück sehen wir dem stürmischen Tag entschlossen ins Gesicht. Zwei Stunden später habe ich das Festland erreicht. Am frühen Nachmittag bin ich in Manley.

# »Wie ich Trapper in Alaska wurde . . .«

Die Annalen über die großen Schlittenhunderennen Alaskas sind spannend zu lesen:

*»Trapper Charlie Boulding stürzt bei der Durchquerung eines Bachs samt Schlitten ins Wasser. Musher Peryll Kyzer bricht in der Dalzell Gorge durch die Eisdecke eines Creeks. 1983 kreuzt ein Elch genau den Pfad, auf dem Joe Redington sen. gerade trainiert. Er bricht einem Hund das Rückgrat und Joe drei Rippen. Norman Vaughan verirrt sich im Blizzard am Iditarod Trail. Es dauert fünf Tage, bis man ihn findet.«*

Der Alltag eines Mushers scheint reichlich Abenteuer parat zu haben – nun, mir ist das recht. Ich bin Abenteuern nie aus dem Weg gegangen, im Gegenteil. Durch Planung, Vorbereitung, Training und Vorsicht versuche ich allerdings, das Risiko gering zu halten. Ein noch verbleibendes Quentchen »Unkalkulierbares« ist für mich die Würze des Abenteuers.

Ich bin eigentlich recht froh über die Erfahrung auf dem Fish Lake. Meine Ausrüstung, insbesondere mein Schlafsack, hat sich bewährt. Für die Hunde wie auch mich ist es ein gutes Training gewesen.

Als ich zwei Tage später mit einem Zehnerteam bei 33 Grad Kälte in Manley die Rückfahrt antrete, habe ich Hundefutter für mehrere Tage dabei. »Brauchst dir keine Sorgen zu machen«, hatte ich Juliana am Telefon gesagt. »Und wenn ich zwei Tage lang jeden Winkel dieses Seeufers abfahren müßte, diesesmal werde ich die Hunde dorthin bringen, wo ich sie hinhaben will.« Das Fish Lake-Abenteuer darf sich nicht wiederholen. Ein gutes Hundeteam muß wie »ein Hund« agieren. Der Musher ist dabei der einzige, der die Regeln bestimmt.

Screamer ist vorn in Lead. Sie ist langsam, hat aber gute Geländeeigenschaften. Mit Ghee- und Ha-Kommandos läßt sie sich auch dort über den Schnee steuern, wo kein Trail zu erkennen ist. Junior läuft neben Boomer in *wheel*, der letzten Position vor dem Schlitten. Während die Leithunde die Richtung angeben, haben jene in *swing* hinter ihnen die Geschwindigkeit für die nachfolgenden *team*-Hunde zu bestimmen. Die richtige Plazierung der einzelnen Tiere im Gespann ist ein Schlüssel zum Rennerfolg.

Als ich Fish Lake erreiche, liegt eine friedliche Eisfläche vor mir. Zwei Tage zuvor hatten wir acht Stunden lang gegen alle Finten und Tücken der Natur gekämpft. Jetzt bin ich bei strahlendblauem Himmel bereits nach 45 Minuten unter dem Adlernest.

Vom Grundstück unseres Nachbarn, dem Musher Freddy Jordan, schlägt mir wildes Hundegeheul entgegen, als ich mit meinem Team im letzten Tageslicht das Yukon-Ufer hochkomme. Ich öffne die Tür unseres Blockhauses. Warmluft schlägt mir wie eine Wolke entgegen, behaglich ist es drinnen. »Papa, du siehst wie ein Geist aus«, sagt Bettina. Dicke Eisklumpen hängen an meinem Schnurrbart. Eiskügelchen bedecken die Wimpern. Eine Frostschicht liegt auf dem Rand meiner Parkakapuze und dem Mundschutz. Abends setze ich mich in unseren Schaukelstuhl, um noch ein wenig zu lesen. Juliana sagt später, ich sei eingeschlafen, noch bevor ich das Buch geöffnet hätte.

Im Wald ist der Teufel los: Lena, Ickey, Big Man, Blanco, Trigger, Norton, Sugar, Texas, Midnight, Keno, Zooey, Pesker, Sakharow, Shark, Charge, Sultan, Hunter, Doc, Frosty und acht aufgeregte Welpen begrüßen mich mit Höllenspektakel, als ich mit meinem Gespann auf Bills Grundstück fahre. Außer bei dem Kurzbesuch Ende letzten Winters hatte ich Bill und Cathy Fliris nur einmal gesehen.

Ich treffe Bill in der Werkstatt, wo er an meinem neuen Iditarod-Schlitten arbeitet. Er hatte früher bereits mehrere gebaut, unter anderem auch jene, die ich während der letzten Wochen benutzt hatte. Einer wie der andere sind Meisterwerke. Dieser, nach meinen Körpermaßen und Wünschen gefertigt, soll etwas ganz Besonderes sein.

Ich erinnere mich, wie ich Bill im letzten Jahr nach seinem Beruf gefragt habe. Lächelnd hatte er gesagt, als richtiger Busch-Alaskaner müsse er, um mit der Familie gut durchzukommen, viele Jobs und noch mehr Ideen haben. Und das haben Bill und Cathy.

Cathys unter der Bezeichnung »Tozi Wear« hergestellte Musher-Kleidung zählt zum Besten vom Besten in Alaska. Unter anderem entsteht Rick Swensons Ausrüstung unter ihren geschickten Fingern. Viele namhafte Musher, wie Susan Butcher, beziehen ihre Iditarod Mukluks, eine Art kniehoher Mokassins für arktische Einsätze, von Cathy. Daneben arbeitet sie stundenweise als Krankenschwester im örtlichen Altersheim. Ende Juni beginnt für drei Monate ihr dritter Job. Dann nämlich ziehen die Fliris mit Kind und Kegel ins Fisch-Camp am Yukon River: Bill wie auch Cathy haben die Genehmigung zum kommerziellen Lachsfang. Für *subsistence*, den Eigenbedarf, zu fischen, ist daneben ein Recht, das jeder Alaskaner sowieso hat. Jährlich ziehen sie insgesamt 8000 Lachse aus den Flüssen. Ansonsten repariert Bill je nach Jahreszeit Outboard-Motoren oder Motorsägen, baut Schlitten und züchtet Hunde. Seit kurzem vermietet er sein gemütliches Haus am Tozitna River, wo er als Trapper vor rund 20 Jahren sein Buschleben begann, samt Hundeteams an Touristen. »Wenn du hier nicht Lehrer oder Postbediensteter mit festem Einkommen bist«, sagt Bill, »mußt du auf vielen Hochzeiten tanzen.«

Eigentlich hatte ich an diesem Nachmittag die noch offenen Fragen bezüglich unseres Iditarod Trips besprechen wollen. Doch wie das nun mal ist, wenn zwei Leute mit vielen Plänen, Träumen, aber auch Erinnerungen ins Plaudern geraten – die Zeit war im Nu verstrichen.

Dabei hatte ich nur gefragt: »Wie war das damals, als du Trapper in Alaska wurdest?« Er hatte geschmunzelt. »Wie ich Trapper in Alaska wurde . . . ? . . . nun, als ich 1973 hierher kam, waren die Rechte an den Traplines die gleichen wie heute. Jeder der will, kann auf öffentlichem Land Fallen stellen. Es gilt die Devise: Wer zuerst kommt, mahlt zuerst. Ich hatte damals vier Jahre in der Navy gedient und war Krabbenfischer auf den Aleuten gewesen. Was ich hier suchte, war ein Fleck Wildnis, in dem sich noch niemand niedergelassen hatte. Mir war zu Ohren gekommen, daß nördlich von Tanana in einer entlegenen Ecke am Tozitna River Land zum Siedeln freigegeben worden war. Das schien genau das richtige zu sein. Also fuhr ich nach Anchorage, um Karten über das Tanana-

*Auf dem Tozitna River*

Gebiet zu kaufen. ›Der Herr da drüben sieht sie sich gerade an‹, sagte mir die Bedienstete im Kartenbüro. Ich ging also zu dem Mann und fragte, ob ich ihm über die Schulter sehen dürfte. So machte ich die Bekanntschaft mit Tom Fogg.«

»Augenblick«, ich unterbreche ihn, »ist das derselbe Tom, den ich letztes Jahr auf meiner Reise Richtung Kilo Hot Springs kennengelernt habe?«

»Genau der«, bestätigt Bill. »Tom hatte damals die gleichen Absichten wie ich. Warum sollten wir also nicht die Kosten teilen und unsere Erkundungstour gemeinsam machen?

Nach fünf Tagen Fußmarsch erreichten wir von Tanana aus den Tozitna River.« Er unterbricht sich: »Übrigens, alle Welt nennt ihn nur Tozi. – Das Gelände dort sah gut aus: große Bäume, viel Feuerholz, ein Creek, in dem wir Fische fingen, und jede Menge Elchfährten, Bärenabdrücke und Wolfsspuren. ›Hier sollten wir bleiben‹, sagte ich zu Tom. Wir marschierten noch ein paar Kilometer weiter und bauten das Zelt auf. Am nächsten Tag fanden wir unser Traumgelände: ein wunderbar klarer Bach und mächtige Fichten. Wir waren begeistert. Da entdeckte ich plötzlich Fährten auf dem Boden: ›Du, Tom‹, sagte ich, ›da sind Hundespuren.‹

›Hier ist doch kein Mensch‹, meinte er, ›das werden Wölfe sein – vielleicht kleine Wölfe.‹

Während wir noch überlegten, hörten wir ein merkwürdiges Geräusch – keiner wußte, was es war.

›Möglicherweise ein Elch . . .‹, rätselte Tom.

›Hört sich eher an wie ein Affe im afrikanischen Dschungel.‹ Ich wollte der Sache auf den Grund gehen. Schon bald fanden wir ihn auf der anderen Seite des Flusses: ein Haus und davor ein Mann, der winkte. So lernten wir Stan Zuray kennen.«

»Kleine Welt!« entfährt es mir. »Das kann doch nur der Stan sein, der uns hier in Tanana den Backofen repariert hat!«

»Richtig«, sagt Bill. »Stan kam durch eine Furt des Flusses gewatet, und nach zwei Sätzen wußte ich: Der Bursche spricht Bostoner Dialekt. Gerade in diesem Sommer hatte er sein Haus am Tozi gebaut. Die ›Wolfsfährten‹ waren die Abdrücke seiner Hunde. Auch der merkwürdige Affenlaut klärte sich auf. Bevor wir kamen, hatte Stan Elchlockrufe imitiert. Wir konnten froh sein, daß er uns nicht für Elche gehalten und mit der Büchse ein paar aufs Fell gebrannt hatte.

Schließlich kehrten wir um, doch bis zum Camp schafften wir es an diesem Abend nicht mehr. Wir hatten nicht genug Essen dabei und erlegten mit Toms Pistole einige Squirrels. Ich kann nun nicht behaupten, daß drei kleine Eichhörnchen den Appetit von zwei ausgehungerten Männern stillen können. Ich sah deshalb Toms Hund scharf an und sagte: ›He, braucht der wirklich diesen schönen fetten Schwanz? Sollten wir nicht daraus eine leckere Suppe kochen?‹« Bill lacht. »Der Husky muß unsere Blödeleien wohl mitbekommen haben. Jedenfalls verkroch er sich hinter dem nächsten Baumstamm.«

»Wie waren denn die Anfänge deines Trapper-Daseins? Die Fallen konntest du kaufen, aber wie war das mit dem Knowhow?«

»Stan Zuray verriet uns ein paar Tricks. Hauptsächlich fingen wir Marder, die sind recht einfach zu kriegen. Manchmal bekam ich auch einen Wolf, Luchs, Fuchs oder Vielfraß.«

»Konntest du davon leben?«

»Ehrlich gestanden waren zu viele Trapper in dieser Gegend. Das Fallenstellen brachte nicht sehr viel ein, so um die 3000 Dollar pro Winter. Aber wir kamen damit ganz gut zurecht. Man braucht nicht viel zum Glücklichsein, wenn man draußen am Tozi lebt.«

Nachdem vor ein paar Jahren Bills und Cathys Kinder geboren worden waren, zogen sie wegen der Schulmöglichkeiten an den Rand Tananas. Auch Stan Zuray hat jetzt ein Haus im Ort, doch nach wie vor arbeitet er im Winter – eine Tagesreise mit dem Husky-Team von daheim entfernt – als Trapper in der Wildnis. Nur einer wohnt immer noch dort. Tom Fogg ist der letzte Trapper am Tozi River.

## Grizzly-Attacke

Mein Iditarod Team nimmt Gestalt an. Zu den fünf Hunden von Carol sind endgültig Norton, Boomer, Blanco und Charge von Bill hinzugekommen. Das ergibt ein Neunerteam, soviel, wie die US-Postkuriere Anfang dieses Jahrhunderts vor ihren Schlitten hatten. Um Kraftreserven zu haben, hätte ich allerdings gern noch ein paar Hunde mehr. Musher, die am Iditarod teilnehmen, starten bekanntlich mit 16 bis 20 Huskies. Zeigen sich kleinste Anzeichen von Schwäche oder Verletzungen, werden die betreffenden Tiere in der Obhut von Rennveterinären in den Checkpoints zurückgelassen und ausgeflogen. Da ich nicht am Rennen selbst teilnehme, wird mir dieser Weg verschlossen sein. Für mich bliebe nur eins: den verletzten Hund im Schlitten bis zum nächsten Ort zu transportieren und von dort ausfliegen zu lassen. Das wäre kompliziert und teuer. Es liegt also in meinem Interesse, starke und durchtrainierte Hunde zu haben. Von ihrer Qualität und ihrem Befinden wird Gelingen oder Mißerfolg dieses Abenteuers abhängen. Daß Unkalkulierbares eintreten kann, steht natürlich auf einem anderen Blatt.

Button, unsere Hündin vom letzten Winter, hatte ich wegen ihres Alters für den Iditarod Trip ausgeklammert. Doch immer mehr denke ich über Beetle nach. Er hat während der letzten Wochen gezeigt, daß er beste Veranlagungen hat.

»Kann ich einem Hund von nur 16 Monaten einen fast 2000 Kilometer langen Trip quer durch Alaska zumuten?« frage ich Bill.

»*Yearlings,* Ein- bis Zweijährige, sind in vielen Renn-Teams vertreten«, sagt er. Noch bleiben uns drei Wochen, ich werde Beetle trainieren und beobachten, wie er sich entwickelt.

Unsere Arbeitstage beginnen jetzt um 6.30 Uhr und dauern bis Mitternacht. Nachdem der »Tanana School Bus« Bettina gegen acht Uhr abgeholt hat, beginnt Juliana mit der Vervollständigung meiner Ausrüstung: Aus Elchleder fertigt sie Mukluks mit hübschen Perlenstickereien nach indianischem Vorbild. Hundegeschirre sowie 300 Booties entstehen. Das sind Stoffschühchen für Hunde, die mit einem Klettverschluß oberhalb der Pfote verschlossen werden.

Im Tanana-Postamt häufen sich die Pakete für uns: Zugseile mit eingearbeitetem Stahlkabel, Kunststofflaufflächen für den Schlitten, Hundefutter, Lebensmittel, eine zweite Stirnlampe, Berge von Batterien und 10 Paar dicke Wollsocken. Endlich kommen auch die schon lange bestellten Nüsse, Rosinen, Mandeln und Schokoladeplätzchen. Jetzt können wir Trailmix für vier Wochen vorbereiten.

Ausreichend Hundefutter am Trail vorzufinden, ist das größte organisatorische Problem. Ron Kilian, ein Berufspilot aus Anchorage, hatte sich angeboten, mit seiner Privatmaschine Depots für uns einzurichten. Mir war klar, was es heißt, Hunde, die täglich 100 Kilometer unterwegs sind, bei Kräften und Laune zu halten. Allein acht Pfund hochwertiges Fleisch verfüttere ich während einer einzigen Verschnaufpause auf dem Trail.

Mit großen Gespannen auf lange Reisen zu gehen, ist nicht billig. 40 Pfund speziell für Renn-Huskies entwickelte Würste kosten mich

*Berufspilot Ron Kilian. Er erzählte mir eine schöne Geschichte, wie Eskimos früherer Zeiten Felle gerbten: »Sie tränkten sie in Urin und ließen sie trocknen. Bevor die Frauen das Leder verarbeiteten, mußte es weichgemacht werden. Sie hielten es daher mit den Zähnen fest und walkten es mit den Händen. Das ist der Grund, weshalb Eskimo-Männer ihre Frauen nicht küssen, sondern das Nasenrubbeln erfanden.«*

knapp 100 D-Mark. Bills Faustformel aufgrund seiner Yukon-Quest-Erfahrung lautet: »Pro Meile (1,6 km) ein Dollar für Hundefutter.« Das wären rund 2000 D-Mark Futtergeld für drei bis vier Wochen. Trotzdem bin ich gar nicht mal sicher, ob ich auf dieser Tour damit auskomme.

Sobald mein Team zusammengestellt ist, füttere ich das, was die Hunde auch auf dem Trail erhalten werden: gute Trockennahrung, »Energy Pack« genanntes Kraftfutter, eine hochwertige Rindfleisch-Hähnchen-Mischung und Formula-Fett. Daß das aber kaum mehr als ein ordentliches Basisfutter ist, weiß ich. Die meisten Renn-Huskies Alaskas bekommen hochwertigere Nahrung als Dreiviertel der Menschheit auf Erden.

Bill hatte mich schon bald mit der Nachricht überrascht, daß uns Karin Franzen, eine Musherin aus Fairbanks, auf der ersten Hälfte des Iditarod Trails begleiten würde. Karins Nähe zur Stadt erleichtert die organisatorische Vorbereitung.

Ende Januar unternehmen Bill und ich eine gemeinsame Trainingsfahrt zu seinem Haus am Tozitna River. Wir haben 36 Grad Kälte, doch die Sonne scheint, und wieder einmal ist der Himmel tiefblau. Die ersten zehn Kilometer nach dem Start sind für die Hunde am schwersten. Geradlinig folgt der Trail einer steil bergaufführenden Straße, die vor gut 20 Jahren als Zufahrt zu einer riesigen militärischen Radaranlage benutzt worden war. Doch moderne Horchtechniken aus dem Weltraum hatten diese Abermillionen-Dollar-Investition überflüssig gemacht. Niemand interessiert sich mehr für den Schrott des kalten Krieges. Heute dient die *site* allenfalls Mushern als Orientierungs- oder Wendepunkt für das tägliche 20-Kilometer-Training.

Mehrfach stoppen wir, um die Pfoten unserer Hunde zu kontrollieren. Bei solch niedrigen Temperaturen ist der Schnee wie Sandpapier. Jetzt gilt es, die Ballen unter allen erdenklichen Trail-Konditionen abzuhärten, andererseits aber auch Verletzungen zu vermeiden. Eine tiefe Wunde könnte den Ausfall des Hundes bedeuten.

Bill ist mit seinem Team hinter mir zurückgeblieben, als ich beim letzten Tageslicht die »Tozi Cabin« erreiche. Auf dem Thermometer im Wohnzimmer lese ich: − 43° C. Nachdem ich meine Hunde versorgt habe, zünde ich ein Feuer an. Da spüre ich, wie die Tür geöffnet wird. »Hallo, Bill«, sage ich, ohne aufzuschauen.

Woraufhin eine Stimme in besonderem Tonfall sagt: »Du sollst zu Tom Fogg zum Elcheintopf kommen.« Das kann doch nur ein Bayer sein ... Ich drehe mich um. Christian!

»Sei gegrüßt, Christian!« Seit der Begegnung im letzten April hatte ich den Münchner nicht wieder gesehen. Mir war jedoch bekannt, daß er während des letzten Sommers hier auf Bills Grundstück ein zusätzliches kleines Häuschen gebaut hatte.

Ich steige in Christians Schlitten. 20 Minuten später erreichen wir Toms hübsche Cabin. Der Hausherr, ein freundlicher, kultivierter Mittvierziger, kommt auf mich zu und begrüßt mich. Das Licht der Petroleumlampe erhellt schwach das Innere seines Hauses. In der Mitte sehe ich einen großen Ofen, um den, wie überall im Busch Alaskas, jede Menge Handschuhe, Schals, Socken, Mützen und Hosen zum Trocknen hängen.

Bill war direkt hierhergefahren. Er widmet sich bereits dem Nachtisch: kanadischem Whisky. Tom bringt mir eine Schüssel Fleisch. »Guten Appetit – und da drüben steht etwas zu trinken. Bediene dich!«

»Wenn du Stories von abenteuerlichen Tierbegegnungen hören willst, brauchst du nur Tom Fogg zu fragen«, hatte Bill mir schon vor einiger Zeit gesagt. »Keiner von uns kann solche schönen haarsträubenden Geschichten erzählen wie er. Und das interessanteste daran ist: Sie sind alle wahr.«

Da sitzen wir nun in dieser Blockhütte gar nicht so weit unterhalb des Polarkreises, an einem kleinen Fluß, dessen Namen kaum einer kennt, und genießen die Wärme des Ofens und des Whiskys. Und da der bekanntlich Zungen löst, plaudern wir viel. Es wäre verwunderlich gewesen, wenn an diesem Abend nicht die Sprache auf Bären gekommen wäre. Aber vielleicht habe ich auch noch nachgeholfen.

»Sag mal, Tom, ist das Leben eines Trappers heute noch so, wie man es sich in New York, München, Los Angeles oder Berlin vorstellt? Gibt es denn noch richtige Abenteuer?«

»Hmmh«, sagt Tom in seiner ruhigen Art und füllt sein Glas mit klarem, kaltem Wasser. »Das kommt auf die Betrachtungsweise des einzelnen an. Aber urteile selbst:

Es war Herbst, und es wurde Zeit, einen Elch zu jagen, um an Wintervorräte heranzukommen. Ich nahm mein Motorboot und fuhr auf den Little Tozi. Nun muß ich dazu sagen, daß das Wasser dort sehr flach ist. Es war eine Heidenarbeit durchzukommen. Ständig mußte ich anhalten und den Motor hochkippen, damit er mir nicht über Felsen kratzte. Plötzlich, ich sah gerade ins Wasser und suchte den besten Kanal, bemerkte ich eine Bewegung. Ein Grizzly! Er trabte geradewegs am Ufer entlang in meine Richtung.

Hmmh – dachte ich, der ist aber neugierig. Grizzlies interessieren sich nämlich für alles, und zwar unter dem Gesichtspunkt, ob sie es fressen können.

Mittlerweile war er auf zehn Meter herangekommen. Plötzlich sprang er ins Wasser – genau auf mich zu. Bis dahin war ich noch ganz still gewesen, aber jetzt wurde es Zeit zu handeln. Ich ließ den Motor fallen, riß mein Gewehr an die Wange und schoß. Der Bär drehte auf der Stelle um und stürmte davon. Ich wartete eine Weile und zog dann das Boot an Land. Du kannst in solch einer Situation nicht einfach davonfahren. Als Jäger hast du die Verantwortung, daß das Tier nicht qualvoll stirbt oder verrottet. So folgte ich seiner Spur. Schon nach 150 Metern sah ich ihn liegen. Es war ein mächtiger Brocken von rund 220 Kilo.

So wie er war, zog ich ihn in mein Boot. Nun hatte ich statt eines Elches einen Bären. Was allerdings keinen echten Ersatz darstellt, denn kaum jemand ißt Grizzlies, vor allem nicht solche, die sich den ganzen Sommer am Fluß den Bauch mit halbtoten Lachsen vollgeschlagen haben.« Er lächelt. »Meine Hunde sind allerdings keine Kostverächter. Binnen kurzem hatten sie auch den Grizzly verputzt.«

Tom blickt auf die Whiskyflasche, die während seiner Erzählung die Runde gemacht und an Inhalt verloren hatte. Er geht nach draußen und kommt mit einer neuen zurück. »Ein Lob dem Fortschritt«, sagt er spöttisch, als er die Plastikflasche mit dem gefrorenen Inhalt in warmes Wasser stellt. »Immerhin – Glas wäre jetzt vermutlich zerbrochen – wo war ich stehengeblieben? Ach ja, Bären!«

Jeder nimmt sich daumenbreit von dem halbwegs aufgetauten, fast schaumig wirkenden Whisky und füllt mit Tozi-Wasser auf.

»Schwarzbären sind eigentlich nur lästig, aber selten gefährlich«, nimmt Tom seine Erzählung wieder auf. »Einen Grizzly dagegen darfst du nie falsch einschätzen. Das könnte dein letzter Fehler sein.

Vor ein paar Jahren, als der Musher Joe Runyan noch in Tanana lebte, fuhren wir beide mit einer Menge anderer Leute ins Yukon-Delta, um Lachs zu fischen. Eines Abends ging ich dort im Camp etwas spazieren. Ich hatte mein Gewehr dabei, so wie ich es immer

*Mt. Denali (Mt. McKinley) in 240 km Entfernung. Von Minute zu Minute scheint sich die Form des Bergriesen im Spiel der Luftmassen zu verändern.*

*Ein zauberhafter Sonnenuntergang verschönt den Abend an der Moose Creek Cabin.*

*Auf dem Iditarod Trail*

*Aus Träumen werden Pläne: Im nächsten Winter geht es mit Schlittenhunden quer durch Alaska zum Beringmeer.*

*Friedliche Koexistenz: Schwarzbär und Grizzly beim Lachsfressen*

*Elche sind bestens von der Natur für das Überleben im winterlichen Alaska ausgestattet worden.*

*Juliana mit 30pfündigem Yukon-Lachs*

*Joe Redington sen., der »Vater des Iditarod«*

*Autor in freundschaftlicher Unterhaltung mit Beetle (rechts im Bild). Ickey (links) findet das zum Totlachen witzig.*

*Trapper Frank an seinem Yukon-River-Blockhaus mit abgezogenen Mardern*

*Trainingsfahrt auf dem Yukon River*

mache, wenn ich im Busch irgendwohin gehe. Nun ist das Gelände dort keinesfalls typisches Bärenland: Es ist flach, hat unendlich viele Seen und nur Weidenbewuchs. Da rechnest du nicht damit, auf Braunbären zu stoßen. Aber da war einer; das heißt, ich war mir nicht ganz sicher, noch war er rund 300 Meter entfernt. Vielleicht war es nur ein großer Vielfraß. Doch als er unvermittelt stoppte und auf die Hinterbeine ging, gab's keinen Zweifel mehr: ein Grizzly! Jetzt hatte er auch meine Witterung. Ich konnte sehen, wie seine Nase langsam hin- und herfuhr, um meinen genauen Standort zu lokalisieren. Schon war er wieder auf allen Vieren, doch jetzt hielt er auf mich zu. Es war eine Art Zickzack-Kurs, bei dem er immer seiner Nase folgte.

Er kommt! dachte ich. Doch wohin mit mir? Er war zwischen mir und dem Camp, der Rückweg war mir also abgeschnitten. Und der nächste Baum zum Hochklettern war vielleicht 300 Kilometer entfernt... in diesem Teil der Welt gibt es nur drei Meter hohe Weiden.

Ich brüllte dem Braunen zu, er solle sich zum Teufel scheren. Die meisten Bären flüchten, wenn sie einen Menschen erkannt haben. Aber der nicht. Ich wedelte mit den Armen und rief so laut, daß Joe Runyan, Joee Redington jun. und die Eskimos mich sogar im Camp hörten, wie ich später erfuhr. ›Was schreit denn dieser verrückte Kerl in der Gegend herum... na, vielleicht hat sich einer seiner Hunde losgerissen‹, sagten sie sich.

Der Bär hatte mich jetzt erkannt, er war unglaublich schnell. Bevor ich das Gewehr von der Schulter genommen, in Anschlag gebracht, entsichert und geschossen hatte, war er bis auf knapp 20 Meter herangekommen. Der Schuß traf ihn in die Schulter. Er überschlug sich in der Luft. So etwas hatte ich nie zuvor gesehen. Aber er kam sofort wieder auf die Beine. Ich schoß wieder und wieder. In der Zwischenzeit ahnten meine Kumpel, was los war. ›Wir hörten das Brüllen des Bären‹, sagte mir Joee später, ›und dachten schon, der hätte dich filetiert.‹

Ich hatte inzwischen meine letzte Patrone verfeuert, aber der Bär lebte immer noch. Also nahm ich die Beine in die Hand und rannte so schnell ich konnte in Richtung Camp. Unterwegs stieß ich auf Joe

Runyan. Gemeinsam holten wir Munition. Als wir zum Bären zurückkamen, war er bereits tot. Er war alt und mager, vielleicht hatte er hier nur von Enteneiern gelebt. Ich weiß es nicht ... auf jeden Fall war es ein äußerst merkwürdiger Platz, um auf einen Grizzly zu stoßen.«

Es ist lange nach Mitternacht, als ich im Schlitten zu Bills Tozi Cabin zurückfahre. Es ist eine erstaunliche Stimmung: Blauweiß leuchten Schnee, Hügel, Bäume und die Hunde vor mir. Auch ohne Vollmond kann ich weit in das Land hineinsehen. Diese Nacht ist so unwirklich, so romantisch und schön. Meine Bibermütze habe ich bis dicht über meine Augen gezogen. Zu Eisbällchen gewordener Atem hängt an ihren Pelzspitzen. Ein Stück schiebe ich sie jetzt nach hinten, nur so weit, wie es die bittere Kälte zuläßt. Doch jetzt kann ich das Schauspiel am Himmel klarer sehen: wie die Geister des Nordlandes dort in weißen, wallenden Gewändern ihren wilden Reigen tanzen. Gleich einem Feuerwerk huschen sie über das Firmament, verharren, verbeugen sich, springen auf, um sofort erneut in ihren wehenden Kleidern und Tüchern anmutig über die größte Bühne der Welt, den Nordlandhimmel, zu wirbeln. Ich habe mich in dieser stimmungsvollen Nacht am Wunder des Nordlichts nicht sattsehen können.

# Im Rennfieber

Cathy Fliris und Juliana sind einer Meinung: »Wenn die Männer doch erst aus dem Haus wären ...!« Alles dreht sich um Hunde und den Iditarod Trail.

Wir kochen Mahlzeiten für knapp einen Monat, füllen sie in Plastikbeutel, verschweißen und tiefgefrieren sie. Wobei letzteres am einfachsten ist – wir legen sie draußen in einen Eimer. Allein für die erste Hälfte der Reise schnüren wir fünf große Bündel: Skwentna, Rohn, McGrath und Cripple heißen die Plätze, die von Ron Kilian angeflogen werden. Die Sendung für Ruby vertrauen wir einer Airline an.

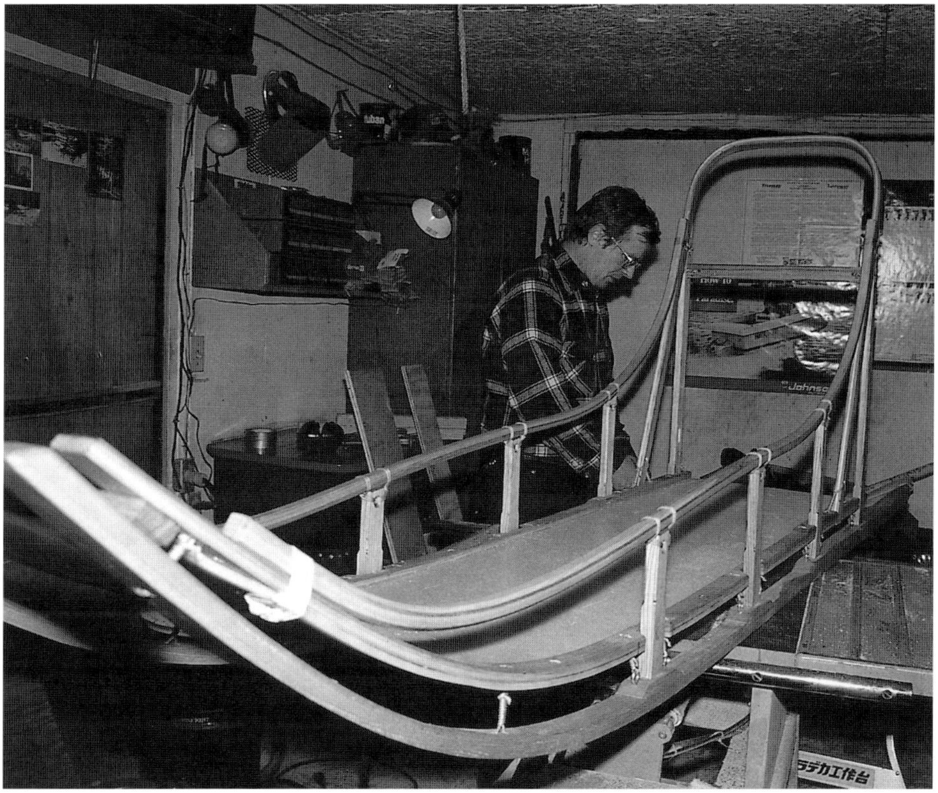

*Bill bei der Arbeit an meinem Iditarod-Schlitten*

Nachdem die logistische Seite der ersten Etappe bewältigt ist, beginnt die Planung für den zweiten Abschnitt von Ruby bis Nome. Das ist mein Alleingang – auch bei der Vorbereitung.

Ich beabsichtige, Ausrüstung und Hundefutter nach Kaltag am Yukon sowie Koyuk am Beringmeer zu schicken. Die unberechenbaren Wetterverhältnisse dort verunsichern mich allerdings bei der Einschätzung der Futtermenge. Eine 300 Kilometer lange Strecke sollte bei Trockenheit und niedrigen Temperaturen in drei Tagen zurückzulegen sein. Doch was wäre, wenn mich Schneefälle oder Stürme an einem Platz festhielten? Ich neige dazu, für alle Fälle gewappnet zu sein und lieber mehr als zu wenig mitzuführen. Beim Futter für 10 bis 12 hungrige Hunde ist allerdings schnell die Grenze der Schlittenkapazität erreicht.

»Nächstes Mal schreibe ich mich beim Iditarod ein, zahle rund 2000 D-Mark Teilnahmegebühr und finde alle 80 Kilometer meine Futtersäcke in den Checkpoints vor.« Ich hatte tatsächlich ernsthaft in Erwägung gezogen, am Rennen teilzunehmen. Andererseits weiß ich, wie es mir beim Wettkampf gehen würde: Irgendwann würde der Funke überspringen, und dann gäbe es nur noch eins: »Zeig' den Burschen vor und hinter dir, daß dein Team schneller ist.«

Doch daran liegt mir nichts. Ich will die winterliche Schönheit Alaskas genießen und Zeit haben für die wechselnden Landschaften und Menschen am Trail. Gleichzeitig möchte ich aber den Puls des aktiven Renngeschehens spüren. Mir kommen allerdings Bedenken, ob sich alle diese Wünsche miteinander kombinieren und letztlich realisieren lassen werden.

Erster und zweiter Reiseabschnitt unterscheiden sich wie Tag und Nacht: Anfangs geht es durch die menschenleere Gebirgswelt der Alaska Range. Gefährliche, steile Pfade wird es dort geben und nicht zugefrorene Gebirgsbäche. Im letzten Drittel jedoch folgt der Trail der Küste des Beringmeeres. Für diesen Abschnitt war es nicht möglich, von Fairbanks oder Tanana frisches Fleisch einfliegen zu lassen. Flugzeuge zu chartern schließe ich aus Kostengründen aus. Schließlich verzichte ich auf Frischfleisch und versende nur das, was mit der Post geschickt werden kann: Trockenfutter, »Energy Pack« und Fett. In den zwischen Ruby und Nome liegenden Indianer- und Eskimosiedlungen sollte es möglich sein, von ortsansässigen Trappern Biber oder Fisch zu kaufen.

Richard Burnham in Kaltag, ein ehemaliger Iditarod Musher und Freund Bills, hatte sich bereit erklärt, meine Vorräte zu verwahren. Doch niemand hier hat einen Bekannten in Koyuk. »Gib mir mal das Telefonbuch«, sagt Juliana. Sie blättert. »Hier ist die Nummer der Schule. Ich werde mal fragen, ob es nicht jemanden gibt, der jemanden kennt . . .«

Zehn Minuten später verkündet sie mit triumphierendem Lächeln: »Der erste Lehrer, den ich an der Strippe hatte, wird deine Sachen aufbewahren.« Und schon sind wir wieder beim Packen.

Ich habe das Fressen der Hunde jetzt auf Rennkost umgestellt. Man muß damit rechtzeitig beginnen. Auf plötzliche Nahrungsumstellung reagieren Huskies mit Durchfällen, die schwächen und dem Körper die dringend benötigte Feuchtigkeit entziehen. Ich füttere also keinen Fisch mehr – sehr zum Leidwesen meiner Hunde. Für einen richtigen Yukon River Husky gibt es auf Erden nichts Köstlicheres als leicht verwesten Lachs. »Jedes Jahr fressen die 600 Vierbeiner Tananas 40000 Lachse«, hatte Bill mir gesagt.

Um mein Team zu vergrößern, beabsichtige ich, einige Hunde zu leasen. Frank Carruthers, ein Nachbar von uns, bietet mir drei Huskies an. Während der letzten Monate waren sie auf der Trapline im Einsatz gewesen: »Die haben 'ne Menge Meilen drauf«, sagt Frank und meint damit die in diesem Winter gelaufenen Strecken. Das ist gut, genau wie die Tatsache, daß seine Hunde gewohnt sind, schwere Lasten zu ziehen und sich auf Eis zu bewegen. So kommen jetzt auch Forest, Tamarack und Magic zu uns. Ich werde ihnen auf den Zahn fühlen.

Im Wald neben unserem Haus ist es voll geworden. Fast täglich bin ich mit den Hunden unterwegs; neben längeren Trainingsläufen erledige ich mit ihnen auch Fahrten zur Post und Einkäufe.

»Kein Wunder, daß Indianer und Eskimos auf Motorschlitten umgestiegen sind«, sage ich eines Abends zu Juliana, als ich mich todmüde in den Schaukelstuhl fallen lasse. »Bei denen brauchst du nur Sprit einzufüllen, auf das Startknöpfchen zu drücken – und ab geht's.«

»Aber einen Hund könntest du im Notfall noch essen«, sagt meine Gattin, wie immer mit einem Blick aufs Praktische. »Versuch das mal mit einer Snowmachine!«

Ich plane, einen weiteren Trainingstrip zur Tozi Cabin zu unternehmen. Dieses Mal will ich alle 14 in die engere Auswahl gezogenen Hunde dabeihaben. Da die Außentemperatur noch immer unter −40° C liegt, sende ich am Vorabend über »Trapline Chatter« eine Nachricht: »Von Dieter in Tanana an Christian in der Tozi Cabin: Komme morgen nachmittag zu dir. Bitte heize schon mal tüchtig ein. Danke.«

Beim Packen des Schlittens macht es kaum einen Unterschied, ob man auf eine 3-Tages- oder 3-Wochen-Tour geht. Schlafsack, Schneeschuhe, Feuerzeug, Kompaß, Gewehr, Stirnlampe, Taschenmesser, Eimer, Axt und Säge sind die Basisausrüstung, ohne die man nicht einmal auf einen 50-Kilometer-Trainingslauf gehen sollte. Das portionsweise abgepackte Hundefutter sowie mein Essen verstaue ich am Abend vor dem Start. Der nächste Morgen beginnt mit dem Anrühren des Getränks für die Hunde. Eineinhalb Stunden benötigen sie für dessen Verdauung. Solange sollte keine Leistung gefordert werden. In der Zwischenzeit säubere ich das Gelände um die Hütten, ziehe den Schlitten an den Straßenrand und schlüpfe in meine Ausrüstung. Jetzt nur nicht zuviel anziehen! Beim Anschirren von 14 Hunden ist mir auch bei 40 Grad Kälte so heiß wie an einem Sommertag auf Hawaii.

Große Aufregung entsteht, als ich das erste Hundegeschirr vom Haken nehme. Ein am Wald vorbeiziehendes Greenhorn könnte glauben, ich würde meine Tiere mißhandeln: Sie kreischen, heulen, drehen sich, springen auf die Dächer ihrer Hütten. Manche keuchen und husten, weil sie sich vor Erregung mit den Ketten die Luft abschnüren. Beetle kommt aus seiner Hütte, hebt den Kopf und stimmt mit feinen, hohen Tönen sein Kinderlied an.

Screamer, meine Leithündin, binde ich als erste an. Vor dem Start soll sie der »Anker« des Teams sein, sich nicht von der Stelle rühren und die Zugleine spannen. »*Good girl, good girl*«, lobe ich, als sie still im Schnee liegt.

Mittlerweile habe ich den zweiten Hund von der Kette genommen. Schwapp, seine Zunge fährt mir warm und voll Dankbarkeit für soviel Aufmerksamkeit vom Kinn über Mund und Nase bis zur Stirn. Ich versuche, ihn zwischen meine Knie zu klemmen, was nicht einfach ist. Um mich im Höllenlärm verständlich zu machen, brülle ich »*Stay!*« Er nimmt das als Aufmunterung, mir voll Begeisterung seine Nase ins Brustbein zu rammen. So, jetzt habe ich ihn gepackt, er kann nicht mehr entwischen. Schnell streife ich ihm sein Geschirr über den Kopf, nun noch rechts und links die Vorderbeine durch. Ich fasse ihn fest am Halsband, wobei er sich wie ein Kreisel auf der Stelle dreht und freudig versucht, mir mein Handgelenk abzudrehen. Doch schon ist er mit geübtem Griff an Hals- und Zugleine befestigt. Vor Glück hebt er ein Bein und pinkelt mir kräftig auf den Stiefel. Doch ich bin schon auf dem Sprung zu

Boomer, dem Schreihals des Teams. Als ich mich ihm nähere, scheint er zu erstarren. Nur seine Augen folgen mir. Ich löse die Kette, was von ihm als Signal verstanden wird, einen gewaltigen Satz nach vorn zu machen. »Stopp, Boomer, stopp! Wir beide wollen doch nicht allein zum Tozi!«

Gewöhnlich überlege ich mir nach dem Einspannen des vierten Hundes, ob ich mir die Handschuhe ausziehen soll, beim sechsten nehme ich meine Fellmütze ab, beim achten löse ich den Schal, beim zehnten öffne ich – entgegen aller Vorsätze – meine Jacke. Und heute werde ich sogar mit 14 Hunden starten . . .

An der Zugleine ist jetzt der Teufel los. Die beiden Halbstarken in *swing* interessieren sich auffällig für Fräulein Screamer. »Screamer, tu mir bloß nicht an, daß du läufig wirst!« Nasen huschen über den Boden, nehmen Witterung auf, wo Vorder-, Hinter- und Nebenmann noch schnell ein paar Tropfen fallen lassen. Die Aufregung im Team fordert ihren Tribut: vier in der Kälte dampfende Häufchen.

Ich stehe jetzt auf dem Schlitten, das heißt genaugenommen befindet sich ein Fuß auf dem Schneeanker, der andere auf der Bremse. Trotz innerer Hitzeschübe werfe ich mir den Parka über und ziehe den Gesichtsschutz bis über die Nase. Spätestens in fünf Minuten werde ich spüren, daß es an diesem Morgen 39 Grad Kälte sind.

Vorn im Hundeteam ist es ruhiger geworden. Bis auf den im Schnee liegenden Beetle, der an Screamers Seite heute Leithund sein darf, stehen sie alle erwartungsvoll. Soll Beetle nur. Ich habe ihn schon beobachtet; er schont seine Kräfte bis zum letztenMoment, ist jedoch jede Sekunde startbereit.

14 Augenpaare sehen mich über die Schultern an. Der Hundechor ist verstummt. Nur Magic bellt noch. Mit irrem Blick wirft er den Kopf hoch: »Wuff, wuff!« Ich will endlich los, heißt das. Dann ist auch er still. Ruhe vor dem Sturm. Nur die 80 Hunde in unmittelbarer Nachbarschaft kreischen und heulen, wütend darüber, zurückbleiben zu müssen.

Äußerste Konzentration bei mir. Ich bücke mich und löse die Sicherungsleine. Speedy mißversteht das und vollführt einen Luftsprung. »Whoo, Speedy, whoo!«

Jetzt berührt meine Hand den Schneeanker. Schnell ziehe ich ihn hoch. – Kraftexplosion!

Beetle fliegt förmlich hoch und zieht das Team hinter sich her. 56 Athletenfüße hämmern auf hartgefrorenen, glatten Schnee. Nach wenigen Minuten beschließt Cy, daß es Zeit für eine Darmentleerung sei. Er stockt, hockt sich hin. Doch 13 Hunde reißen ihn, der jetzt wie ein Osterhase beim Eierlegen wirkt, unbarmherzig mit. »Cy!« brülle ich ihm zu, »sei ein guter Junge, die anderen erledigen's doch auch bei 30 Stundenkilometern!«

Cys Hals, eben noch doppelt so lang wie üblich, kriegt wieder Normalformat. Der große, freundliche Rotbraune dreht sich um, er lächelt erleichtert, und schon ist er wieder voll im Einsatz.

Als wir bei der Radaranlage ankommen, hat jeder begriffen, daß Arbeit angesagt ist. Aus einem Haufen heulender Kraftprotze ist ein stilles, hart arbeitendes Team geworden. Das Vergnügen für den Musher beginnt.

## Zu Gast bei einem Fallensteller am Yukon

14 Hunde vor dem Schlitten zu haben, ist ein tolles Gefühl: Rund 20 Meter sind es von Beetles Nasenspitze bis zu mir auf den Kufen. Auf gewundenen Waldpfaden kann ich die Leithunde oft nicht mehr sehen. Wie es sich windet, schlängelt und streckt, erinnert mein Team an eine Riesenschlange aus der Fabelwelt.

Die Sonne steht bereits als roter Ball am Horizont, als ich mich der Tozi Cabin nähere. Das sieht malerisch aus. »Soll ich jetzt die Kamera herausholen?« Fotografieren erfordert unter solchen Bedingungen allerdings eine echte Überwindung.

Okay, ich habe mich überredet: Biberhandschuhe ausziehen, Parkareißverschluß und Jacke öffnen. Irgendwo unter dem dicken Schal muß doch die Kamera stecken. Aha, hier ist sie. Ich ziehe meine Handschuhe aus, nehme mit bloßen Fingern die Einstellung vor und drücke auf den Auslöser. Fast genau in Richtung der untergehenden Sonne zieht sich mein Gespann dahin. Über den 14 Leibern liegt eine zu Eisnebel gewordene Atemwolke.

*Nach diesem Foto saß die Kälte in meinen Fingerspitzen. Auf dem Weg zur Tozi-Cabin.*

Eigentümlich, daß die kalte rosa Scheibe in diesem Moment über der Indischen Wüste als heißer Sonnenball aufgeht, denke ich. Doch ein häßliches Beißen in meinen Fingerspitzen holt mich in die Realität zurück. Binnen einer Minute ist das Metallgehäuse der Kamera eiskalt geworden. Vorsicht jetzt beim Weitertransport des Films. Zu schnell bewegt, könnte er zersplittern. Mittlerweile haben sich mein Atem und die Feuchtigkeit der Hände als dünne Eisschicht auf Gehäuse und Objektiv niedergelegt. Flugs verstaue ich den Apparat, wobei ich noch etwas von »Selbstkasteiung« murmele.

Dieses Mal schlägt mir Wärme entgegen, als ich die Tür zu Bills gemütlicher Hütte öffne. Christian hatte meine Radionachricht vom Vortag erhalten und ist bereits dabei, ein gefrorenes Stück Elchfleisch per Motorsäge in Koteletts zu zerlegen.

Vier Tage später bin ich mit Frank Carruthers auf dem Weg zu seiner 50 Kilometer flußaufwärts von Tanana gelegenen Trapperhütte. Morgens hatte Frank bei mir durchgerufen: »Gerade wurden im Wetterbericht ›leichte Winde‹ angekündigt. Auf dem Yukon-

Abschnitt zwischen hier und Rampart heißt das gewöhnlich Sturm.« Recht hat er. Eisige Windböen, vermischt mit dicken Schneeflocken, peitschen uns in die Gesichter.

»Bevor ich als Trapper hierherkam, hatte schon jemand anders an dieser Stelle gelebt, eine Art Einsiedler«, erklärt mir Frank, als wir über sein oberhalb des Yukon gelegenes Gelände stapfen. Nachdem sein Vorgänger Alaska verlassen hatte, bewohnte er jahrelang dessen simple Hütte, bis 1986 sein jetziges Blockhaus fertig war. Es ist eine typische »Trapper Cabin« von fünf mal fünf Metern.

»Selbstverständlich habe ich auch fließend Wasser...«, Frank grinst und deutet auf den Fluß, »allerdings nur im Sommer.« Eine Gaslampe erhellt den Raum, an dessen einer Wand mehrere Dutzend National Geographic-Magazine und Bücher stehen. »Für die langen Winterabende«, sagt er. Ein Holzofen steht in der Ecke, daneben ist das einfache Bett.

»Hmmh – jemand muß seit meinem letzten Aufenthalt hier gewesen sein«, bemerkt Frank. Doch wie für die meisten, die im Busch leben, ist es auch für ihn selbstverständlich, sein Haus dem offen zu lassen, der im Schneesturm ein Dach über dem Kopf benötigt.

»Habe bislang nie Probleme mit meinen unbekannten Gästen gehabt«, sagt er. Dann reicht er mir ein lederartiges, goldbraun schimmerndes und nach dem Rauch von Lagerfeuer duftendes Etwas. »Probier's mal, das ist geräucherter Lachsbauch!«

Mmmh – das ist eine Köstlichkeit! Und während wir uns dieser Yukon-Delikatesse widmen, plaudert er ein wenig aus seinem Trapperleben.

»Knapp 3000 Dollar hat mir in diesem Winter das Fallenstellen eingebracht.«

»Kommst du damit über die Runden?«

»Es reicht einigermaßen«, sagt Frank, der im Sommer noch als Fischer arbeitet.

Chuck, ein Lehrer aus Tanana, gesellt sich abends zu uns. Zum Vergnügen der beiden futtere ich gerade ein MRE (*Meal Ready to Eat*), eine Mahlzeit aus Armeebeständen. Ein paar liegen bereits als Notrationen in meinen Depots am Iditarod Trail. Drei weitere

*Christian sägt Elchkoteletts in Bills Haus am Tozitna River.*

wollte ich »für alle Fälle« im Schlitten mit mir führen. Bill, mit vierjähriger Navy-Erfahrung, hatte gegrinst: »Naja, wenn du meinst...!« Nachdem ich mir an diesem Abend meine Testmahlzeit reingezwungen habe, bin ich Frank dankbar, daß er mir eine dicke Scheibe Lachs brät.

Im Radio knistert derweil »Trapline Chatter«: »Geburtstagsgrüße gehen von Linda O'Brien an Steve in seiner Trapperhütte.« Und so, als sei es das Selbstverständlichste der Welt, singt der Radioansager das gewünschte Lied lauthals live: »*Happy birthday to you.*«

Frank greift unter sein Bett, zieht einen Karton hervor und reicht mir einen Stapel Fotos: »Die habe ich beim Eisaufbruch im letzten Frühjahr aufgenommen.«

»Der *breakup* des Yukon ist für mich die größte Show des Jahres«, wirft Chuck ein. »Unser Haus in Tanana liegt rund 10 Meter oberhalb der Eisdecke, doch im letzten Frühjahr schoben sich die Schollen bis unmittelbar vor unsere Haustür.« Es war allerdings auch der höchste Eisstand seit Jahrzehnten. Frank verlor dabei sein *smoke house*, in dem er im Sommer Lachse geräuchert hatte. Anderen waren Hütten und Wohnhäuser zerstört worden.

Tags drauf mushen wir nach Tanana zurück. Das Training ist jetzt abgeschlossen. Die nächsten eineinhalb Wochen bis zum Beginn unserer Transalaska-Reise werde ich meine Hunde ruhen, gut fressen und für das große Abenteuer Kraft schöpfen lassen.

Am Abend des 9. Februar komme ich noch so rechtzeitig nach Hause, um im Radio die Nachrichten über den Start des diesjährigen Yukon Quest hören zu können. Während der Vortage hatten sich die Reporter in Spekulationen überboten, ob Trapper Charlie Boulding seinen Vorjahreserfolg wiederholen würde. Es wurden auch die Namen der aussichtsreichsten Konkurrenten gehandelt: John Schandelmeier und Sonny Lindner. Wird sich »Rauschebart« Charlie gegen die starken Teams der beiden durchsetzen können? Die Sympathie des Volkes schlägt ihm zweifellos entgegen. Den 49jährigen scheint allerdings der Ehrgeiz gepackt zu haben: Er hat sich sowohl beim Yukon Quest als auch für das am 29. Februar beginnende Iditarod angemeldet. »Dann lohnt sich das Packen wenigstens«, hatte Charlie grinsend gesagt. Sonny Lindner plant das gleiche. »Wollen die beiden das Iditarod testen«, munkelt man, »um dort beim übernächsten Rennen als ernstzunehmende Gegner aufzutreten?«

Ein für Fairbanks betrüblicher Trend ist jedenfalls unverkennbar: Während das Iditarod Jahr für Jahr mehr Teilnehmer anzieht, werden es beim Quest immer weniger: »76 zu 27« lauten die derzeitigen Teilnahmeziffern. Während das Gesamtpreisgeld des Iditarod bei 387000 Dollar liegt, beträgt es beim Quest nur 100000 Dollar. Doch selbst davon fehlen am Starttag noch 20000 Dollar in den Kassen der Veranstalter. Stirbt das Yukon Quest?

Jene 27, die an diesem Sonntag in Fairbanks zu dem 1600 Kilometer entfernten Whitehorse aufbrechen, haben allerdings momentan ganz andere Sorgen, vor allem Charlie Boulding: In der Nacht zuvor war Rufus, einer seiner Leithunde, frei gekommen und hatte einen Sack mit Biberfleisch halb leergefressen.

»Der wiegt jetzt soviel wie ein Hund und ein Biber zusammen«, knurrt Boulding, als er den gehunfähigen Rufus in den Schlittensack legt. Schließlich läßt er ihn jedoch zurück. Wenig später verletzt sich sein siegreicher Vorjahres-Leader Lilly May.

Am siebten Renntag zieht der 39jährige Schandelmeier als erster durch Dawson City. Die Belohnung: vier Unzen Gold. Gleichzeitig trägt sich Steve Ketzler, der zu Beginn Bestzeiten gefahren hatte, mit dem Gedanken, das Handtuch zu werfen. Keiner seiner Hunde frißt und trinkt mehr. Das sind Alarmzeichen. Ketzler gibt auf. Acht Teams sind jetzt bereits aus dem Rennen ausgeschieden. Das verbliebene Feld ist weit auseinandergezogen. Doch noch sind 196 von 323 gestarteten Huskies auf dem Quest Trail.

Das Schlußlicht bildet Jim Kublin, ein Arzt aus Michigan. Er kämpft an vielen Fronten mit den Gesetzen der Natur. Eine seiner Hündinnen ist läufig. In der Hoffnung auf Erfolg verordnet ihr der junge Doktor für die verlockenden Körperteile Wick VapoRub – was das Interesse der Herren des Teams allerdings nicht im geringsten mindert. Es ist am Gipfel des American Summit, als Kublin bei einer steilen Abfahrt vom Schlitten stürzt. Es gelingt ihm zwar, sich festzuklammern, doch er wird bäuchlings den Berg hinabgeschleift. Als sein Gespann endlich steht, nutzt Rüde Woody die Gelegenheit, Miss Willow zu decken. »Na, das dauert seine Zeit«, denken die anderen im Team und buddeln sich im Schnee ein. Als Kublin 20 Minuten später meint, startbereit zu sein, ist kein Hund zum Laufen zu bewegen. Beim Musher kommen jetzt Ängste um sein Leben auf. Ein 100-Stundenkilometer-Sturm rast über den Gipfel, Schnee raubt die Sicht, und es ist bitterkalt. Kublin kriecht in den Schlittenbeutel. Seine Huskies sind schon längst zugeweht. Bald lastet eine dicke Lage Schnee auf ihm. Er kriegt Platzangst, doch 12 lange Stunden hält er es in seinem Schlitten aus. Erst dann läßt sich sein Leader dazu bewegen, weiterzumachen. Alle anderen Hunde folgen.

Mittlerweile spitzt sich das Rennen zu: Schandelmeier führt noch immer. 11 Tage, 21 Stunden und 40 Minuten nach dem Start läuft er mit 12 Hunden bei 30 Grad Kälte in Whitehorse ein. Innerhalb weniger Stunden folgen Sonny Lindner und Charlie Boulding. Die Organisatoren haben das Preisgeld in der Zwischenzeit zusammenbekommen: 25000, 20000 und 15000 Dollar sind der Lohn für die Mühen der siegreichen Drei. – Es ist der 21. Februar.

# III

# Transalaska
# – Auf dem Iditarod Trail –

## Das Geheimnis der Schlittenhunde

Der Vorjahreszweite Martin Buser hat seine Kinder nach Iditarod Checkpoints benannt: Rohn und Nikolai. Oberst Vaughan zieht es noch mit 86 Jahren auf den Trail. Für Rick Swenson ist es bereits das dritte Jahrzehnt seiner Teilnahme. »Das Iditarod-Rennen hat mein Leben verändert. Es machte mir bewußt, daß ich alles leisten kann, wenn ich mich nur darauf konzentriere«, sagt Musher und alaskabekannter Künstler Jon Van Zyle.

Was macht diese Faszination aus? Das Abenteuer? Die Auseinandersetzung mit einer extremen Natur vielleicht? Das Bewußtsein, sich in einer automatisierten Welt, die der Vielseitigkeit, Kraft und Kreativität des Menschen ständig engere Grenzen setzt, selbst beweisen zu können und dabei Zufriedenheit zu finden? Es gibt tatsächlich andere Sportarten, in denen das auch möglich wäre, doch gewiß nicht in dem Maße wie bei diesem Arktis-Marathon, das – je nach Plazierung – für eineinhalb bis drei Wochen Tag und Nacht jede Faser und die totale Aufmerksamkeit des Mushers fordert. Das Besondere ist auch das bedingungslose Miteinander mit den Hunden: Sie sind Freunde, gleichzeitig jedoch hat der Mensch uneingeschränkte Gewalt über sie. Sie wären bereit, sich für den Musher zu Tode zu laufen. Er investiert sein Vermögen und all seine Zeit in sie.

So entsteht eine enge Bindung, eine Wechselbeziehung, bei der der Mensch weiß, daß das Wohlbefinden der Hunde sein eigenes Wohlergehen bedeutet – wie auch umgekehrt. Auf dem Trail heißt das, auf Gedeih und Verderb einander ausgeliefert zu sein. Ein Blick in blaue, braune, grüne, gelbe und schwarze Hundeaugen macht es deutlich – auch sie haben Macht über den Menschen.

Worauf lasse ich mich also ein, als ich am Morgen des 20. Februar gegen 10.30 Uhr einen letzten Kontrollblick auf mein Team werfe . . . ?

Bald sehe ich Juliana nur noch klein vor dem hohen Ufer des Yukon stehen. Zurück bleibt die Familie, die Geborgenheit, das warme Blockhaus, das Vertraute. Über das Eis peitschender Flugschnee läßt das Bild in milchigem Weiß verschwimmen.

Die Reise nach Nome ist lang. Allein die Anfahrt zum Beginn des Iditarod Trails beträgt 900 Kilometer: zunächst 100 Kilometer auf dem Schlitten nach Manley, dann 800 Kilometer per Truck nach Fairbanks und Anchorage. Rund 2000 Kilometer werde ich auf den Schlittenkufen stehen. Eine tolle Vorstellung. Ich fühle mich an diesem Morgen euphorisch, emporgehoben wie ein Ballon, der steigt.

Wochen der Planung und Vorbereitung liegen hinter mir. Vergessen sind schon fast die schlaflosen Nächte. Auch die letzten beiden waren wir nicht vor zwei Uhr morgens in die Betten gekommen. Der Countdown war hektisch gewesen. Erst vor zwei Tagen hatte Bill meinen Schlitten fertiggestellt, die letzte Nacht hatte ich gepackt, Ausrüstung gewogen, kontrolliert und verstaut. Jetzt stehe ich oben auf der Spitze der Pyramide meiner Vorbereitungen. Ich bin bereit, nach Nome zu fahren.

Meinen Hunden geht es ebenso. Sie sind ausgeruht, niemand hat Problemfüße, keiner mäkelt beim Futter. Bei der Fahrt über den Yukon scheint mein Team zu fliegen.

Euch, meinen elf Hunden, gelten an diesem Tag meine Gedanken, denn ihr seid es, die mich durch dick und dünn führen werden. Eure Tiefs werden auch die meinen sein. Euer Unwohlsein wird das meine nach sich ziehen. Wenn ihr versagt, aufgebt, kann es das Platzen der gesamten Expedition bedeuten, vielleicht sogar das

Überleben gefährden. Ihr heißt Screamer, Zinger, Speedy, Beetle, Cy, Charge, Blanco, Tamarack, Norton, Boomer und Junior. Die Farbe eurer Felle reicht von purem Weiß bis zu dunkelstem Schwarz, die eurer Augen von grün bis blau. Ihr seid elf Individualisten und Spitzensportler, deren kleine Schwächen mir während der letzten Wochen deutlich geworden sind, deren Stärken ich vertraue. Ihr Schlittenhunde seid zäh, schnell und ausdauernd. In eurem Leben zählt nur eins: Laufen. Ihr überlebt in Nächten auf Eis und Schnee und bei 50 Grad Kälte. Doch unter dieser rauhen Schale habt ihr eine empfindsame Psyche. Zahllose Musher, die den Bogen eurer Belastbarkeit überdehnt haben, mußten dafür teuer bezahlen. Es liegt an mir, euch richtig zu lenken und die Grenzen eurer Möglichkeiten auszuloten.

Unter einem farbigen Nordlicht, wie ich es mir nicht schöner als Auftakt dieser Reise hätte wünschen können, erreiche ich Manley. Bill folgt wenig später. Der erste Tag der Reise hat schon seinen Tribut gefordert. Bei einem Zusammenprall mit einem Baumstamm war ein Seitenholm seines Schlittens zerbrochen.

## Im Schneesturm – Von Knik nach Skwentna (25.–29. Febr.) –

Der blaue Chevy Truck Baujahr '68 mit der alten Hunde-Box ist schon fast ein Sammlerstück. Eine Kuriosität ist er auf jeden Fall. Die Nummernschilder tragen noch die Zulassungs-Sticker von 1986. »Seitdem hat er hier in Manley gestanden«, sagt Bill, »brauche den Wagen nur, wenn ich größere Touren mit meinen Hunden unternehme.« Und das ist alle paar Jahre. Der Preis für das Leben in einem entlegenen Dorf ohne Straßenanschluß an den Rest der Welt ist hoch. »Ich habe meine Autos an den wichtigsten Punkten Alaskas verstreut«, sagt er schmunzelnd: »Eins in Tanana, dieses in Manley und das, mit dem wir gerade in Texas waren, steht in Fairbanks.«

Er muß wohl meinen skeptischen Blick auf den Oldtimer mit dem über das Dach gezogenen Wasserrohr als Auspuff bemerkt haben:

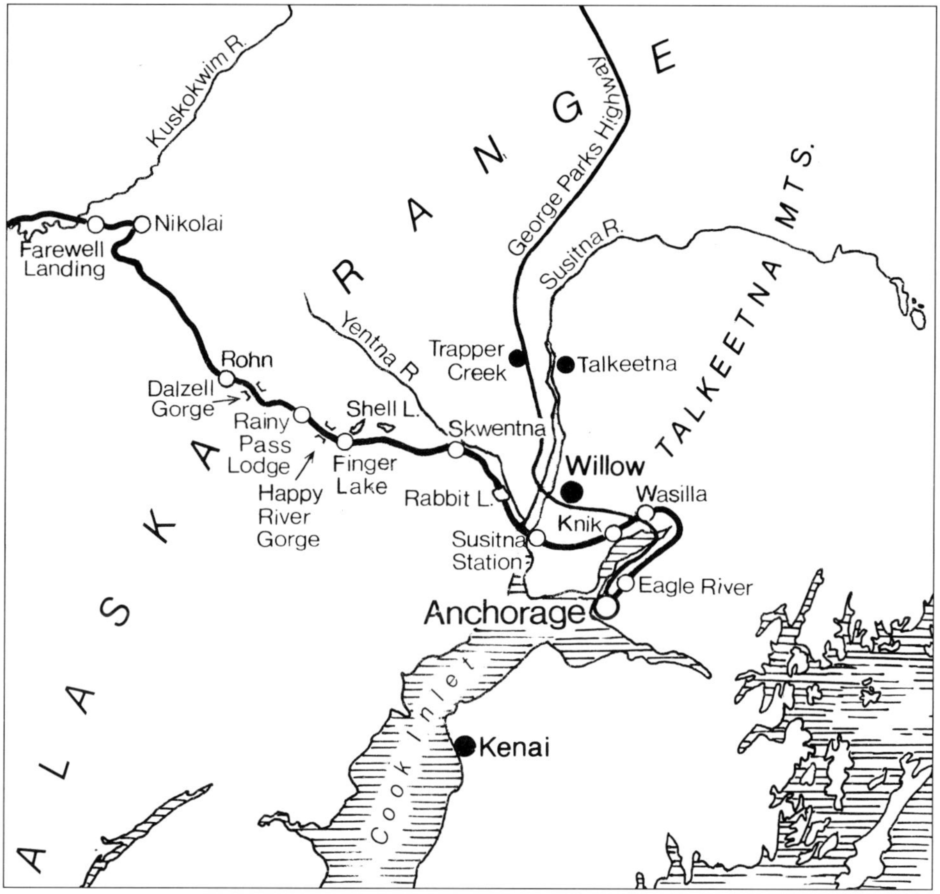


*Anchorage–Rohn (Alaska Range)*

»Keine Sorge, vor ein paar Jahren hab' ich den Motor selbst überholt. Und außerdem«, Bill lacht, »ist der Truck daran gewöhnt zu warten. Die längste Zeit, die er ungenutzt auf einem Acker stand, war zehn Jahre.«

»Hoffentlich geht das gut«, denke ich. Doch eine Verzögerung gibt es erst in Fairbanks, als wir bei Karin, die uns auf dem Trail begleiten wird, ankommen. Sie ist noch beim Packen. Vor übermorgen werden wir nicht loskommen.

Am Abend fassen wir unsere Pläne zusammen. Am 25. 2. wollen wir auf dem Iditarod Trail starten. Das gäbe uns einen Vorsprung von vier Tagen vor dem Rennen. Unsere größte Sorge war gewesen, ob tatsächlich ein Trail vorhanden sein würde. Doch bei der Iditarod-Zentrale hatte man uns schon vorab beruhigt: »Gerade ist das Iron Dog Race, ein Motorschlittenrennen von Anchorage nach Nome, gewesen.« Da es seitdem nicht geschneit hatte, würden wir einen prächtigen Trail haben.

Für den darauffolgenden Morgen ist der Aufbruch nach Anchorage geplant. »Ich fahre mal schnell in die Werkstatt, um die Zündung einstellen zu lassen«, beschließt Bill. Daraus wird allerdings eine Reparatur, die sich bis zum Abend hinzieht. Nach einer langen Fahrt durch Alaska erreichen wir am 25. Februar gegen drei Uhr morgens Anchorage. Die Stadt in Alaskas »tropischem Gürtel« begrüßt uns mit Temperaturen um den Gefrierpunkt. »Noch vor wenigen Tagen hatten wir aber −20° C«, sagt jemand entschuldigend in der Iditarod-Zentrale in Wasilla. Dort herrscht Hochbetrieb. Mehr als ein Dutzend Hunde-Trucks stehen draußen. Drinnen filmt ein Kamerateam Leonhard Seppalas ausgestopften Leithund Togo. Wir besorgen die letzten Informationen: »Ausgezeichneter Trail bis zur anderen Seite der Alaska Range«, verkündet Renn-Manager Jim Kershner.

Als wir endlich startbereit sind, bleibt unser alter Truck nach 50 Metern stehen. »Kein Benzin mehr«, brummt Bill. »Die Tankanzeige geht schon seit 15 Jahren nicht mehr.« Wir haben zwar Reservebenzin dabei, doch mit dem letzten Tropfen Sprit hatte der Vergaser auch Schmutz und Rost aus dem Tank gesogen. Erst nach einer halbstündigen Reparatur sind wir startklar.

Warm scheint die Sonne. Von Dächern tropft Wasser. Der Schnee ist naß. »Das gibt eine Schinderei für die Hunde«, denke ich. Jeder steht ratlos vor den Ausrüstungsbergen, die irgendwie in den Schlitten untergebracht werden müssen. Als ich in der Nacht vor meinem Start in Tanana meine komplette Ausrüstung vom Gewehr über Fototasche und Schlafsack bis hin zu den Freßnäpfen gewogen hatte, war ich auf 45 kg gekommen. Jetzt muß ich noch einen sperrigen Zeltofen, mein Essen sowie 50 kg Hundefutter verstauen. Für extrem leicht reisende Iditarod Musher, die in den zumeist fünf bis acht Stunden voneinander entfernten Checkpoints neue Vorräte

*Bills Oldtimer (rechts im Bild) und Karins Truck (links)*

vorfinden, dürften 115 kg ein Alptraum sein. Doch endlich, mehr als fünf Tage nach dem Start in Tanana, sind wir auch hier aufbruchbereit.

Nicht ganz: »Drei Mädchen im Team, eins davon läufig, und acht wilde Jungs . . . !« Glen, Karins Ehemann, hatte gelacht, als er gehört hatte, daß Screamer läufig ist. »Dieter, ich wette, daß sie innerhalb der nächsten Tage von mindestens zwei verschiedenen Rüden gedeckt wird.«

Beim Start steht Glen neben mir. Da sehe ich, daß die Spitze meiner Handsäge gegen den Schlittenbeutel drückt. »Das werde ich gleich beheben«, denke ich. Ein kurzer Druck auf die Säge . . . diese 30 Sekunden haben Boomer gereicht, Screamer zu bespringen. Ich sprinte nach vorn, um sie zu trennen, doch es ist schon zu spät.

»He, Glen, was ist das für ein Start! Heute scheint sich alles gegen uns zu verschwören.«

»Warte es nur ab; wenn du erst auf dem Trail bist, läuft's wie geschmiert«, versucht er mich aufzumuntern. Wenn er gewußt hätte . . .

Die Nacht verbringen wir 15 Kilometer außerhalb Kniks. Der nächste Morgen ist noch um mehrere Graunuancen trister als der Tag zuvor. »Liegt Schnee in der Luft?«

»Gegen zwei bis drei Zentimeter hätte ich nichts einzuwenden«, sagt Bill, »dann spürt man die von den Motorschlitten ausgeschlagenen Bodenwellen nicht so sehr.« Geschwindigkeiten von 100 km/h sind für gute »Snow Gos« genausowenig ein Problem wie völlig verschneite Trails. Der Großraum Anchorage bietet daher ein schwer durchschaubares Labyrinth harter, ausgefahrener und sich verzweigender Pfade. Die Markierung auf unserem Iditarod Trail ist jedoch gut. Plötzlich stoße ich sogar auf ein Schild:

*»Nome 1049 Miles«*

Es hat in großen, nassen Flocken zu schneien begonnen. »Hoffentlich wird es nicht schlimmer«, denke ich und ziehe meinen Parkareißverschluß hoch. Doch der Schneefall nimmt zu, zwei bis drei Zentimeter haben wir bereits, genau wie Bill es sich gewünscht hatte. Es schneit auch noch, als wir am Nachmittag den Susitna River überqueren. »Elch-Allee« ist der Spitzname für den nächsten Trail-Abschnitt, auf dem Susan Butcher 1985 ihr gefährliches Elchabenteuer hatte. Plötzlich höre ich eine laute Stimme, abrupt kommt mein Leithund hinter Bills Schlitten zum Stehen. Der hat die Smith & Wesson .44 Magnum in der einen und Zooey in der anderen Hand.

»Was ist los?« brülle ich rüber.

»Ein Elch auf dem Trail, um ein Haar hätte er Zooey getötet.«

Zooey, zweimaliger Yukon Quest-Veteran und Bills hochgeschätzter Leader, ist die graue Eminenz des Teams. Doch mit zehn Jahren ist Zooey alt. »Er war müde geworden«, sagt Bill, »ich hatte ihn daher frei laufen lassen. Plötzlich stieß er auf einen Elch und jagte ihn. Der aber drehte den Spieß um und griff an. Ich kam im letzten Moment hinzu . . .«

Sicherheitshalber schalten wir jetzt unsere Stirnlampen ein. In dicken Flocken, schwer wie Tropfen, fällt der Schnee. Mein Parka, der bislang Temperaturen von −45° C getrotzt hatte, ist pitschnaß. »Regenponcho aus Camper in Manley mitnehmen«, war einer der letzten Vermerke auf meinem Erledigungszettel gewesen. Jetzt zahle ich den Preis für meine Vergeßlichkeit.

Man hatte uns gesagt, daß am Rabbit Lake Checkpoint ein großes Zelt stehe. In dieser Nacht des endlosen Schneefalls hofft jeder, daß wir es erreichen. Doch es schneit und schneit – als sei die Natur gegen uns. Den Trail hat sie uns schon genommen, jetzt fällt der Schnee auch noch in solchen Mengen, daß das starke Licht der Stirnlampen nach 20 Metern wie gegen eine weiße Mauer prallt. Die Trail-Markierungen sind fast nicht mehr auszumachen. Bill hat Zooey als alleinigen Leader nach vorn genommen. Er zeigt uns in dieser Nacht, was es bedeutet, einen Spitzenleithund im Team zu haben. Schlitten-Trails sind selten breiter als eineinhalb Meter. Sie auf einem großen See nach starken Schneefällen auszumachen, ist unmöglich. Der alte, festgefahrene Pfad kann dann nur unter dem Neuschnee ertastet werden. Und darin ist Zooey Meister.

Den Checkpoint finden wir in dieser Nacht nicht mehr. Es ist schon sehr spät, als wir beschließen, unser eigenes Zelt aufzubauen. 30 Hunden ist das recht; sie strecken und räkeln sich. Die Musher allerdings fühlen sich nicht so wohl: Ihre Kleidung ist naß und schwer, und wenn einer neben den Pfad tritt, versackt er bis zur Hüfte im Schnee.

Wir ziehen Schneeschuhe an, spannen die Kabel zum Anbinden der Hunde, sammeln Holz, hacken es, entfachen ein Feuer, entladen Schlitten, füllen 20-Liter-Eimer mit Schnee, tauen ihn und versuchen gleichzeitig, das Feuer am Leben zu halten. Um 20 Liter Wasser aus Schnee zu gewinnen, benötige ich 45 Minuten. Um es zum Kochen zu bringen, muß ich mich eine weitere halbe Stunde gedulden. Heiß aber muß das Wasser sein, damit sich das gefrorene Fleisch mit dem Trockenfutter verrühren läßt. In der Zwischenzeit bauen wir das Zelt auf. Auch das wird zum Balanceakt im tiefen Schnee. Während Bill den Ofen installiert, hole ich Feuerholz. Dann schleppen wir die Beutel mit Schlafsäcken ins Zelt. Der Zeiger der Uhr rückt jetzt auf Mitternacht. Doch an Schlaf ist nicht zu denken.

Das Wasser dürfte jetzt warm genug sein, um es in den Kühlboxen mit Trockenfutter, »Energy Pack« und Fleisch zu verrühren.

Dann Deckel drauf und durchziehen lassen. In den Rest heißen Wassers lege ich einen versiegelten Plastikbeutel mit meinem gefrorenen Essen. Das Hundefutter ist inzwischen aufgequollen. Ich ergreife die Freßnäpfe – und schon kommt Bewegung ins Team. Schnee wird abgeschüttelt, man reckt sich und tänzelt aufgeregt auf der Stelle. Elf Hunde zu versorgen kostet Zeit. Als ich zum Wassertopf zurückkomme, sind meine Spaghetti Bolognese aufgetaut. Das heißt – genaugenommen nur der äußere Rand des Päckchens. Das Innere lutsche ich wie einen Eiswürfel. Dann sammle ich Futternäpfe zusammen, räume auf und verschließe den Schlittenbeutel. Langsam und müde gehe ich zum Zelt. Behaglich warm ist es drinnen. Ich lege meinen pitschnassen Parka und die ausgewrungene Überhose neben den Ofen. Bevor ich meine Taschenlampe ausknipse, fällt mein Blick auf die Uhr: Es ist zwei Uhr nachts.

Das Schneetreiben hat am anderen Morgen aufgehört. Bill winkt mich zu sich: »Sieh mal, was da drüben ist!«

Knapp einen Kilometer entfernt steht das Zelt des Checkpoints von Rabbit Lake.

In aller Eile treffen wir die Vorbereitungen für die Weiterfahrt: Feuer anzünden, Schnee tauen, Zelt zusammenrollen, Hunde mit ihrem Morgentrunk versorgen ...

Als wir aufbrechen, schneit es erneut. Es schneit den ganzen Tag. Der Schnee fällt wie eine undurchsichtige weiße Gardine. Schließlich ist soviel gefallen, daß selbst Zooey den alten Trail nicht mehr mit seinen Pfoten ertasten kann.

»Laßt uns abwechselnd mit Schneeschuhen einen Trail treten«, ist mein Vorschlag. Karin allerdings möchte zum Zelt am Rabbit Lake zurückfahren. »Irgendwann müssen ja die Iditarod Trailbreaker mit ihren Motorschlitten kommen, um den Rennpfad anzulegen«, sagt sie.

Ich kann mich mit meinem Vorschlag nicht durchsetzen. Wir kehren um. Möglicherweise müssen wir uns auf eine mehrtägige Warterei gefaßt machen. Dann könnte es allerdings mit den Vorräten knapp werden. Für drei bis vier Tage habe ich noch Hundefutter. Dank der Militär-Notration würde mein Essen noch länger reichen.

*Kein Durchkommen für die Hunde. In 48 Stunden fallen 60 Zentimeter Schnee.*

»Wenn's eng wird, esse ich Hunde-Trockenfutter«, ist Bills Kommentar.

Nicht weit vom Checkpoint bauen wir unser Zelt auf. Dann schwärmen wir auf Schneeschuhen aus, um trockene Baumstämme heranzuschleppen.

»War das nicht das Geräusch eines Motorschlittens?«

Es sind sogar drei. Darauf sitzen junge Burschen, die nach Skwentna wollen.

»Wir sollten den Spuren der Motorschlitten folgen«, schlage ich vor. Das allerdings hieße, in Rekordzeit das mühsam aufgebaute Zelt abbrechen, die Schlitten packen und Hunde anschirren. Ich ahne schon vorher, daß mein Vorschlag nicht auf Gegenliebe stoßen wird. Einige von Karins Hunden haben Fußprobleme, andere sind apathisch. Trigger und Ickey, zwei der besten Hunde von Bill, kränkeln. Das gibt den Ausschlag. Wir hatten vorher festgelegt, daß die Geschwindigkeit der Gruppe sich nach dem schwächsten bzw. langsamsten Team richtet. Für mich heißt das kurztreten. Meine

Chancen, mit den Iditarod Mushern Nome zu erreichen, verringern sich.

Vermutlich war es sogar richtig, im Camp zu bleiben. Der Schneefall wird von Stunde zu Stunde stärker. Frische Fußstapfen von eben sind nach zehn Minuten nicht einmal mehr zu ahnen. Bei uns hat sich ameisenhafte Betriebsamkeit breitgemacht. In beiden Zelten haben wir Feuer in den Öfen angezündet und trocknen unsere nasse Ausrüstung. Bill stolpert mit Schneeschuhen ins große Iditarod-Zelt und schleppt einen Baumstamm hinter sich her.

»Da arbeiten drei Leute wie die Verrückten, nur um zu überleben – das erinnert mich an die Oldtimer.« Er hockt sich auf einen Holzklotz und nimmt seine nasse Mütze vom Kopf. »Ich habe mal in Tanana einen alten Mann kennengelernt, der vor vielen Jahrzehnten von einem US-Postkurier gefragt worden war, ob er für ihn während eines Blizzards mit Schneeschuhen einen Trail von Tanana nach Allakaket treten würde. Er willigte ein. Seine Bezahlung: ein neues Hemd. Und wißt ihr, wie lang der Trail war?« Bill sieht in die Runde: »225 Kilometer!«

Und noch immer schneit es. Mehr als 60 Zentimeter Neuschnee sind seit gestern gefallen.

Am nächsten Morgen notiere ich: »Vierter Tag unterwegs und insgesamt nur 80 Kilometer vorangekommen.«

Das Wetter hatte sich über Nacht verändert. Der Schneefall ist heulendem Sturm gewichen. Neben den Schlitten, am Zelt, auf dem Pfad und bei den Hunden haben sich meterhohe Schneewehen gebildet. Bill hat inzwischen einige hinter unserem Camp befindliche kleine Zelte untersucht. »Leer, keine Verpflegung für Musher, kein Hundefutter, rein gar nichts«, sagt er. »Vielleicht geht das Iditarod-Rennen dieses Jahr überhaupt nicht hier lang!«

Diese Bemerkung schlägt wie eine Bombe ein. In einer Situation wie dieser ist man für alles empfänglich, auch für Hiobsbotschaften. Hatte nicht Renn-Manager Jim Kershner gesagt, daß es noch eine Alternativroute via Susitna- und Yentna River nach Skwentna gäbe?

»Vielleicht haben sie die Rennstrecke wegen des Schnees kurzfristig umgelegt«, überlegt Bill. Ich halte das für unwahrscheinlich.

Auf allen offiziellen Verlautbarungen war Rabbit Lake als Checkpoint angegeben worden. Schon mit Blick auf die von weither angereisten Presseleute könnte man nicht von heute auf morgen umdisponieren. Doch die Ungewißheit bohrt. In weniger als 24 Stunden soll das Rennen in Anchorage beginnen. Und nicht ein einziger Motorschlitten ist vorbeigekommen, um den Trail befahrbar zu machen! Vielleicht ist die Route doch verlegt worden . . . !

Ich gehe in unser Zelt und lege mich auf meinen Schlafsack. Das Warten zehrt an den Nerven. Inzwischen fühle ich mich wie die Maus in der Falle. Es ist deutlich geworden, was es heißt, auf eigene Faust fast 2000 Kilometer durch Alaska zu ziehen, ohne dabei die Sicherheit einer organisierten Veranstaltung im Hintergrund zu haben. Trailbreaker sorgen beim Iditarod für Trails. Bis zum Eintreffen des letzten Mushers in Nome läuft auch die Rennbetreuung. Wer sich verirrt, weiß, daß er gesucht wird. Sicher, auch dort gibt es Abenteuer und Risiken. Doch unsere sind ungleich größer.

Nach einigem Hin und Her beschließen wir, zum Susitna River zurückzufahren. Dort ist der Punkt, wo wir auf jeden Fall Anschluß an das Rennen finden dürften. Alles ist besser, als hier zu warten. Aber werden die Leithunde den Pfad zurückfinden?

Bill und ich gehen auf den Rabbit Lake, um mit unseren Füßen den unsichtbaren Teil zu ertasten.

»Laß es uns zunächst mit Zooey in Lead versuchen«, schlägt er vor. Wir sprechen nicht darüber, was geschehen muß, wenn Zooey versagt. Wir wissen es: 30 Kilometer mit Schneeschuhen bis zum Susitna River vor den Teams herstampfen.

Um 18 Uhr waren wir gestartet, kurz nach Mitternacht haben wir fünf Kilometer hinter uns gebracht. Plötzlich höre ich ein Geräusch, Lichter blitzen durch die Bäume, dann ebbt das Motorengedröhn ab. Stimmen werden laut: »Da hinten sind Lichter!« Wir halten unsere Stirnlampen in Richtung der Ankömmlinge, die auf Snowmachines mit Frachtschlitten dahinter sitzen.

»Wo wollt ihr hin?« ist meine erste Frage.

»Zum Zelt am Finger Lake.« Und sie erzählen, daß sie während des Iditarod-Rennens die Musher am Checkpoint verwöhnen wollen: mit Hamburgern, Erfrischungsgetränken und einem riesigen

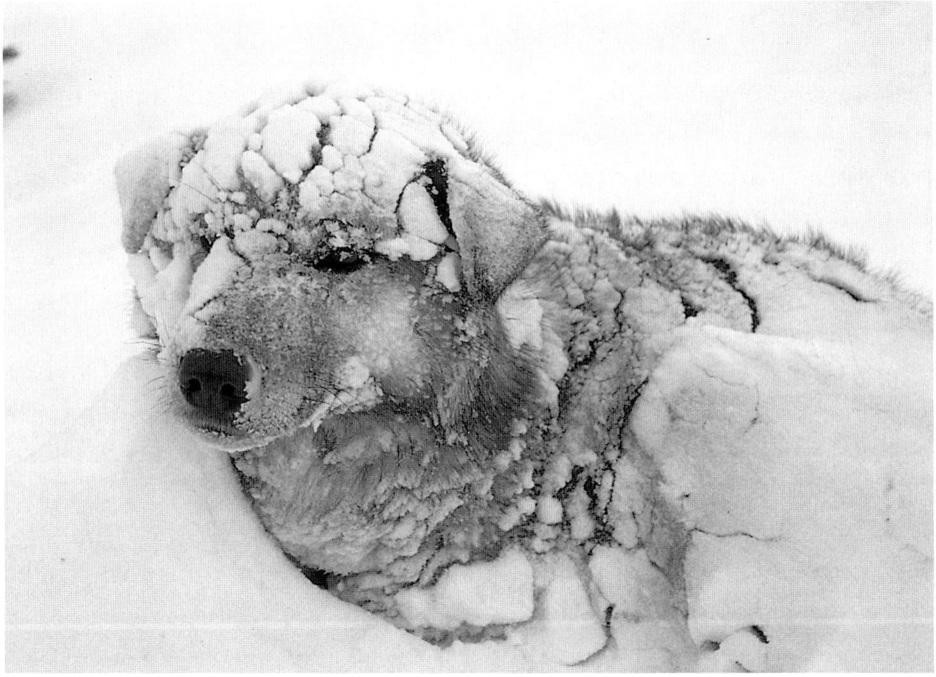

*Meister des Überlebens: Cy*

Tannenbaum mit elektrischen Kerzen. Sogar einen Stromgenerator schleppen sie dafür mit sich. Wir lachen vor Erleichterung. Was waren wir doch für Narren gewesen, unser Camp zu verlassen und uns die Nacht hier um die Ohren zu schlagen!

»Habt ihr Trinkwasser dabei?« fragt Karin. »Nein«, sagen sie, »aber Bier.« Ein paar vorsichtige kleine Schlucke reichen aus, die düstere Wolke böser Vorahnung fortzuwischen. Es ist 0.30 Uhr am 29. Februar. In weniger als neun Stunden beginnt das Iditarod. Jetzt spult sich alles wie ein rückwärtslaufender Film ab. Die Strecke, die wir uns in sechs Stunden erkämpft hatten, bewältigen wir zurück in 40 Minuten. Dann Zeltaufbau, Schnee tauen . . . Morgens um 3.30 Uhr füttere ich die Hunde. 4.30 Uhr kriechen wir in die Schlafsäcke.

Im Tagebuch notiere ich noch schnell: »Wir liegen Seite an Seite im Zelt, der Kopf des einen neben den Füßen des anderen. Der Ofen bullert. Es ist kuschelig warm. Ich finde es behaglich.«

Wie doch eine gute Nachricht die Lebensgeister belebt!

Zwei Gesichter des Rabbit Lake hatte ich bereits kennengelernt: das im Schneesturm und das windgepeitschte. Als ich nach einer Nacht, die bereits endet, kaum daß sie begonnen hat, aus dem Zelt schaue, sehe ich das dritte: eine einladende, schneebedeckte Seenlandschaft, darüber eine gleißende Sonne in tiefblauem Himmel, im Hintergrund die glänzenden Gipfel der fernen Tordrillo Mountains.

Es kommt noch schöner: Einer unserer guten Geister der vergangenen Nacht bringt auf einem Silbertablett Zimtröllchen. »Kaffee ist in zehn Minuten fertig«, sagt er. Es ist der 29. Februar, neun Uhr morgens. In dieser Minute beginnt das Iditarod.

Dann geht's Schlag auf Schlag: Das erste Flugzeug landet. Eine Schulklasse samt Lehrerin steigt aus. Zelte werden aufgebaut, Bäume gefällt, ein riesiger Herd errichtet. Bald duftet es nach Schinken und Eiern. »Frühstück ist fertig«, ruft uns jemand zu. Natürlich gehen wir hin, obwohl wir eigentlich früh hatten starten wollen. Doch noch immer ist kein Trail angelegt. Alaskas Iditarod-Taumel aber hat begonnen: Zwei weitere Sportflugzeuge landen. Leute mit Wochenendlächeln in sauberen, modefarbenen Winteranzügen steigen aus. Wann war das eigentlich gewesen, als ich die letzte Dusche hatte? Seit Tagen hat keiner von uns auch nur sein Gesicht gewaschen. Hygiene beschränkt sich auf den Gebrauch der Zahnbürsten. Meine Hand ziert eine Blase. Seit ich neulich gegen den glühendheißen Griff des Wasserkochtopfes gekommen war, überzieht ein dicker roter Strich den Ringfinger. Meine Hände sind rissig und grau, die Fingerkuppen abgewetzt. Kaum mehr als ein »Katzensprung« liegt hinter uns, und mehr als 1600 Kilometer sind es noch bis Nome!

Schon dröhnt das nächste Flugzeug heran, Schnee stiebt, dann kommt der Propeller zum Stillstand. Die fröhliche Stimmung eines Urlaubsortes liegt über dem Camp, das uns 24 Stunden zuvor wie ein verlorener Fleck am Rande der Welt erschienen war.

Gut 1200 Hunde und 76 Musher jagen inzwischen auf unserer Fährte entlang. Nachmittags, nachdem die Iditarod Trailbreaker mit Motorschlitten an uns vorbeigefahren sind, können auch wir aufbrechen. Der halbmetertief in den Neuschnee gepreßte Pfad ist weich, entsprechend langsam kommen die Hunde voran. Macht nichts, Hauptsache, wir sind unterwegs! Bis Skwentna sollte uns nichts mehr aufhalten. Meine alte Begeisterung ist wieder da. Ich genieße den Blick über das Land: Wie ein überdimensionales dramatisches Landschaftsgemälde erstrecken sich in der Ferne die Berge der Alaska Range. Geradlinig, wie mit dem Lineal gezogen, liegt darüber eine dünne Wolkenschicht, durch die eine kalte Sonne blitzt.

Skwentna ist ein winziger Ort von wenig mehr als 100 Einwohnern nahe dem Zusammenfluß von Yentna- und Skwentna River. Hier finden wir unser Lebensmittel- und Hundefutter-Depot vor. Der Beschluß, die Nacht in der Lodge zu verbringen, fällt einstimmig.

360 Tage des Jahres ist Skwentna ein verträumtes Dorf. Nur Touristen, Angler und Jäger sind seine Gäste. Das aber ändert sich mit dem Beginn des Iditarod. Auf dem sonst ruhigen Busch-Airstrip landen innerhalb von zwei Tagen mehr als 100 Flugzeuge. Fotografen, Zeitungsreporter und Kamerateams strömen in den Ort. »Wer ist der erste in Skwentna?« lautet die gespannte Frage. Dem Etappensieger winkt ein Dodge Truck im Wert von 25000 Dollar.

Natürlich ist da die Skwentna Lodge schon lange im voraus ausgebucht, doch die dicke, gemütliche Wirtin schaut uns schmunzelnd an: »In einem der belegten Gäste-Blockhäuser mache ich euch noch ein paar Betten frei.« Dann legt sie uns die Speisekarte vor und fragt tatsächlich, ob wir Hunger haben . . . Doch Paragraph Eins des Gesetzes der Musher lautet: *dogs come first.*

Nachdem ich meine Hunde versorgt habe, gehe ich in die vollbesetzte Gaststube zurück. Das Klappern von Tellern, Messern und Gabeln und der köstliche Duft von frischem Braten schlägt mir entgegen. Die Tischplatten scheinen sich unter den aufgetragenen Mahlzeiten zu biegen. Als ich meine Pelzmütze abnehme, sieht mir im Spiegel das Gesicht eines Fremden entgegen, mit von Wind, Wetter und Kälte geröteter Haut und tiefen Falten und rauhen Lippen. Zwischen modisch in Hellblau, Pink und Gelb gekleideten Wochenendausflüglern finde ich Platz. Ich überlege, wie ich die vom

Feuer geschwärzten Finger mit den Trauerrändern unter den Nägeln am besten verbergen kann. Ach Unsinn, der Trapper gegenüber sieht auch nicht viel anders aus. Das gibt den Ausschlag. Ich bestelle mein Dinner. Allein das war die Reise nach Skwentna wert.

Als ich später nach einer Dusche neben dem Wäschetrockner darauf warte, daß ich meine Jeans endlich wieder anziehen kann, schaut Bill herein.

»Hier steht ein Bier für dich.« Ich gehe bald danach in die Gaststube. Eine junge Frau singt mit voller Stimme zur Gitarre »*This land is your land, this land is my land*...« Dann wandert das Instrument zum Nachbarn, einem Burschen aus dem Ort. Ein nächster und übernächster singt. Ich hebe drei Finger. Die dicke Wirtin bringt drei Budweiser.

»Wißt ihr, daß wir in die Schlafsäcke kriechen sollten?« sagt Bill. Natürlich wissen wir das.

Die nächste Runde »Bud« schmeißt Karin. Schon seit vier Stunden lauschen wir der Live-Musik. Es ist eine Atmosphäre, wie man sie aus Filmen der 30er Jahre kennt: einfache Kneipe, Dämmerlicht, zwischen Zuhörern ein paar Sänger, die mit ihren Stimmen die Welt verzaubern. Das sind beileibe keine »2-Millionen-Dollar-Stimmen«. Nur die der Nachbarn von nebenan: metallisch, wie jene der Bluegrass-Sänger dort unten im Süden oder die des Troubadours der Landstraße Woody Guthrie. Die Wirtin spendiert eine Runde auf Kosten des Hauses, als die Weltpremiere eines Iditarod Songs erfolgt. Doppelter Applaus. Gegen ein Uhr morgens sagt sie, es sei Zeit, ins Bett zu gehen. Keiner außer ihr verläßt den Raum.

Trotz der Abenteuer der letzten Nacht bin ich nicht müde. Wie könnte ich, wo doch in dieser kleinen Kneipe *in the middle of nowhere* das größte Schlittenhundeereignis der Welt zelebriert wird, während gleichzeitig die 1200 Hauptakteure wie Gespenster der Nacht gen Skwentna huschen?

Dieses Iditarod ist mehr als nur ein Rennen. Es ist auch ein anderer Name für alte Träume. Träume von Freiheit, Selbstbehauptung und Abenteuer. Wer nicht selbst auf den Kufen stehen kann, ist am Fernseher, in den Checkpoints oder am Ziel Zaungast im Land dieser Träume: hier in Skwentna, später in McGrath, Nikolai, Unalakleet oder Nome, wo zu jeder Tages- oder Nachtzeit Tausende den Sieger begrüßen. Und viele beschließen, eines Tages selbst im Rennen zu sein. Iditarod ist ein Fest für ganz Alaska.

## In den Bergen der Alaska Range – Von Skwentna nach Rainy Pass (1. und 2. März) –

Für Tim Mundy und Catherine Mormile ist das Rennen am Rabbit Lake vorbei, sie geben auf. So etwas schmerzt immer, besonders aber dann, wenn es schon zu Beginn geschieht. 20 mühsam zusammengestellte Säcke mit teurem Hundefutter und Lebensmitteln in den Checkpoints sind jetzt herrenloses Gut.

Hoffnungen, Träume und Erwartungen hatten alle, die am 29. Februar in Downtown Anchorage gestartet waren. Echte Gewinnchancen konnten sich jedoch allenfalls zehn von den 76 Mushern an der Startlinie ausrechnen. Für viele ist es das Ziel, möglichst weit vorn plaziert zu sein, manchem ist das Erreichen des hölzernen Torbogens in Nome schon die Belohnung seines Einsatzes. Für Eskimo Musher Mike Williams wird die Rennteilnahme zum öffentlichen Kreuzzug gegen den Alkoholmißbrauch unter Alaskas Ureinwohnern. Der pensionierte 86jährige Air Force-Oberst Norman Vaughan hingegen betrachtet das Rennen als gute Möglichkeit, sein neues künstliches Knie auszuprobieren. Auf seiner Iditarod-Visitenkarte steht: »Der Älteste und Langsamste«. Norman Vaughan ist fester Bestandteil der blumigen Iditarod-Legende.

Seine Biographie liest sich wie ein Abenteuerroman: Vor fast 70 Jahren begann sein Leben mit Hunden. Gut 60 Jahre ist es her, daß er als Teilnehmer der Antarktis-Expedition Admiral Byrds mit Schlittenhunden gen Südpol zog. Während des 2. Weltkrieges rettete er mit Hunden über Grönland abgeschossene Kampfflieger. Er mushte mit Huskies durch die Hauptstadt Washington und machte mit Papst Johannes Paul II. in Anchorage eine Rundfahrt per Hundeschlitten. Seit 1975 hat er zwölfmal am Iditarod teilgenommen, viermal legte er dabei die gesamte Strecke bis Nome zurück, letztmals im Alter von 84 Jahren.

»Wenn ich alt genug bin, werde ich mit dem Mushen aufhören«, war Vaughans Antwort auf die Frage eines Reporters gewesen. Für ihn hatte der Iditarod Trail schon alle Höhen und Tiefen parat gehabt: Tagelang war er einmal vermißt gewesen. Ein andermal wurde er von einem Hubschrauber gerettet, nachdem er vom Schlitten gefallen und schwer verletzt worden war. 1986 wurde seitens der Rennleitung die »Vaughan-Regel« eingeführt: Wer unverhältnismäßig lange nach dem Champion in Nome einläuft, ist automatisch disqualifiziert. Als das 1987 mit Vaughan geschah, gab es Empörung in Alaska. Der alte Oberst machte auf eigene Faust weiter und wurde in den Orten am Trail wie ein Volksheld gefeiert. Flugs wurde daraufhin die Sonderregelung aufgehoben. Auch dieses Mal ist der Colonel wieder dabei.

Für Volksnähe bleibt denen, für die auf 1865 Kilometern die Sekunden zählen, nicht allzuviel Zeit. Sie kennen die Zwischen- und Endergebnisse der letzten Rennen, sind vertraut mit den Trails, den Stärken und Schwächen ihrer Gegner. Strategien sind ersonnen, die Generalstabspläne liegen bereit. Joe Runyan gilt da als besonders schlauer Fuchs. Vor dem Start sagte Bruce Lee, Vorjahreszweiter des Yukon Quest und diesjähriger Iditarod-Teilnehmer: »Schlittenhunderennen sind nicht vergleichbar mit Pferderennen, wo das schnellste Pferd gewinnt. Hunderennen sind wie ein Schachspiel. Ein guter Schachspieler aber ist dem Gegner immer drei Züge voraus.« Für jene an der Spitze ist das über-lebenswichtig. Aufgrund der immensen Kosten für Rennteam und Hundezucht kommt kaum ein Musher ohne Sponsoren aus. Das aber erzeugt Abhängigkeit und Erfolgsdruck. Selbst Spitzenmann Rick Swenson erinnert sich gern an die Anfänge, als das Iditarod eher einem abenteuerlichen Campingtrip als einem knallhart durchgetimten Rennen glich. Den 1958 in Zürich geborenen und seit Ende der 70er Jahre in Alaska lebenden Martin Buser hatte nach eigenen Worten die Teilnahme am Vorjahresrennen 7651 Dollar gekostet. 3000 Dollar davon hatte das Hundefutter für jene 12 Tage und 18 Stunden verschlungen, die er benötigt hatte, um den zweiten Platz zu erringen. Den Jahresunterhalt seines Renn-Zwingers veranschlagt Buser mit über 40000 Dollar. Man munkelt, die Betriebskosten des Trail Breaker Kennel von Susan Butcher lägen bei jährlich 100000 Dollar. Verständlich, daß der Siegesdruck auf jene, die sich Chancen ausrechnen, groß ist. Denn mit der Champion-Ehre kommen nicht nur Preisgelder, sondern auch Schecks und Naturalien der Sponsoren.

Doch die Frage beim diesjährigen Rennen ist nicht nur »Wer wird Sieger?«, sondern auch »Kann die von Susan Butcher gefahrene bisherige Bestzeit von 11 Tagen und knapp zwei Stunden unterboten werden?« Und würde es dieses Mal gelingen, nach nur zehn Tagen Nome zu erreichen? Wenn ja, wer würde diesen Rekord aufstellen?

Veranschlagt man den Durchschnittspreis eines Iditarod-Hundes mit 1000 Dollar, so liegen Huskies im Wert von fast einer Million Dollar vor mir, als ich von der Lodge zum Skwentna Checkpoint zurückkomme. Säuberlich in Reih und Glied genießen die großen Teams auf langen Strohbahnen ihr wohlverdientes Nickerchen. »Dahinten sind Rick Swenson und Susan Butcher«, sagt mir ein aufgeregter Zuschauer. Doch im Moment steht mir der Sinn nur danach, meine Hunde wohlbehalten durch diese 1000 Verlockungen durchzubugsieren.

Erst heute morgen, kurz nach sechs Uhr, war es hier lebendig geworden. Raymie Redington, einer der Söhne des *Father of the Iditarod,* war als erster in Skwentna eingelaufen. Der von der Firma Chrysler dafür ausgesetzte 25000 Dollar-Truck war damit sein. »Das trifft sich gut«, sagte Raymie, »um zum Start nach Anchorage zu fahren, mußte ich mir ein Fahrzeug meines Vaters leihen.« Doch die Freude am Gewinn ist kurz. Wegen einer fast gleichhohen Unterhaltsschuld für ein Kind wird der Preis vom Staat beschlagnahmt. Doch da ist noch ein weiterer Wermutstropfen: Einer von Raymies Hunden hat den Etappensieg nicht überlebt.

Als ich den Checkpoint via Skwentna River verlasse, strahlt die Sonne aus azurblauem Himmel. Das bedeutet Kälte in Alaska. Der Schnee ist hart, scharfkantig, fast wie grober Sand. Vorsichtshalber ziehe ich allen Hunden Booties über. Die Weiterfahrt nach Finger Lake wird zur Schwerarbeit. Erst kurz zuvor war der Trail angelegt worden, entsprechend weich ist der Untergrund. Viele Iditarod Musher beschließen daher, in Skwentna länger zu rasten als sonst. Doch die Elite treibt voran. Während einer Pause sehe ich das erste Hundegespann. Es ist das von Martin Buser. Zwanzig Minuten später folgt DeeDee Jonrowe. An ihren Fersen klebt Susan Butcher. »Wie weit ist Martin vor mir?« will sie wissen. Von hier bis Nome werden sich die Top Musher belauern, versuchen, die Strategie des anderen zu durchschauen, um ihn im geeigneten Moment zu schlagen. Daß so etwas Ausdauer erfordert und bis zur letzten Sekunde währen kann, hat der Rennsieg Dick Mackeys von 1978 gezeigt. Nach 14 Tagen, 18 Stunden und 52 Minuten überfuhr er die Ziellinie nur eine Sekunde vor dem zweitplazierten Rick Swenson.

Ein Funke des Rennfiebers springt an diesem Tag auch auf uns über. Mag sein, daß es uns nach den unfreiwilligen Rabbit Lake-Abenteuern auch nur in den Bunnyboots juckt. Wir beschließen jedenfalls, in die Nacht hineinzufahren, bis Finger Lake Checkpoint erreicht ist. Unter optimalen Bedingungen wären die 72 Kilometer dorthin in vier bis fünf Stunden Fahrzeit zu schaffen. Doch der weiche Schnee läßt uns nur halb so schnell wie sonst vorankommen. Aber anderen ergeht es genauso: Auch die Iditarod Musher kämpfen an diesem zweiten Renntag mit den Tücken der Natur.

Alaskaner sind zweifellos beneidenswerte Leute. Wenn sich Bundesbürger mit dem Kleinwagen Richtung Schrebergarten-Laube in Bewegung setzen, steigen die Alaskaner in ihre Cessna und fliegen mal eben 500 Kilometer zu ihrer Wildnis-Cabin. Es verblüfft mich also gar nicht, als ich auf dem Onestone Lake ein Flugzeug auf Skiern vor einem malerischen Holzhäuschen parken sehe. »Laßt uns fragen, ob wir hier heißes Wasser zum Hundefüttern bekommen können«, schlägt Bill vor. Gesagt, getan. Die anschließende Aufnahme bei Liz und Denis Anderson, die mit Kindern und Freunden hierher geflogen sind, um das Iditarod zu beobachten, ist herzlich. Im Nu liegen 30 Hunde vor ihrem Haus. Drinnen hängen 120 vereiste Booties vor, hinter, neben und über dem Holzofen zum Trocknen. Wir schleppen Schnee zum Schmelzen herein und schüren die Glut im Ofen. Währenddessen verfolgen die Kinder am

*Gastfreundschaft in der Wildnis: in Andersons Hütte. Mehr als 100 Hunde-Booties hängen neben dem Ofen zum Trocknen.*

Fenster das Rennen. »Da kommt der nächste Musher!« Und schon saust jemand nach draußen und brüllt über den See: »*What's your name?*« Zeittabellen werden erstellt, alte Angaben mit aktuellen Resultaten verglichen. Auch bei den Andersons grassiert das Iditarod-Fieber.

Gegen Mitternacht brechen wir auf. Das erstemal seit unserem Start in Knik ist es richtig kalt: −30° C. Das ist die Stunde der Huskies. Wann immer ich in dieser Nacht mit Karin oder Bill zusammentreffe, behauptet jeder von uns: »Meine Hunde sind lange nicht mehr so schnell gelaufen wie heute.« Huskies aus dem Inneren Alaskas sind Reisende der Kälte, feuchtwarmes Küstenklima ist ihnen unerträglich. Mein Gespann ist in dieser kalten Nacht sogar das kräftigste und schnellste. Mein Geheimnis: Ich habe Beetle in Lead. Mit nur 18 Monaten reißt er das restliche Team förmlich hinter sich her. Ein erstaunlicher Hund! Ich genieße diese Fahrt, die Kälte und den Reiz der winterlichen Dunkelheit. Ein schwaches Nordlicht glimmt am Himmel. Es ist kaum mehr als ein

Schimmer, doch es reicht, den Zauber dieser Nacht zu verstärken. Doch dann passiert es.

Wir haben Karin eingeholt. »Gib ihr einen guten Vorsprung«, hatte ich gedacht und gestoppt. Ich wollte in dieser Stille mit mir und meinen Hunden allein sein. Gerade bücke ich mich, um einen der vor Wochen abgepackten Trailmix-Beutel aus meinem Schlitten zu holen, als ich vorn ein Schreien und dann ein Wimmern höre. Ich schleudere den Lichtkegel meiner Stirnlampe auf die Hunde: Das Nachwuchstalent Beetle begattet Speedy! Ich rase nach vorn, um sie auseinanderzubringen. Zu spät. Beetle, was hast du mir in dieser Nacht nur angetan? Nachdem sich die Hunde endlich getrennt haben, stelle ich bei Speedy starken Blutverlust fest. Auf der Weiterfahrt hängt ihre Zugleine schlaff herab. Hatte nicht Bill gleich zu Beginn vorausgesagt: »Wenn eine Hündin im Team läufig ist, folgen die anderen nach. Frag mich nicht warum, doch sowas verbreitet sich wie eine Epidemie.« Alle drei Hündinnen sind Leithunde. Screamer, von Haus aus nicht die schnellste, ist, seitdem sie läufig wurde, noch weitaus langsamer. Als Leader ist sie momentan unbrauchbar, da sie von den nachfolgenden Hunden überrannt wird. Speedy war die schnellste von allen dreien – bis heute nacht. Bliebe nur noch Zinger. Doch ausgerechnet sie ist das schwächste Glied im Team. Beetle ist also meine letzte Hoffnung. Er hat die natürliche Begabung zum Leithund, ist jedoch kein »Ghee- und Ha-Leader«. Befehlen zu gehorchen, hat er noch nicht gelernt. Zudem ist er jung. Ein Leithund steht unter immensem psychischen und physischen Druck. Wie lange würde mein »Baby« dem standhalten können?

»Ein Team ist nur so gut wie seine Leader«, das hatte ich immer wieder aus Rennchroniken herausgelesen. Wie weit werde ich also kommen? Folgt nun nach dem »Himmelhochjauchzend« ein »Zu-Tode-betrübt«, weil meine Tiere der Stimme der Natur gefolgt sind?

Als ich kurz vor fünf Uhr morgens Finger Lake Checkpoint erreiche und die Hunde angeleint habe, liegt Speedy wenig später in einer Blutlache. Aus einem in das Eis des Sees gebohrten Loch schöpfe ich Wasser, erhitze es und füttere die Hunde. Doch Speedy bleibt apathisch und frißt nicht. Sobald es hell ist, werde ich nach einem Renn-Tierarzt Ausschau halten. Ich rolle meine Matratze neben dem Schlitten aus und krieche in meinen Big Pack-Schlafsack. Minus 30° C sind es draußen, doch in den Daunen ist es angenehm. Als ich zwei Stunden später aufstehe, sehe ich in zwei unausgeschlafene Gesichter. »Haben vor Kälte kein Auge zugekriegt«, sagen Karin und Bill. Mir war warm gewesen, ein guter Schlafsack ist bei einer Winterreise durch Alaska die beste Lebensversicherung.

Der Tierarzt hat für mich gute Nachrichten: »Nur eine Ader ist verletzt, das wird bald verheilen.« Doch Speedy frißt immer noch nicht.

Am Stammtisch der Iditarod-Veteranen sind Happy Valley, Dalzell Gorge, Farewell Burn und die Beringmeer-Küste jene Regionen, um die sich Geschichten und Legenden ranken. Happy Valley, das glückliche Tal, liegt vor mir, als ich am frühen Nachmittag aufbreche. Die Fahrt zum Checkpoint Rainy Pass ist gleichzeitig der Einstieg in die hochalpine Welt der Alaska Range. Mt. Denali, höchster Berg Nordamerikas und gleichzeitig zweithöchster des gesamten Kontinents, liegt nicht weit östlich. Der Pfad Richtung »Rainy« ist schmal, gewunden, uneben und ausgefahren. Er ist wie ein Bilderbuch des Pechs; unschwer ist zu erkennen, wo meine Vorgänger Probleme hatten, ihre Schlitten aus dem Trail gebrochen und seitlich die Hänge hinabgerutscht waren. Das stimmt mich nicht gerade heiter. Je beladener ein Schlitten, umso schwerer ist er zu manövrieren. Die meiste Zeit balanciere ich auf nur einer Kufe. Ähnlich einem Segler verlagere ich mein Gewicht mal auf die eine, dann auf die andere Seite, um den Schlitten vor dem Abstürzen zu bewahren. Da – war da nicht eine Bewegung auf dem Trail? Im nächsten Moment sehe ich einen Pressefotografen, das Teleobjektiv seiner Kamera auf mich im Anschlag. Happy Valley gilt als guter Ort für Sensationsfotos: solche, bei denen Musher an steil abfallenden, schmalen, plötzlich scharf nach rechts oder links abknickenden Trails die Kontrolle über ihre Schlitten verlieren, sich überschlagen, abrutschen oder – was hier oft geschieht – ihre Teams verlieren. Mit meinem ganzen Körpergewicht stehe ich auf der Bremse. Wenn die Hunde jetzt mit dem schwerbeladenen Schlitten durchgingen, würde sie kein Mensch an diesem Hang halten können. Doch ich komme wohlbehalten unten an.

Mehrfach stoße ich auf Iditarod Teams, die wesentlich langsamer sind als ich. Wieder einmal stoppt ein Musher und läßt mich bereitwillig passieren. »Donnerwetter«, denke ich, »18 Hunde im normalen Iditarod Team, nur 11 bei mir, und meine ziehen mehr als die doppelte Last.« Ich gebe zu, daß ich auf meine Reisegefährten stolz bin. Kurz vor Einbruch der Dämmerung erreiche ich den Checkpoint Rainy Pass, das Tor zum Hochland und den höchsten Punkt des Iditarod Trails. Romantisch am kleinen Puntilla Lake, umgeben von hohen Bergen, liegt hier die Rainy Pass Lodge. Mehr als ein Dutzend Teams sind bereits anwesend. Ein wenig neidisch sehe ich auf die großen Strohbahnen, auf denen die Rennhunde liegen. Die Temperatur bei meiner Ankunft beträgt −35° C; alaskanische Huskies überleben solche und noch viel niedrigere Temperaturen auf Schnee, doch sie ruhen und entspannen sich besser auf Stroh. Und Ruhe haben sie nach dieser schweren Tagesetappe verdient. Das gleiche gilt übrigens auch für die Musher. Karin schlägt vor, die Nacht in der Lodge zu verbringen. Bill ist einverstanden.

»Aber warum soviel Geld ausgeben, wo wir ein Zelt und einen Ofen dabeihaben?« sage ich. Bill argumentiert mit dem Zeitverlust, den wir beim Aufbau unseres Camps hätten. Karin gibt's unumwunden zu: Ihr ist zu kalt. Die Unterkünfte der Lodge sind freilich nur schlichte Blockhütten mit ebenso einfachen Räumen. Es gibt weder Bettzeug, Wasser, noch eine eingebaute Toilette. Der Vorzug, in der Rainy Pass Lodge in einem solchen Zimmer während des Iditarod übernachten zu dürfen, wird mit 250 Dollar (ca. 425 DM!) in Rechnung gestellt. Gewöhnlich sind die Unterkünfte schon lange im voraus von Pressefotografen ausgebucht. Da ein Kamerateam jedoch nicht erschienen ist, überläßt man uns den Raum zum Schleuderpreis von 125 Dollar.

Speedy frißt an diesem Abend noch immer nicht, das ist besorgniserregend. Eine anwesende Tierärztin gibt ihr eine Vitaminspritze. Meine Stimmung hebt sich nicht, als ich feststelle, daß ab heute auch Zinger läufig ist. Abseits von den Rüden binde ich die drei an. Doch Cy, mein großer Rotbrauner mit den schönen treuen

Augen, vergißt vor Sehnsucht sein Fressen. Auch die anderen Rüden sind unruhig, was unter diesen Umständen lebensgefährlich sein kann. Jedes bißchen Nahrung und Ruhe wird dringend benötigt.

Als ich spätabends in die Blockhütte zurückgehe, ist drinnen die Temperatur unter den Gefrierpunkt gesackt. Die Ölheizung hat ausgesetzt. »Dafür zahlen wir kein Vermögen«, knurrt Karin, kriecht entschlossen aus dem Schlafsack und macht ihrem Ärger beim Verwalter Luft. Woraufhin bis lange nach Mitternacht der Ölofen repariert wird.

Doch der andere Morgen entschädigt für diesen Ärger, er ist wie ein Geschenk der Natur an unsere Reise. Feiner Eisnebel liegt in der Luft, Schlitten, Ausrüstung und Hunde sind von einer Frostschicht überzogen. Der Schnee kracht unter den Stiefeln, und dort, wo Iditarod Musher in ihren transportablen Spiritusöfen Wasser für die Hunde erhitzen, liegen kleine Wölkchen in der klaren Luft. Einige Renn-Teams haben zu dieser Zeit bereits den Checkpoint in Richtung Rohn verlassen. Dort machen die meisten ihren *twenty-four hour layover,* die in den Statuten vorgeschriebene 24-stündige Pause. 1985 war das allerdings anders. Schneefälle und Stürme hatten den Iditarod-Organisatoren beim Einfliegen des Rennproviants in die weiter nördlich liegenden Checkpoints einen Strich durch die Rechnung gemacht. Aus Sicherheitsgründen ordnete die Rennleitung einen vorübergehenden Stopp in Rainy Pass an. Der Checkpoint, der sonst nur ein paar Teams zur selben Zeit sieht, war im Nu mit mehr als 50 Mushern und 800 Hunden überfüllt. Binnen kurzem waren auch die Vorräte verbraucht. Per Luftbrücke wurden Lebensmittel und Futter aus Anchorage eingeflogen. Nach drei Tagen konnte das Rennen fortgesetzt werden.

# Von den Tücken der Dalzell-Schlucht, durchgegangenen Hundeteams und einer Schlittenfahrt auf den Gipfel Mt. Denalis – Von Rainy Pass nach Nikolai (3. und 4. März) –

Morgendlicher Hochbetrieb am Rainy Pass: Checker notieren Abfahrtzeiten und helfen Leithunden auf den Trail. Vorjahres-Quest-Sieger Charlie Boulding – ein wenig ins hintere Feld geraten – füttert noch seine Hunde. Ich schirre die meinen gerade an, wobei die Hündinnen als letzte drankommen. Kaum ist die erste an der Zugleine, erdenkt sie die raffiniertesten Tricks, um zu den Rüden zu gelangen. Ich donnere Kommandos. Das lähmt die Burschen und gibt mir 30 Sekunden, um zur nächsten zu sprinten. Jetzt gilt es, beide gleichzeitig im Auge zu haben. Doch auch die Rüden gebärden sich wie die Verrückten; ihre Nasen werden immer länger, während sich die Hündinnen schmachtend vor ihnen auf dem Boden räkeln. »*Zinger, Screamer, stay!*« brülle ich und reiße ein halbes Dutzend Hunde gleichzeitig in ihre Positionen zurück. Ob sie wohl 15 Sekunden so verharren? Die Zeit würde fast für einen Spurt zu Speedy reichen. Ich löse ihre Leine. Mein sonst so ruhiges Team scheint jetzt, wo sich die Naturinstinkte regen, ein undisziplinierter Haufen zu sein. Endlich sind wir startklar. Zum Glück sind alle Verlockungen nicht so groß wie die Freude am Laufen. Ich hebe den Schneeanker, und schon liegt Rainy Pass Lodge hinter uns.

Die erste Überraschung dieses Tages kommt an einem nahezu senkrechten Hang. Die Hunde geben ihr Letztes. Und genau dort, wo es am steilsten bergauf geht, wo ich bete, daß sie nicht anhalten, weil sie sonst nie wieder in Gang kämen, genau an dieser Stelle sagt sich Beetle, daß die elende Schinderei ein Ende haben muß. Er stoppt nicht nur . . .! Nein – rechtwinklig schert er aus und läuft den Hang wieder hinab. Natürlich folgt das restliche Team. Mein Schlitten schlägt um. Da die vorderen die hinteren Hunde überrennen, ist das Chaos perfekt.

Das bringt den Musher selbst bei 35 Grad Kälte zum Kochen! Falls es mir gelänge, den Schlitten aufzurichten, würde er rückwärts runterrutschen und die ineinander verknoteten Hunde strangulieren. Gelänge es mir hingegen, die Hunde am Hang wieder in ihre Normalposition zurückzubekommen, könnte ich zwar den Schlitten entladen, aufrichten, beladen und . . . käme in der Zwischenzeit mit drei läufigen Hündinnen vom Regen in die Traufe.

Es kostet mich 40 Minuten, den gordischen Knoten zu entwirren. Der Schlitten stürzt nicht ab. Die Hälse bleiben so lang wie zuvor, und zum Glück kommt auch kein Iditarod Musher vorbei. Dank meiner Stimme, die an diesem Morgen selbst tosende Orkane zum Flüstern gebracht hätte, herrscht vorübergehend Ruhe im Team. Als wir weiterkommen, bin ich trotz bitterer Kälte schweißgebadet.

Der Abschnitt von Rainy Pass nach Rohn ist eins der optischen Leckerbissen dieser langen Reise. Der Trail führt über eine baumlose Hochebene, die zu beiden Seiten durch malerische Berge begrenzt wird. Doch danach kommt Dalzell Gorge . . .

Schon die Einfahrt in die berüchtigte Schlucht ist schmal, unübersichtlich, der enge Trail klebt förmlich am Hang zur Rechten. Deutlich kann ich erkennen, wo Schlitten vor mir abgerutscht und in den weichen Schnee über dem Creek gestürzt waren. So wie das Rad der Lokomotive der Schiene folgt, neigen Schlittenkufen dazu, in bestehenden Spuren zu fahren. Wenn der Vordermann auf Abwegen gewandelt ist, wird es schwer sein, seinem Beispiel nicht zu folgen. Wie in diesem Moment: Jemand vor mir hatte die Trail-Kante ausgebrochen, mein schwerer Schlitten sackt an der gleichen Stelle weg und schlägt um. Als ich von unten den Schlitten anheben und auf den Trail zurückdrücken will, versinke ich im meterhohen Schnee über dem Creek ins Bodenlose. Das Gewicht des Schlittens selbst einbezogen, liegen dort jetzt 130 Kilogramm auf der Seite. Wohl eine halbe Stunde ziehe, schiebe, zerre und hebe ich, dann steht mein Schlitten wieder auf seinen Kufen.

Der Creek, den ich so intensiv kennengelernt hatte, wird schon bald breiter. Und genau dort beginnen die wahren Tücken der Dalzell-Schlucht: Große Abschnitte dieses turbulenten Baches sind nicht zugefroren. Oft führt der Trail nur zentimeterdicht an gurgelndem Wasser vorbei.

Ich atme auf, als ich das berüchtigte Nadelöhr trockenen Fußes verlasse.

Etwa zur gleichen Zeit stolpert der 75jährige Joe Redington sen. zu Fuß in den Checkpoint Rainy Pass. »Habe mein Team verloren«, keucht er. Doch damit erzählt er dort nichts Neues: Seine Hunde haben bereits vor ihm eingecheckt. Der »Vater des Iditarod« macht seinem Zorn Luft: »Dieses gottverdammte Team ist das undiszipliniertste, das ich je hatte. ›Whoo‹ bedeutet rein gar nichts für die.«

»Old Joes« Pechsträhne hatte 24 Stunden zuvor begonnen: Kurz nach Verlassen von Finger Lake schlägt sein Schlitten auf einer Schneewehe um, kommt vom Trail ab und kollidiert mit einem Baum. Redington findet sich im Schnee wieder, während sein Team, erfreut über das geringe Gewicht, davonstürmt. In der Dämmerung macht sich Joe zu Fuß auf den Weg. Er weiß, daß die Hunde höchstens 20 bis 30 Kilometer weit gekommen sein können. Irgendwann würden sie sich in den Leinen verheddern, der Schlitten könnte umschlagen, oder ein anderer Musher fängt das Team ein und bindet es an. Plötzlich stoppt er: Da liegt doch ein Schlitten auf dem Trail! Aber nirgendwo sind Hunde. Bei näherem Hinsehen erkennt er den Schlitten von Joe Garnie, dem Zweitplazierten von 1986. Wie bei Redington waren auch Garnies Siegesträume im Dunkel der Nacht über der Alaska Range verschwunden. Die Zugleine war gerissen, nur der Schlitten und ein völlig verdutzter Musher blieben auf dem Trail zurück. Doch von diesen Einzelheiten weiß Redington noch nichts. Entschlossen und zäh wie ein »alter indianischer Mokassin« folgt er ungeachtet der Temperatur von −35° C seinen Hunden zu Fuß. Dabei gerät er ins Schwitzen, was bei solchen Temperaturen schnell zum Tod führen kann. Er stoppt und nimmt zur Abkühlung seine Pelzmütze ab. Schweißgetränkt wie sie ist, gefriert sie in Sekundenschnelle. Stunden nachdem er sein Team verloren hatte, findet er es wieder. Er kriecht in seinen Schlafsack, reißt mehrere Päckchen chemischer Handwärmer auf und benötigt vier Stunden, um wieder warm zu werden. »Und ich bringe euch Bastarde doch noch nach Nome!« knurrt der Alte, steigt erneut auf die Schlittenkufen und musht weiter. Doch geschwächt wie er ist, verliert er sein Gespann ein zweitesmal. Schließlich erreicht er Rainy Pass zu Fuß.

Ein enttäuschter Joe Garnie ist auch dort. Schon bei dem Rennen von 1991 war ihm sein Team durchgegangen, was ihn den vierten oder fünften Platz und rund 20000 Dollar Preisgeld gekostet hatte. Garnie hatte damals um sein Leben gekämpft. Doch als Eskimo steht er mit der Natur auf »Du und Du«. Er grub ein Loch, legte sich hinein und ließ sich vom Schnee zuwehen. Am nächsten Tag wanderte er 18 Stunden, bis er auf einen Motorschlittenfahrer stieß. Mit seiner Hilfe fand Garnie sein Team wieder. Wieder auf den Schlittenkufen, setzte er das Rennen fort. Nach 15 Tagen und 11 Stunden erreichte er als 23. von 60 Mushern Nome.

Als ich mich an diesem dramatischen Nachmittag Rohn Checkpoint nähere, liegt die Temperatur bei −40° C.

Rohn war bereits Anfang dieses Jahrhunderts ein Rastplatz für Reisende, vor allem für die damaligen US-Postgespanne, die sich hier von den Strapazen der Gebirgsüberquerung erholten.

Während die Iditarod Musher in der warmen Blockhütte sitzen, bauen wir unser Zelt auf, hacken Holz und befeuern den Ofen. Es ist bitterkalt. Nachts legen wir mehrfach nach, trotzdem beträgt die Temperatur morgens an meinem Schlafsack −22° C. Draußen hat sich die Kälte bei −40° C eingependelt. Als erstes hänge ich in der warmen Rohn Cabin meinen Parka auf. Die gestern durchgeschwitzte Rückenpartie war über Nacht hart wie ein Brett gefroren.

In der Hütte sitzen zehn Musher, und damit ist das Gebäude schon voll; überall stapeln sich Ausrüstungsgegenstände, voluminöse Kleidungsstücke und Essen. Fast alle Anwesenden sind zwischen 35 und 50 Jahre alt. Ihre Gesichter sind wettergegerbt, viele haben Risse und Wunden von Zweigen, die sich am Trail in ihre Gesichter gebohrt hatten. Da ist keiner ohne Falten unter den Augen. »Wie du auch«, sage ich zu mir, als ich rausgehe, um das Getränk für die Hunde anzurühren. Es ist dabei so kalt, daß über den Rand der Kühlbox gespritztes Wasser sofort gefriert.

Bald nach dem Verlassen Rohns bleiben die Berge zurück. Man sieht, wie das Land nach Norden hin sacht abfällt. Vor mir liegt die Weite Zentral-Alaskas.

»Whoo!« Meine Hunde kommen zum Stillstand. Ich öffne den Schlittensack und hole Lammkoteletts, Leberstücke und Fettwürste

*Musher Joe Garnie*

hervor. Meine Vierbeiner zeigen sich auch beim »Lunch« als Individualisten. Was Boomer unter Belastung gern frißt, brauchen Beetle, Blanco oder Charge noch lange nicht zu mögen. Doch mittlerweile habe ich die Angewohnheiten und Vorlieben meiner Freunde schon gut kennengelernt. Jeder erhält seinen Lieblingshappen. Aufgeregt tasten ihre Nasen meine Handschuhe ab. »Zugabe!« heißt das. Als nichts mehr kommt, rollen sie sich zusammen, schnaufen herzhaft und schließen die Augen.

Ich lege mich auf meinen Schlitten und lausche in die Stille hinein. Es ist absolut ruhig. Kein Vogel ist zu hören. Kein Baum knackt, kein Zweig schlägt, kein Wind haucht. Das ist die Stille der winterlichen Wildnis, der Lockruf der Einsamkeit. Wer ihn vernommen hat, wird ihn nie mehr vergessen können. Es ist ein Ruf, der süchtig macht. Einer, der diese Erfahrung machte, war der Brite Hudson Stuck, der »Erzdiakon des Yukon«, dessen Amtsstube die riesige Weite Alaskas war. Zehntausende Kilometer reiste er mit Hundeschlitten, um seine Gemeinden zu besuchen. Zu einer Zeit, als das Leben der Indianer die meisten weißen Pioniere weniger interessierte als der Schmutz unter ihren Fingernägeln, setzte sich Stuck für den Erhalt ihrer Sprache und Kultur ein – »Andernfalls wird die Welt um vieles ärmer geworden sein . . .« – und warnte davor, aus Indianern und Eskimos »Imitationen eines weißen Mannes und einer weißen Frau« zu machen. Es war der gleiche Stuck, der die Expedition zur Erstbesteigung des Mt. Denali leitete. »Ich würde lieber diesen Berg besteigen, als die reichsten Goldminen Alaskas entdecken«, hatte er geäußert. Am 7. Juni 1913 ging sein Wunsch in Erfüllung: Stuck, sein indianischer Helfer Walter Harper und zwei Begleiter standen auf dem Gipfel des höchsten Berges Alaskas.

Genau 66 Jahre später schickte sich eine andere, sehr ungewöhnliche Expedition an, den 6194 Meter hohen Berg zu bezwingen. Es waren der damals 62jährige Joe Redington sen., Susan Butcher und sieben Huskies. »Keiner von uns hatte jemals zuvor einen Berg erklettert«, sagte Redington später, »die Hunde eingeschlossen.« Es war ein Versuch, der auf 20 Tage angesetzt war, doch 44 Tage dauerte. An einem sonnigen und klaren Apriltag des Jahres 1979 war das Experiment gelungen: Vier Huskies standen schwanzwedelnd auf dem Gipfel des Mt. Denali.

Es wird Zeit, weiterzufahren. Die Sonne sinkt, und vor mir liegt eine lange kalte Nacht. Den Batteriebehälter meiner Stirnlampe habe ich unter Parka, Jacke und Überhose direkt am Körper angebracht, um die Batterien zu wärmen. Die nächsten Stunden werden mich durch das berüchtigte Farewell Burn-Gebiet führen. 1976 hatte ein Großfeuer dort 1500 Quadratkilometer Wald vernichtet. Umgestürzte Baumstämme, wenig Schnee, freiliegende Grasbüschel und ein unebener Trail machen dem Musher das Leben dort zumeist zur Hölle. Auch meine Nacht in »The Burn« wird mir unvergeßlich bleiben. Sie ist eiskalt – unter −40° C ist die Temperatur gesackt –, doch sie

*Joe Redington sen., Susan Butcher und vier Huskies auf dem Gipfel des höchsten Berges Nordamerikas*

ist geheimnisvoll und schön. Der Lichtkegel meiner starken Lampe geistert durch das Dunkel und streift totes, verbranntes Land. Die Hundeleiber vor mir schwitzen. Als Eisnebel hängen die Wolken ihres Schweißes über ihnen und legen sich wie weißer Rauhreifschleier auf meinem Schlittenbeutel ab. Da ist keine Hundeschnauze, die nicht von dicken Eisbällen gesäumt wäre. In dieser baumlosen Weite, in der das Licht nicht den leisesten Hauch Leben berührt, ist die Einsamkeit zu Hause. Und doch weiß ich, daß da draußen Leben vorhanden sein muß: Durch die verkohlten Stämme könnte ein Luchs schleichen, und irgendwo ist da vielleicht ein Wolf, der mein vorbeiziehendes Team belauscht.

Meine Hunde laufen ununterbrochen. Gelegentlich renne ich an steilen Hängen, die Finger sichernd am Handgriff, neben dem Schlitten her. Und immer wieder poltern und kratzen die Kufen über Holz und Steine. – Und nach Mitternacht kommt die Müdigkeit.

Doch nur bei mir, nicht bei den Hunden. Unermüdlich, mit der Präzision von Maschinen und der Leistungsfähigkeit von Superathleten laufen sie, laufen und laufen. Welches Tier wohl außer ihnen in der Lage wäre, mehr als 1800 Kilometer in elf Tagen zurückzulegen? Huskies sind einmalig. Um das zu spüren, bedarf es vielleicht einer eisigen Nacht in »The Burn«.

Ich habe die Augen geschlossen. Vermutlich bin ich kurz eingeschlafen, denn plötzlich schrecke ich auf. Der Schlitten steht. Ich leuchte die Hunde an. »Norton!« brülle ich. Er hat eindeutige Absichten bei Zinger. Bloß das nicht. Ich stürze nach vorn, stolpere dabei über meine eigenen Beine, falle über die Zugleine, kann jedoch die beiden im letzten Moment voneinander trennen.

150 Kilometer nach meinem Aufbruch in Rohn erreiche ich kurz nach drei Uhr nachts Nikolai, ein kleines Indianerdorf von 109 Einwohnern mit vielen Blockhäusern und einer hübschen Kirche mit Zwiebeltürmchen. Ich halte an einem Haus, in dem noch Licht brennt.

»Die anderen Musher sind beim Dorfgemeinschaftshaus«, sagt der örtliche Iditarod Checker. Ich treffe dort auch Karin und Bill. Zu meiner Überraschung sind sie gerade erst eingelaufen, obwohl sie lange vor mir aufgebrochen waren. Wir haben die Hunde bereits versorgt, als Karin auf mich zukommt: »Ich habe mich gerade schlaugemacht: Ein Bett in der Lodge kostet 40 Dollar.«

Es ist inzwischen fünf Uhr morgens, und in ein paar Stunden wird es sowieso hell. Erst für die vorletzte Nacht hatten wir am Rainy Pass einen ähnlich exorbitanten Preis für kaum mehr als ein Bettgestell bezahlt, wobei Bill sogar noch auf dem Fußboden geschlafen hatte. Mir geht das wider die Natur. Ich gehe zu Bill, um seine Meinung zu erfragen. Er ist müde, zerschlagen und kurz angebunden: »Ich will einige Stunden gut schlafen. Darüber hinaus ist mir alles egal«, sagt er und geht zur Lodge.

In mehr als 12 Jahren Reise durch alle Winkel der Welt war ich noch nie auf die Idee gekommen, bei einem Zwischenstopp auf einer Wildnisreise im Hotel zu schlafen, solange mir ein Schlafsack, ein Zelt, vielleicht ein Schuppen oder auch nur ein regenfreies Himmelszelt zur Verfügung stand. »Nein, Karin«, sage ich, »ich schlafe hier im Schlitten.« Im Handumdrehen ist er entladen. Ich blase meine Spezialmatratze auf und wechsle die Socken, um nicht den geringsten Hauch von Feuchtigkeit an den Füßen zu haben. Auf das Reisethermometer habe ich an diesem Morgen nicht geschaut, doch ich spüre, daß es die bislang kälteste Nacht meines Lebens werden wird. Vorsichtshalber krieche ich mit Parka in den Schlafsack. Als ich die Handschuhe ausziehe, um Schlafsackreißverschluß und Schlittenbeutel zuzuziehen, ahne ich nicht, daß dieser Entschluß folgenschwer sein wird.

Ich weiß nicht, wie lange es gedauert hat, bis Schlafsack und Schlittenbeutel geschlossen sind. Mehr als zwei, drei Minuten waren es nicht. Doch plötzlich merke ich, daß meine Hände entsetzlich kalt sind. Es ist eine Kälte, die ganz tief in den letzten Winkeln meiner Knochen und Nerven sitzt. Mir wird bewußt, daß ich mir meine Fingerspitzen erfroren habe. Ich schiebe meine Hände dorthin, wo die meiste Körperwärme zugänglich ist: unter die Achseln und zwischen die Schenkel. Ein wahnsinniger Schmerz durchzieht mich. Einen Augenblick fühle ich mich einer Ohnmacht nahe. Nach langer Zeit läßt der schlimmste Schmerz nach. Ich schlafe ein.

Als ich wach werde, ist es kurz vor neun Uhr. Ich öffne den Schlittenbeutel – und sehe geradewegs in das freundliche Gesicht eines älteren Indianers. »Warum schläfst du denn bei 42 Grad Kälte im Schlitten?« fragt er. »Als Musher hättest du doch hier in der Schule, der Bücherei oder auch kostenlos in der Lodge übernachten können.« Er schmunzelt: »Du mußt wissen, Nikolai ist der gastlichste Ort am Iditarod Trail.«

# Von Nikolai nach Cripple – Tagebuchnotizen und Rennreport –

## Tagebuchnotiz vom 5. März: Nikolai

*Meine Hände kann ich jetzt kaum noch bewegen. Schon vor Tagen hatten sich – wie bei jedem Musher – durch Kälte und ständiges Hantieren mit Schnee und Wasser Risse in der Haut gebildet. Täglich werden sie weiter, tiefer und schmerzhafter. Die Erfrierungen der letzten Nacht haben alles verschlimmert. Nikolai hat zwar keinen Arzt, jedoch eine Medizinalstation. Man gibt mir Salben und hauchdünne Gummihandschuhe mit dem Rat, diese beim Hundefüttern anzuziehen.*

*Nach der Behandlung gehe ich in die Cafeteria. Ein bulliger Indianer mit breitem Gesicht, freundlichen Zügen und langem schwarzem Haar gießt mir heißen Kaffee in einen Pappbecher.*

*Kirche in Nikolai*

*Mein Gott, sind die ersten Schlucke himmlisch. Dann wähle ich unsere Telefonnummer daheim in Tanana. Mit erfrorenen Fingerspitzen und angeschlagenem Kreislauf bin ich an diesem Morgen für Juliana weniger ein interessanter Unterhalter als jemand, der Aufmunterung braucht.*

*Als ich später die Hunde fütterte, wird mir das Ausmaß meiner Verletzung richtig bewußt: Jede Bewegung dauert dreimal so lange wie zuvor, keine Arbeit kann ich ohne Handschuhe erledigen.*

**Rennreport: 5. März**

Joe Runyan, der Champion von 1989, und »Rookie« Doug Swingley führen das Iditarod an. Am 5. März nähern sich die Freunde Cripple. 60 Sekunden vor Runyan läuft Swingley dort ein und erhält damit den »*Halfway Award*«, Silbermünzen im Wert von 3000 Dollar. Seit dem Start reisen »Fuchs« Runyan und Swingley, der Renn-Neuling, zusammen. Seit 859 Kilometern haben sie unverändert den gleichen Rhythmus: sechs Stunden Fahrt, sechs Stunden Rast ... Darin unterscheiden sie sich nicht wesentlich von den anderen. Was verblüfft, ist die Rennstrategie Runyans: Während alle anderen Musher bereits ihre 24-Stunden-Zwangspause genommen haben, schiebt er sie noch vor sich her und drängt von Checkpoint zu Checkpoint weiter. Knapp elfeinhalb Stunden nach Runyan erreicht Martin Buser Cripple. Der aber hat seine Pause schon hinter sich und ist damit Runyan rechnerisch mehr als 12 Stunden voraus. Ist aus dem »Fuchs« ein »Spieler« geworden, der alles auf eine Karte setzt? Hofft er auf einen Schneesturm, der ihn von den folgenden Teams separiert, oder welchen Trumpf hat Runyan sonst noch im Ärmel?

## Tagebuchnotiz vom 6. März: McGrath

*Die Temperatur ist seit gestern um 30 Grad auf −12° C geklettert. Liegt Neuschnee in der Luft? Vor meinem Aufbruch bummele ich durch das kleine Nikolai, in dem eine hübsche Holzkirche an das russische Erbe Alaskas erinnert. Ich wundere mich, daß auf dem angrenzenden Friedhof keine Spuren im Schnee zu entdecken sind. Vermutlich werden hier wie in vielen Gemeinden und Städten Alaskas die Toten im Winter tiefgefroren und erst im Frühjahr bestattet.*

*Am frühen Nachmittag erreiche ich McGrath am Kuskokwim River. Mit nur wenig mehr als 500 Einwohnern ist es bedeutendster Ort in diesem Teil Alaskas. An den Ufern des Flusses haben Fan Clubs große Willkommenstafeln aufgestellt: »We want you to win, Martin Buser« und »Joe Runyan, good luck – all the way to Nome!«*

### Rennreport: 6. März

Um 10.05 Uhr erreicht Joe Runyan, 60 Sekunden vor Doug Swingley, Ruby am Yukon. Er kassiert dafür nicht nur 3500 Dollar, sondern ist Gast eines Spitzen-Hotels aus Anchorage, das ihm in einem Busch-Blockhaus – werbewirksam vor laufenden Kameras – bei Pianoklängen, Kerzenschein und Champagner ein 7-Gänge-Gourmet-Essen serviert. Doch trotz allen Pomps bleibt die Frage offen: Hat der »Spieler« nicht bereits ausgespielt? Martin Buser erreicht Ruby noch am selben Tag um 17.41 Uhr. Da Runyan hier die vorgeschriebene 24-Stunden-Pause antritt, ist ihm Buser nun mehr als 16 Stunden voraus. Das ist ein Vorsprung, der kaum einholbar scheint.

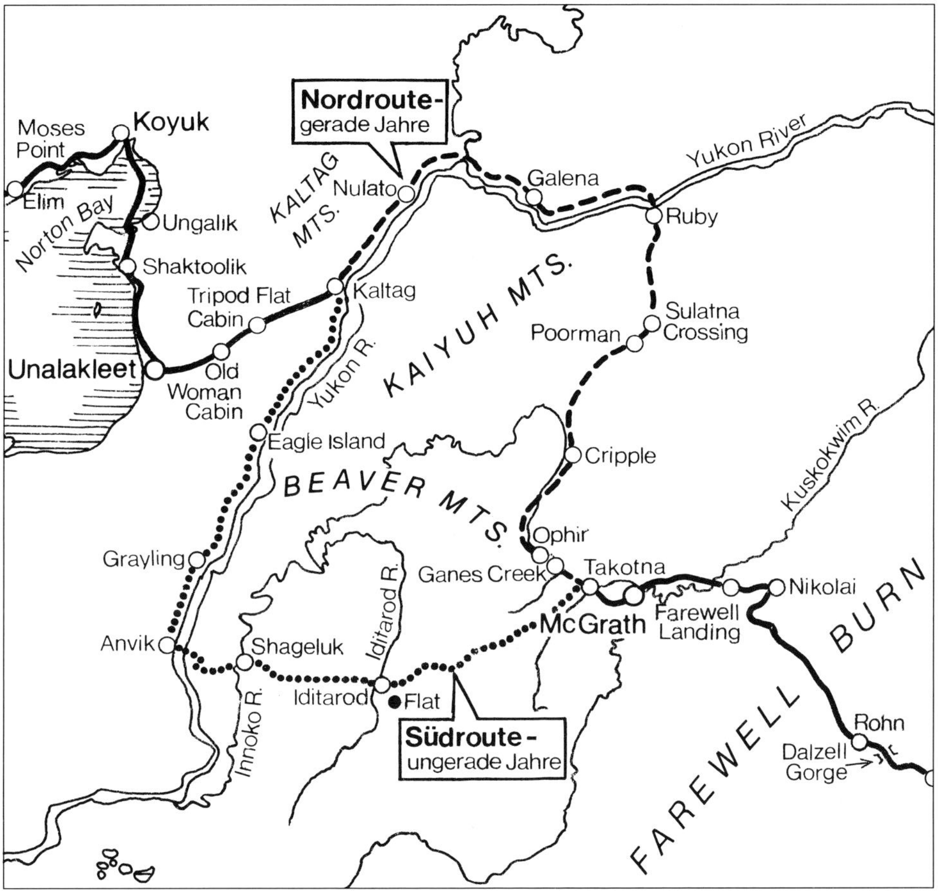


*Iditarod Trail: Rohn–Beringmeer*

## Tagebuchnotiz vom 7. März: Ophir

*Bei einer Inspektion haben wir an Karins Schlitten acht gebrochene Bolzen festgestellt. Meiner – auf traditionelle Weise mit Lederstreifen und Schnüren zusammengehalten – hat sich bestens bewährt.*

*Im Süden des Iditarod Trails ist es inzwischen ruhig geworden. Das Schlußlicht bildet ein Musher von der Ostküste, der dort für die Waschmaschinenfirma Maytag arbeitet. Schon sind Witze im Umlauf: »Der Maytag-Mann kommt deswegen so langsam voran, weil ihm die Hausfrauen am Trail ihre Waschmaschinen zur Reparatur bringen.«*

*Wir haben jetzt erfahren, daß der alte Oberst Vaughan leider schon vor Tagen aus gesundheitlichen Gründen aus dem Rennen ausgeschieden ist. Abgesehen vom Maytag-Mann sind jetzt nur noch drei Musher hinter uns. Jim Davis ist einer davon: Als ich in McGrath starte, folgt er mir mit 17 Hunden unmittelbar auf dem Fuß, erreicht jedoch die nur 38 Einwohner zählende Siedlung Takotna lange nach mir. Für Takotna ist das Rennen das größte Ereignis des Jahres. Schon seit Tagen stehen die Einwohner auf den Straßen, um jeden Ankömmling persönlich zu begrüßen, immer ist heißes Wasser für die Hunde und ein Essen für den Iditarod Musher bereit. Takotna steht in dem Ruf, daß es das, was ihm an Größe fehlt, durch Gastfreundschaft wettmacht.*

*Als wir Ophir erreichen, ist es bereits seit Stunden dunkel. 1908 hatte hier ein Glücksritter Gold entdeckt, kurz danach lebten 2000 Menschen in Ophir. Heute ist es eine Ghosttown.*

**Rennreport: 7. März**

Das Iditarod-Rennen scheint zu einem Duell zwischen Martin Buser und Susan Butcher zu werden. Die 3½stündige Führung Busers wurde durch Susan auf 55 Minuten reduziert. Doch ihre Pausen werden kürzer, die Anforderungen an ihre Hunde dadurch immer größer. Wie lange kann sie das durchhalten, zumal Buser noch über 17 Hunde verfügt, Butcher hingegen von ursprünglich 20 Huskies nur noch 12 vor dem Schlitten hat?

Mittlerweile sind Joe Runyan und Doug Swingley nach ihrer 24-Stunden-Rast wieder im Rennen. Doch sie liegen weit hinten.

## Tagebuchnotiz vom 8. März: Cripple

*Der Checker in Ophir warnt uns: »Es kann sein, daß eure Hunde nach dem Aufenthalt hier Durchfall bekommen.« Einige der rund 800 im Rennen verbliebenen Huskies hatten ernste Gesundheitsprobleme gehabt.*

*Zunehmend beunruhigt mich, daß die Kluft zwischen dem Gros der Rennteilnehmer und uns immer größer wird. Demnächst, ab Ruby, werde ich auf 813 Kilometern ganz auf mich allein gestellt sein ...*

*Soll ich versuchen, Anschluß an das Rennen zu bekommen?*

*Meine Hunde sind in ausgezeichneter Verfassung. Keiner hat wundgelaufene Füße, niemand humpelt. Nicht einer hat nennenswert Gewicht verloren. Ich weiß, daß sie schneller und stärker sind als die vieler Rennteams im hinteren Feld. Doch sich anzuschließen hieße, Tag und Nacht unterwegs zu sein: sechs Stunden Fahrt, sechs Stunden Rast ...*

*Das ist nicht das, was ich eigentlich wollte. Ich beobachte schon jetzt, daß die täglichen Pflichten auf dieser Reise nur sehr wenig Spielraum für Begegnungen, Gespräche und keinerlei Muße lassen.*

*Als wir an diesem Nachmittag bereits gegen 16 Uhr im Checkpoint Cripple ankommen, fällt einstimmig die Entscheidung, die Nacht dort zu bleiben. Mit Ausnahme einer fünfköpfigen Iditarod-Mannschaft, bestehend aus zwei Checkern, zwei Tierärzten und einem »radio operator«, ist niemand mehr anwesend. Man lädt uns ein, im Musher-Zelt zu schlafen. Barry, ein Checker, führt uns zu einem riesigen Berg Hundefutter, der von den Mushern zurückgelassen wurde. »Das dürfte Fleisch im Wert von 3000 Dollar sein. Nehmt was ihr wollt. Das Zeug auszufliegen, kommt zu teuer. Wir lassen es für die Bären und Wölfe zurück.«*

*Da sind Biberteile, fette Hähnchen- und Truthahnhäute, in 10-kg-Beuteln abgepackte Lamm-, Schweine- und Rinderkoteletts, Fleischwürste, speziell zubereitete Frikadellen, Hering, Lachs, Leber, wertvolle Fette und Hähnchenkeulen. Bis auf den sauren Lachs sind alle Stücke von solcher Qualität, daß sie unbedenklich auch für den menschlichen Genuß geeignet wären. Ein Musher, der sowieso schon ein Vermögen für die Iditarod-Teilnahme ausgibt, wird keine zweitklassige Ware als Hundefutter kaufen – und zudem, jeder Hund benötigt bis zu 8000 Kalorien pro Tag.*

*Das Dilemma ist, daß an jedem Checkpoint ausreichend Futter »für alle Fälle« da sein muß. Schneestürme mögen die Weiterfahrt für Stunden oder gar Tage verzögern. Es muß fettreiches Fressen für klirrende Kälte wie auch leichtes, kalorienarmes, für warme Tage da sein. In den Checkpoints greifen die Rennteilnehmer schnell dasjenige, was sie in der jeweiligen Situation gerade benötigen. Der Rest, und zumeist ist das sehr viel, bleibt zurück. In den Ortschaften findet er dankbare Abnehmer, doch daß er in den Wildnis-Checkpoints einfach zurückgelassen wird, geht mir wider die Natur.*

*Abends laufen die letzten drei Iditarod Musher in Cripple ein. Der Maytag-Mann hat aufgegeben. Es sieht so aus, als sei morgen das große Rennen endgültig an uns vorbeigezogen.*

**Rennreport: 8. März**

Man spricht vom »Phantom der Arktis« und meint Martin Buser. Seit Tagen betragen seine Pausen in den Checkpoints zwischen Ruby und Kaltag nur noch rund vier Stunden. Das Rennen hat eine andere Dimension bekommen: Es geht ums Ganze. Am 8. März, um drei Uhr nachts, verläßt Buser den Ort Kaltag. Nach 11 Stunden und 23 Minuten hat er die 145 Kilometer lange Strecke zur Küste überwunden und ist in Unalakleet am Beringmeer. Ein Konvoi von Motorschlitten empfängt ihn und geleitet ihn in die Eskimo-Siedlung, in der 250 Menschen zu seinem Empfang bereitstehen. In der Luft eskortieren ihn Flugzeuge und ein Hubschrauber.

An diesem Tag steht hinter dem Namen Joe Runyans in den offiziellen Rennunterlagen der Hinweis: »*scratched*«. Der »Spieler« hat à la Dostojewski die Konsequenz aus seinem verlorenen Glücksspiel gezogen: Aber anstelle von Revolver und russischem Roulette entschloß er sich, das Rennen aufzugeben.

# Im Goldland – Von Cripple nach Ruby am Yukon (9.–11. März) –

Zwei Iditarod Musher hatten den Checkpoint Cripple bereits nachts gegen zwei Uhr im Schneetreiben verlassen. Jim Davis, der dritte des Trios, war nach Magenkrämpfen und Durchfällen zurückgeblieben. Beim Aufbruch seiner Kameraden war er in Panik geraten: »Wartet auf mich, ich will nicht allein sein!« Sie hatten ihm zugesichert, in Ruby auf ihn zu warten.

Als ich gegen acht Uhr morgens meinen Hunden zu saufen gebe, blicke ich in die Augen einer verschworenen Gemeinschaft: Keiner nimmt etwas zu sich. Das Trinkverhalten ist bei Huskies bekanntlich das Barometer des Wohlbefindens. »Was ist also mit euch los, Freunde? Wo ich doch euer Süppchen nach allen Regeln der Musher-Kunst gekocht habe. Seid ihr krank? – Doch danach seht ihr mir eigentlich nicht aus.«

Ich locke, ködere, umwerbe. »Wie wäre es mit Leber?« Doch meine Hunde machen selbst dabei ein ähnlich beleidigtes Gesicht wie unsere Tochter, wenn man ihr Spinat vorsetzt. Schließlich bitte ich die Tierärztin Joan Winter um eine Untersuchung. »Die sind okay; Füße in Ordnung, keine Muskelverletzung, nicht ein Tier ist dehydriert«, sagt sie.

Ich habe nie erfahren, weshalb mich meine Vierbeiner an diesem Morgen so abblitzen ließen. Hatte ich sie am Abend zuvor mit all den Köstlichkeiten vom »Abfallhaufen« dieses Rennens schlichtweg überfüttert?

Mehr als zwei Stunden bringe ich so mit den Hunden zu. Als ich endlich loskomme, sind Bill, Karin und Jim Davis längst unterwegs.

Der 192 Kilometer lange Trail nach Ruby ist hart und von den vorangegangenen Teams ausgefahren. Die dünne Neuschneedecke der letzten Nacht hat daran nicht viel ändern können. Mehrfach überqueren wir *overflows*, wo Creek-Wasser durch das Eis gedrungen war. Unvermittelt verharren meine Hunde, beide Leader stehen bis zur Brust in den Fluten.

»*Go! Go!*« feuere ich sie an. Vorsichtig setzen sie einen Fuß vor den anderen, schon reicht ihnen das Eiswasser bis über die Rücken. Ich stemme mich auf dem Schlitten hoch. Plötzlich kippt er zur Seite weg, und ich versinke bis an die Knie im eisigen Wasser. Ich habe an diesem Tag ein Loblied auf den Erfinder der Bunnyboots angestimmt. Meine Füße bleiben zum Glück trocken, doch meine Hosenbeine frieren hart wie Eisenrohre.

Nein, das ist kein Tag der Hochstimmung. Grau ist der Himmel, mühsam quält sich die Sonne durch eine schmuddelige Schicht dünner Wolken. Auch das Land ist eintönig. Das Pochen der Schlittenkufen auf dem welligen Boden wirkt einschläfernd. Plötzlich schrecke ich auf – meine Leit- und Swing-Hunde sind wie vom Erdboden verschluckt!

Whoo-Brüllen und Auf-die-Bremse-Treten ist die spontane Reaktion.

Vor mir liegt ein senkrecht abfallender, fast schneeloser, drei Meter tiefer und ebenso breiter Graben.

»*Easy*«, sage ich, »ganz langsam«, und meine vierbeinigen Artisten springen den einen Hang hinab und mühelos den anderen hinauf. Zentimeter für Zentimeter lasse ich den Schlitten folgen. In diesem Moment ruckt ein Hund an, es ist nur ein Sekundenbruchteil, doch der reicht... Mein Schlitten rutscht und schlägt mit dem Brushbow, der Rundung zum Abfangen von Stößen, auf den Boden. Knacks!

Der Brushbow ist angebrochen. Während ich mit allen Kräften den schweren Schlitten auf der anderen Seite hochstemme, meint Blanco, daß es Zeit für ein Schäferstündchen bei Zinger sei, und deckt sie. Nach alledem kann es mich gar nicht sonderlich erregen, daß nun auch Zinger erheblichen Blutverlust hat und zu fressen aufhört. Dabei ist doch Freitag der 13. erst in vier Tagen.

Ich habe oft empfunden, daß die Abende beim Reisen die Belohnung für die Mühen des Tages sind. Heute gilt das ganz besonders. Es beginnt damit, daß mein Team beim Anblick des Futters wie ein Rudel halbverhungerter Wölfe reagiert. Schon steigt meine Stimmung.

*Iditarod Champion von 1975, Emmitt Peters, ist auch bei diesem Rennen dabei.*

Es schneit ganz leicht, und die Temperatur liegt am Gefrierpunkt. Irgendwo knackt es im Wald, ich meine sogar einen Vogel zwitschern zu hören. Auf dem Lagerfeuer taue ich Schnee, erhitze Wasser für den Tee, lausche dem Prasseln des Feuers und brate Wurst an einem Stock.

Morgen werde ich Ruby erreichen. Bill und Karin werden dort nach Tanana abknicken, und mein Alleingang beginnt. Das bedeutet, daß künftig niemand wissen wird, wo ich mich aufhalte – auch im Notfall. Es hatte Momente gegeben, in denen ich mich gefragt hatte, ob ich es verantworten könne, allein und so weit hinter den Schlußlichtern des Iditarod-Rennens herzureisen. Doch diese stille, schöne Nacht gibt mir mein altes Selbstvertrauen zurück. Ich bin gewohnt, Unternehmungen allein zu machen. Nie bin ich mit festgefügten Gruppen unterwegs gewesen. Auf mich gestellt fühle ich mich flexibel und habe die Möglichkeit zu spontanen Entschlüssen. Alleinsein heißt bei mir allerdings, mit Juliana zu reisen. Doch wir sind über die Jahrzehnte auf den Straßen, Trails und Flüssen dieser Welt so aufeinander eingespielt und miteinander vertraut geworden, daß die Gedanken und Entscheidungen des einen zumeist wie die des anderen sind.

Während ich im Schlitten liege und höre, wie der feuchte Schnee auf den Beutel fällt, freue ich mich auf das Neuland vor mir. Bei den Hunden ist es still. Meine Elf verdaut zufrieden und schöpft Kraft für die zweite Halbzeit. Vor ein paar Monaten erst hatten wir begonnen, ein Team zu werden. Seitdem haben uns Stürme, Schnee, Kälte und Gefahren zusammengeschweißt:

»Da bist du, Beetle, du Hund mit dem ungeheuren Antrieb. Dein Kopf ist bei der Arbeit immer dicht über dem Trail, wie auch dein Schwanz, denn schwanzwedelnde Huskies ziehen nicht. Obwohl wir so spät mit deinem Training begonnen haben, hast du kein Anzeichen von Schwäche gezeigt. Du bist immer hungrig, trinkst gut und bewahrst deine Energie nur für einen Zweck: Ziehen.

Zumeist ist Speedy neben dir: Du kleine Rotbraune hast dich nach der Liebesaffäre mit Beetle einigermaßen erholt.

Cy, mein ›schwerer Junge‹ mit dem Wolfskopf und dem romantischen Blick: Du hast dich zu einem meiner Schwerstarbeiter entwikkelt. Nie setzt du aus, doch seit kurzem stürzt du dich nicht mehr so wild aufs Fressen wie zuvor. Ganz anders Blanco, mein Weißer, mein Blaublütiger mit dem exzellenten Stammbaum: Du hast auch bei einem Trott von 20 Stundenkilometern einen solch ruhigen Rücken, daß man es wagen möchte, eine Tasse Tee daraufzustellen. Dabei hatte ich dich anfangs überhaupt nicht gemocht. Du warst smart und verstandest es, gerade soviel zu arbeiten, daß deine Zugleine straff war – ohne dabei im geringsten zu ziehen. Doch das haben wir gemeinsam überwunden.

Und nun zu dir, Screamer! Unsere Beziehung hat sich während der letzten Wochen abgekühlt. Du warst vor dem Start der Leader, auf den ich am meisten gebaut hatte. ›Dick, faul und gefräßig‹ ist das Vokabular, das mir für dich verblieben ist. Ja – und dich, Zinger, hat seit heute der Ruf der Natur vorübergehend zur Invalidin gemacht. Aber auch davor war deine Leistung nicht beeindruckend. Ganz anders bei dir, Charge, der du einen 2-Kilo-Brocken steinhart gefrorenen Lachses in Minutenschnelle verputzt. Du arbeitest hart – zu hart sogar. Dein Nachbar Tamarack, der Trapline-Hund, ist da schon klüger. Tamarack, du alter Bursche mit abertausend Kilometern Lebenserfahrung auf dem blanken Eis des Yukon, du teilst deine Kräfte ein. Du bist keiner, der auffällt, doch einer, der seine Arbeit leistet, wenn sie gefragt ist. Das gilt auch für dich, Norton. Deine Zugleine ist immer straff.

Zu euch, meine großen Wheel-Hunde, komme ich zum Schluß. Ich weiß, was ich euch schuldig bin. Ihr bekommt die größten Portionen, ihr Hunde ohne Makel. Dabei . . . hätte Carol dich, Junior, nicht aufgenommen, wärst du von deinem Herrn erschossen worden, weil du ihm zu langsam warst. Doch hier, bei dem Alaska-Marathon, bist du mit deiner Kraft und Ausdauer genau am richtigen Platz. Weißt du noch, Boomer – Sohn des alten Zooey –, wie ich dich anfangs nannte: Heulboje. Wenn daheim das Klappern des Futtereimers erklang, kreischte keiner verrückter als du. Du bist immens stark und ein gleichmäßiger Hochgeschwindigkeitstrotter, das lieben wir Musher. Du bist der Verfressenste von allen. Das ist gut, denn du arbeitest für zwei oder gar drei. Ist Beetle der Kopf meines Teams, bist du sein Rückgrat.«

*Zur Blütezeit Rubys: Trapper mit Riesenschlitten und reicher Pelzausbeute*

Das Land zwischen Innoko- und Yukon River, das wir am nächsten Tag durchfahren, ist Goldland. Seine große Zeit erlebte es im ersten Viertel dieses Jahrhunderts. Auch die Geschichte unseres Tagesziels, Ruby, ist aufs engste mit dem glänzenden Metall verknüpft.

Gold ließ den Ort entstehen, doch sein Name geht auf einen farbblinden Prospektor zurück, der die Kiesel im Ruby Creek für Rubine hielt. Als 1910 die großen Goldfunde gemacht wurden, begann hier der Rush. 1912 gaben die umliegenden Creeks Gold im Werte von 750000 Dollar. Schon wenige Jahre später schickte sich der Ort an, dem kaum älteren Fairbanks seinen Rang als Nabel Alaskas abzulaufen. Es gab einiges, was dafür sprach, vor allem seine Lage: Es war schnell über den Fluß zu erreichen und befand sich halbwegs zwischen den Goldmetropolen Dawson City im Osten und Nome im Westen. Von Mitte Mai bis Ende September bestand Zugang mit Schaufelraddampfern, im Winter per Hundeteams.

Wieder einmal hatte man sich erstaunlich schnell mit den Gegebenheiten arrangiert: Post kam im Winter per Schlitten zweimal die Woche so pünktlich, daß man die Uhr danach stellen konnte. Doch sieben Jahre nach dem Boom wurde es still in Ruby. Der *pay dirt*, das Oberflächengold in den umliegenden Creeks, war abgekratzt, und die Sourdoughs machten sich auf den Weg zu neuen Plätzen und Abenteuern.

Jahre zuvor, während meines Yukon-Alleingangs zum Beringmeer, hatte ich Ruby in einer zauberhaften Mittsommernacht im Kajak passiert. Der Schein der nächtlichen Sonne hatte nur knapp über den Baumwipfeln gestanden, und ich erinnere mich noch genau, wie mich schon damals die Lage dieses 250-Seelen-Ortes beeindruckt hatte.

Ruby liegt an einem steilen Hang am Südufer des Yukon. Auf halber Höhe, mit wunderschönem Blick über den breiten Fluß, befindet sich die kleine Blockhütte des Trappers Lennie Lorenz. Auf seinem Grundstück binde ich mein Team an.

»Wolf hat dich eingeladen, die Nacht bei ihm zu verbringen«, überrascht er mich.

Ich hatte noch nie von einem Mann namens Wolf gehört. Ich wußte kaum etwas über die Einwohner Rubys. Ich hatte ein paar Säcke mit Hundefutter und Kartons mit Ausrüstungsgegenständen bei einem Bekannten Bills vorgefunden. Dann war mir noch bekannt, daß Emmitt Peters, einer der wenigen Indianer Alaskas, die das Iditarod gewonnen hatten, hier lebte.

Ich gehe rüber zu Wolf, der nur einen Steinwurf von Lennie entfernt wohnt, und fühle mich gleich wie zu Hause.

»Setz dich und trink erst mal 'nen Kaffee«, sagt der Endfünfziger und schiebt mir einen Becher über die Tischplatte. An seiner Außentür hatte ich auf einer Tafel gelesen »*Den Wachhund kannst du vergessen, aber hüte dich vor dem Eigentümer!*«. Der befindet sich nun mir gegenüber und sieht eigentlich gar nicht bissig aus: freundliches Gesicht, bis über die Schultern reichende Haare, kleiner Schnauzbart.

Ein mächtiger knorriger Baumstamm unterteilt den Raum, in dem wir sitzen, in Wohnzimmer und Küche. An den Wänden stehen Nürnberger Lebkuchen-Dosen, ein Stück weiter hängen Härke- und Wolters Pilsener-Bierdeckel neben dem Fell eines Luchses. »Den habe ich gegessen«, sagt Wolf. »Schultern und Rückenpartien sind eine Delikatesse.«

Daß er Luchs schmausen, in der kalifornischen Wüste Schlangen fangen und später in Alaska der Künstler von Ruby werden würde, war beileibe nicht abzusehen, als Wolfgang Hebel im niedersächsischen Braunschweig aufwuchs. »Doch als halber Indianer habe ich mich schon damals gefühlt«, sagt er. Folgerichtig wanderte er nach Kanada aus, ging aber schon bald in die USA. Doch Kalifornien war ihm zu voll. So kam er nach Alaska.

»Mit meiner späteren Frau Alice, einer Eskimo aus Nome, bin ich auf dem Yukon River von Eagle nach Holy Cross gepaddelt.«

»Erzähle, Wolfgang.«

Wenn zwei, die das gleiche hinter sich haben, in Erinnerungen schwelgen, vergeht bekanntlich die Zeit wie im Fluge.

»Unser merkwürdigstes Erlebnis hatten wir, nachdem wir eine ganze Nacht durchgepaddelt waren«, berichtet Wolfgang. »Am nächsten Morgen liefen wir eine kleine Insel an, bauten das Zelt auf und legten uns aufs Ohr. Stunden später wachte ich auf. Ich sah aus dem Zelt . . . das Boot war weg! Ich griff die Winchester und raste am Ufer entlang. Der einzige, der mir über den Weg lief, war ein Bär. Glaube mir – der kam mir in diesem Moment gerade recht: Ich habe ihn auf deutsch angebrüllt, daß er nur so durch die Büsche geflüchtet ist. Als ich, ohne das Boot gefunden zu haben, zum Zelt zurückkam, sahen meine Füße wie rohe Frikadellen aus. Daß ich den ganzen Tag barfuß über Steine und Dornen gelaufen war, hatte ich gar nicht bemerkt.«

Wolfgang steht auf, geht in die Küche, holt Kaffee und gießt uns beiden nach.

»Das war eine vertrackte Situation. Was blieb uns anderes übrig, als mit dem, was wir hatten, ein Floß zu bauen!« Er lächelt. »Währenddessen brannte immer ein Riesenfeuer, denn Alice hatte fürchterliche Angst vor Bären. Naja, endlich hatten wir das Floß fertig und trieben damit Richtung Beaver. Plötzlich hörte ich ein Motorboot. ›He, die muß ich auf uns aufmerksam machen‹, sagte ich und

*Wolfgang, der Abenteurer aus Braunschweig, wurde der Künstler von Ruby.*

schoß in die Luft. Es waren Einwohner von Beaver, die uns suchten. Jemand aus dem Ort hatte unser treibendes Kajak gefunden. Da sie darin mein Tagebuch entdeckt hatten, wußten sie halbwegs, wer wir waren. Allerdings nahmen sie an, daß wir mit Baby unterwegs wären. Ich hatte nämlich geschrieben, wir würden George mit der Hand füttern.«

»Wer war denn George?«

Wolfgang grinst: »Warte ab. Weil sie dachten, daß wir samt Baby verschollen waren, hatten sie sogar die Polizei benachrichtigt. Die wollten eine Suchaktion starten, wenn die Beaver-Leute uns nicht finden würden. Was glaubst du, was das für ein Gelächter gab, als sie erfuhren, daß George unsere Eule war.«

Es wird spät an diesem Abend, der Zeiger der Uhr ist schon über Mitternacht hinausgewandert. Und Wolfgang, der Ex-Braunschweiger mit Blockhäuschen und Traumblick auf den Yukon, plaudert aus seinem Leben. Ich bin ein bereitwilliger Zuhörer. Die letzten drei Iditarod Musher haben Ruby vor ein paar Stunden verlassen. Macht nichts, ich werde mich schon allein nach Nome durchschlagen.

»Erzähle weiter, Wolfgang, was geschah danach?«

»Alice flog von Tanana nach Fairbanks, um Verwandte zu besuchen. Später in Galena wollte sie wieder zu mir ins Boot steigen. Ich paddelte also vorübergehend allein. Ich sage dir, das war ein heißer Sommer! Es gab jede Menge Waldbrände, und der Qualm lag wie dicker Nebel in der Luft. Eines Abends war um mich herum eine fast unheimliche Stimmung. Die Sonne stand als riesiger mattroter Ball am Himmel. Es lag soviel Rauch über dem Land, daß ich ohne weiteres in die Sonnenscheibe hineinsehen konnte. Doch da war in dieser Nacht noch so ein merkwürdiges Geräusch: eine Art Donner oder fernes Schießen. Ich dachte zunächst, es sei ein Militärübungsplatz in der Nähe, bis ich merkte, daß von der Sonne aufgetaute Sandmassen die Uferbänke herabpolterten. Ich war bei den *palisades* angekommen.«

Die in Alaska als *palisades* bekannte Uferregion des Yukon sollte Wolfgangs Leben entscheidend beeinflussen. »*Bone yard*« ist eine andere Bezeichnung für das Gebiet, in dem die Erosion immer wieder fossile Knochen und bestens erhaltene elfenbeinerne Stoßzähne prähistorischer Mammuts freilegt. Sie dienen Wolf, dem gelernten Glasbläser und heutigen Künstler, als Rohmaterial für seine Schnitz- und Gravurarbeiten. Wolfgangs Wohnung ist eine kleine Kunstgalerie: Da finden sich aus jahrtausendealtem Elfenbein herausgearbeitete Bären- und Adlerköpfe – aber auch mächtige Elchgeweihe mit Nordland- und Schlittenhundemotiven.

»Doch für das Privileg, in einer schönen Ecke am Ende der Welt wohnen zu dürfen, zahlt man einen hohen Preis«, sagt Wolfgang. »Lebensmittel im kleinen Store sind teuer. Wer einmal andere Gesichter sehen, den Zahnarzt oder einen Supermarkt aufsuchen will, muß einen Flug nach Fairbanks oder Anchorage kaufen.«

»Aber dafür hast du einen 100000-Dollar-Blick.« Ich drücke dabei meine Nase an die Fensterscheibe und sehe weit unter mir im

*Aufbruch mit meinem Team zur 2000-km-Reise durch Alaska*

*Mein Team bei einer Rast am Rainy Pass*

*Durch die zauberhafte Landschaft der Alaska Range. Im Hintergrund Mt. Denali.*

*Iditarod Teams bei der ersten großen Rast in Skwentna*

*Iditarod-Pilot vor seiner Maschine. Er fliegt die Mitarbeiter der Rennorganisation von Checkpoint zu Checkpoint.*

*Frank und Betsy Torres, unsere Gastgeber in McGrath.*

*Denis Douglas: er wandert durch Alaska!*

*Vor Einbruch der Dunkelheit zwischen Koyuk und Elim. Meine Hunde rollen sich zum Schutz vor dem Wind zusammen. Beetle und Speedy sind in Lead.*

*Athabasca-Indianer Freddy Jordan mit Team*

*Winter, ade; doch mit der Schneeschmelze kommt auch das Hochwasser.*

Dunkel der Nacht die Konturen des zugeschneiten Yukon. Nach der Wärme der letzten Tage ist es wieder kälter geworden. Die Temperatur ist auf $-20°$ C abgesackt.

»Ich lade dich für heute abend zum Essen ein. Du bleibst doch noch ...?!« fragt Wolfgang am nächsten Morgen.

»Nein, heute geht's weiter.«

Letztlich beschließen wir, das Abendessen vorzuverlegen. Danach werde ich in die Nacht hineinfahren. Doch mittags beginnt es in dicken Flocken zu schneien – so bleibe ich doch noch eine Nacht in Ruby.

Während des Tages nehme ich eine Umstellung in meinem Team vor. Da ich fürchte, daß sich der zu hart arbeitende Charge auf der schwierigen Küstenstrecke verausgaben könnte, nimmt Bill ihn nach Tanana zurück. Stattdessen stellt er mir aus seinem Gespann Lena und Shark, zwei Hündinnen, zur Verfügung. »Die waren gerade erst läufig ...!« sagt er grinsend, noch bevor ich danach fragen kann.

Unsere Wege trennen sich jetzt: »*Good luck!*« Wir verabschieden uns. Nur 190 Kilometer sind es von Ruby nach Tanana. Da es jedoch auf dieser Strecke keinen Winterpfad gibt, haben Bill und Karin tief in die Tasche gegriffen und für 300 Dollar zwei Indianer gedungen, die ihnen mit Motorschlitten einen neuen Trail anlegen werden.

Am Morgen des 12. März breche ich mit 12 Hunden in die entgegengesetzte Richtung auf. Der Schneefall hat aufgehört, es ist endlich wieder kalt und sonnig. Mein Schlitten ist etwas leichter als zuvor; den Zeltofen und mein um die halbe Welt nach hier geschicktes Zelt hatte ich von Ruby aus zurückgesandt. Ich weiß jetzt, daß ich im Schlittenbeutel überleben kann.

Als ich das gastliche Yukon-Dorf verlasse, habe ich ein ähnlich beschwingtes Gefühl wie Wochen zuvor beim Auftakt dieser Reise in Tanana.

Ein völlig neues Reisekapitel beginnt: mein Alleingang zum Beringmeer.

## Rennreport: 9. bis 11. März

Kommentatoren rechnen schon mit dem Sieg Martin Busers. Auch die Sympathie der Öffentlichkeit schlägt ihm voll entgegen. Jeder wünscht nach einer von Swenson und Butcher dominierten Epoche ein neues Idol am Musher-Himmel.

Doch es sind nicht allein Gefühle, die für den 33jährigen Ex-Schweizer sprechen, eher Fakten: Auf der gesamten Strecke waren seine Hunde die besten. Während die übrigen aus alaskanischen Hunden bestehenden Teams höchstens 16 km/h schnell reisten, brachte es Busers Gespann mit dem Sprinthunde-Stammbaum auf vereinzelt 21 km/h.

Jahre der Auswahl, Zucht, guten Trainings sowie eine kluge Strategie führten bei seinem neunten Iditarod-Rennen zum Erfolg: Am 11. März nachts um 4.17 Uhr bereiten ihm Tausende in Nome einen triumphalen Empfang. Martin Buser ist nicht nur neuer Champion, sondern hat auch die Schallmauer durchbrochen: Seine Rennzeit beträgt 10 Tage, 19 Stunden, 17 Minuten und 15 Sekunden. Auf 51600 Dollar beläuft sich sein Preisgeld, dazu kommt ein Truck im Werte von 25000 Dollar.

Susan Butcher erreicht die Ziellinie mehr als 10 Stunden nach ihm. Rick Swenson ist Nummer vier.

Susan Butcher überrascht die Fans mit ihren Wünschen für die nächste Rennsaison: »Ich hoffe, dann ein eigenes Baby im Arm zu halten.« Wenn's klappt, wird die schärfste Konkurrentin für einige Zeit Windeln statt Hunde-Booties wechseln.

# Zum Beringmeer – Von Ruby nach Unalakleet (12.–15. März) –

Yukon – seit 100 Jahren ist er der Fluß der Hoffnung und Sehnsüchte; für jene, die zu den Goldfeldern des Klondike und Alaskas strömten, war er die Hauptstraße ins Abenteuer. Viele Jahrzehnte sind seitdem ins Land gegangen. Um das Gold ist es ruhig geworden, doch noch immer ist sein Name ein Symbol für die Freiheit und Grenzenlosigkeit des Nordlandes. Der 3200 Kilometer lange Strom trennt nach seiner anfänglichen Reise durch Kanada den Staat Alaska auf 2000 Kilometern in zwei fast gleichgroße Teile. Die Zeiten der Schaufelraddampfer sind zwar unwiederbringlich vorbei, doch seine wichtige Funktion als *highway of the north,* Hauptstraße des Nordens, hat er für alle, die an ihm leben, behalten. Wie grob aneinandergefügte Perlen auf einer Schnur reihen sich Ortschaften an seinen Ufern: vom Grenzort Eagle über Fort Yukon, Tanana, Galena bis hin nach St. Marys in der Nähe des Beringmeeres. Während der Sommermonate sind es – von Flugzeugen abgesehen – Boote und Frachtkähne, die die Verbindung zu Nachbarn und der Außenwelt herstellen, im Winter Motor- und Hundeschlitten.

Als ich Ruby verlasse, liegen 235 Kilometer dieses meterdick zugefrorenen Winter-Highways vor mir. Der Trail ist breit und von vielen Snowmachines festgefahren. Nicht weit von mir knabbert ein Elch an den Zweigen kleiner Büsche. Als er mich wahrnimmt, stakst er mit ungelenk wirkenden Schritten ins Unterholz.

Die nächste Nacht verbringe ich in Galena. Bezieht man die Soldaten des Militärstützpunktes mit ein, ist es mit 1000 Einwohnern einer der größten Orte Zentral-Alaskas. Genau in dem Moment, als ich dort den bereits geschlossenen Iditarod Checkpoint erreiche, kommt ein bärtiger Mann mit Motorschlitten auf mich zu: »*You must be Dieter!*« ruft er, dabei schwenkt er eine Nachricht, die er an die Tür des Checkpoints hatte nageln wollen:

»*An den deutschen Musher: Wir laden dich ein, die Nacht bei uns zu verbringen.*«

»Komm zu dem Trailer dort hinten, wir haben schon ein Essen für dich vorbereitet.«

Zwei Motorschlittenfahrer hatten mich angekündigt. So verbringe ich diese Nacht in dem mit 28 Grad überheizten Haus der letzten Iditarod-Leute, während die Außentemperatur auf 28 Grad Kälte sackt.

»Ich heiße Jasper.« Der Bärtige schüttelt mir die Hand. Über 6000 Kilometer war er aus Minnesota angereist, um als Helfer beim Rennen Hand anlegen zu können. Die anderen beiden Anwesenden hatte ich bereits bei der Anfahrt kennengelernt: »Trail-Feger« Tony Lamb und John Kershner. Mit ihren Motorschlitten brausen sie von Anchorage nach Nome, um den Müll des Rennens aufzuklauben: fortgeworfene Arbeitshandschuhe, gelegentlich Abfälle, vor allem aber Tausende verlorener und zurückgelassener Hunde-Booties, die über 1865 Kilometer wie Farbspritzer den Rand des Trails säumen.

Als ich abends im Bett liege, muß ich über die Worte des alten Oberst Vaughan schmunzeln: »Ich komme nur deswegen so langsam voran, weil ich so viele Freunde am Iditarod Trail habe.«

Wenn man hier noch keine hat, scheint es nicht lange zu dauern, bis man welche kriegt. Nur eine Nacht hatte ich ursprünglich in Ruby bleiben wollen, und für heute hatte ich geplant, bis Nulato vorzustoßen ... Andererseits nehme ich gern die Gelegenheit wahr, einen Blick hinter die Kulissen des Landes wie des Rennens zu werfen. Und wo wäre das angenehmer als in den kleinen Buschdörfern, in denen Gastfreundschaft noch viel mehr bedeutet als nur einen Begriff im Lexikon. Doch bei alledem darf ich eins nicht vergessen: Spätestens im Mai ist auch in Alaska der Schnee getaut ...

Am nächsten Nachmittag erreiche ich Nulato. 1838 hatten russische Pelzhändler hier am Zusammenfluß von Nulato- und Yukon River die erste Handelsniederlassung errichtet. Sie bestand allerdings nicht sehr lange: Nach einem Brandanschlag ging sie in Flammen auf. Jahre später erbaute die Russisch-Amerikanische Pelzhandelsgesellschaft ein wehrhafteres Fort, doch wieder griffen die Koyukan-Indianer an, vernichteten die Befestigung und töteten fast alle Bewohner.

Das ist Geschichte: Nachdem ich meine Hunde angebunden habe, nimmt mich ein hilfsbereiter junger Indianer auf seiner Snowma-

*Auf dem Yukon River*

chine mit in sein Haus, von wo ich Schulleiter Tim Cline anrufe. Er ist ein Bekannter von einem Bekannten – so war ich an ihn geraten. Er lädt mich ein, die Nacht in der Schule dieses Indianerortes zu verbringen, von dessen 450 Einwohnern 108 Schüler sind.

Am nächsten Morgen ist der Himmel verhangen. Er wirkt genauso weißgrau wie der Horizont und der Schnee unter meinen Füßen. Aus der erstarrten Oberfläche des Yukon ragen kleine Eisschollen und eingefrorene Baumstämme hervor. Die Ufer tragen noch die Spuren der Urgewalt des Eisaufbruchs vom letzten Frühling. Sie sind aufgerissen, und entwurzelte Bäume und Sträucher hängen in bizarrer Verrenkung an den Wänden. Ein paar Meter neben dem Trail liegt ein von Füchsen angefressener Hund. Doch ansonsten ist da nichts, was den Blick reizen könnte, nur unendliche weiße Monotonie, die das Auge blendet und die Sinne umnebelt.

Plötzlich schrecke ich auf. Durch mein Team ist ein merklicher Ruck gegangen, so als hätten die Hunde eine frische Elchfährte gewittert.

Da geht doch ein Mensch auf dem Trail . . .! Wir kommen näher, ich rufe, aber er hört mich nicht. Als Beetles Nasenspitze das Knie des einsamen Wanderers erreicht, dreht er sich entsetzt um:

»Himmel! Ihr habt mich zu Tode erschreckt. Gerade gestern hat mir jemand gesagt, hier gäbe es noch Wölfe.« Aber im nächsten Moment lacht er.

So lerne ich Denis Douglas kennen. Am 26. Januar, vor mehr als eineinhalb Monaten, war der hagere Bursche mit dem 50 Kilo schweren Pulk zu Fuß in Knik gestartet.

»In rund 20 Tagen sollte ich in Nome sein«, schätzt Denis.

Dann tauschen wir Anschriften aus. »In meinem ganzen Leben habe ich nicht so viele Begegnungen gehabt wie hier auf dem Iditarod Trail. Dabei hatte ich gedacht, es würde einsam«, schwärmt er. »Vielleicht komme ich mit meinem Flugzeug zu euch nach Tanana geflogen«, höre ich ihn hinter mir herrufen. Und schon folgt jeder von uns seiner eigenen Spur ins Abenteuer.

Denis hat recht: Menschliche Kontakte sind auch für den, der bewußt die Stille der Natur sucht, die Würze des Reisens. Wenn manche dieser Begegnungen auch etwas Kometenhaftes an sich haben, so sind sie doch die schimmernden Facetten meines Buschabenteuer-Kaleidoskops geworden.

Wie Irrlichter waren die Musher des Rennens an mir vorbeigezogen. Dann waren da der unvergeßliche Abend in der Kneipe von Skwentna und die Stunden mit denen, die das simple Leben im Busch der Großstadthektik vorzogen. Jetzt gibt es tägliche Begegnungen mit Indianern. Sie grüßen, dann und wann stoppt einer auf einen Schwatz – ja, und irgendwann läuft einem plötzlich auch ein Typ wie dieser Denis über den Weg...

Am Nachmittag erreiche ich Richard Burnham in Kaltag und nehme das an ihn gesandte Hundefutter in Empfang.

»50 Kilometer von hier in Richtung Unalakleet ist eine brandneue Schutzhütte. Da findest du einen exzellenten Platz zum Übernachten«, empfiehlt er. Vor mir liegt jetzt die 145 Kilometer lange »Kaltag Portage«, ein menschenleerer Trail über die Landbrücke zwischen Yukon und Meer. Sie ist gleichzeitig Trennlinie zwischen Indianerland und dem der Eskimos. Hier beginnt der Auftakt zum Finale meiner Reise zum Beringmeer.

Es heult, bellt, kläfft, winselt und kreischt, als ich in der Dämmerung Kaltag in Richtung Meer verlasse. Auf jeden der 250 Ortsbewohner kommen zwei Hunde, und mein Aufbruch hat sie völlig außer Rand und Band gebracht. Speedy will bei so viel Zuwendung umkehren, doch Beetle reißt sie auf den Trail zurück. Richard Burnham, der uns mit seiner Snowmachine aus dem Ort lotst, lacht:

»Du hättest mal die Hunde vom alten Joe Redington sehen sollen, die waren erst beim dritten Anlauf aus Kaltag rauszubringen.« Er blickt auf mein Team. »Übrigens, was ich noch sagen wollte: Als du vorhin mit deinen Hunden über den Yukon kamst, dachte ich: Donnerwetter, der hat ein munteres Team!«

Das empfinde auch ich. Obwohl mein Schlitten wieder randvoll beladen ist und der Trail leicht bergan führt, erreiche ich die 50 Kilometer entfernte Blockhütte nach genau drei Stunden.

Richard hatte mit seinen Schwärmereien über die »Tripod Flat Cabin» nicht übertrieben: Es gibt Betten und Schlafsäcke für Notfälle. Holz liegt bereit, und schon bald bullert ein Feuer im gußeiser-

*Tripod Flat Cabin zwischen Yukon River und Beringmeer*

nen Ofen. Eine Benzinlampe verbreitet Licht, während ich auf dem Coleman-Herd das in einem Creek geschöpfte Wasser erhitze. Doch trotz dieser kleinen Hilfen wird es drei Uhr nachts, bis ich in den Schlafsack komme. Ob ich wohl vor der Abfahrt noch eine Tafel Schokolade für die Gnome und Kobolde des Trails hierlassen soll...? denke ich, doch darüber schlafe ich ein.

Denn in Nulato hatte man mich über einen alten Brauch unterrichtet: »Alle, die in den Trail-Hütten übernachten, lassen etwas von ihren Vorräten zurück.« Vielleicht stimmt man so die guten und bösen Geister der Wildnis gnädig. Jeder weiß, die »Kaltag Portage« hat schon von vielen Mushern Tribut gefordert.

Als ich ein paar Stunden später die Augen aufschlage, schneit es in dicken Flocken. Sofort bin ich auf den Beinen. Schnee ist das letzte, was ich hier gebrauchen kann. Denn wenn ich in diesem »kulturellen Niemandsland« zwischen den ethnisch so unterschiedlichen Gruppen einschneie, kann es Ewigkeiten dauern, bis mir jemand zu Hilfe kommt.

Zweieinhalb Stunden später bin ich auf dem Trail. Das ist eine Rekordzeit. Doch schon bald läßt der starke Schneefall nach und Rückenwind treibt mich nach Westen. Über den Himmel gleiten langgezogene Wolken, die mich an Riesenfratzen erinnern. Da oben ist Sturm! Sind das die Sendboten der Küste? Auch das Land hat sich jetzt verändert. Es wirkt auf einmal schmuddelig grau, Bäume und Büsche sind fast völlig verschwunden, stattdessen ragen Erdbrocken und Steine aus der immer dünner werdenden Schneedecke.

Wo ist der Schnee geblieben?

Die Antwort schlägt mir ins Gesicht, als ich die Küste erreiche: Schnee liegt hier nicht auf dem Boden, sondern in der Luft. Mal peitscht ihn der ruhelose Wind von Süden nach Norden, dann von Norden nach Süden, von Westen nach Osten oder umgekehrt. Die Küste des Beringmeeres ist die Wiege des Sturms.

Es heißt, daß der Wind hier auf 20 Kilometern zur selben Zeit aus vier verschiedenen Himmelsrichtungen brausen kann. Er ist die große Unbekannte bei jeder Unternehmung. Mehr als einmal war er der entscheidende Faktor beim Iditarod gewesen. »Wer als erster mit dem frischesten Team nach Unalakleet kommt, hat die besten Gewinnchancen«, pflegt Rick Swenson zu sagen. Doch schon mancher hatte auf dem Küstenstreifen zwischen Unalakleet und Nome zu hoch gepokert und war tief gestürzt. Andere wiederum, die den Mut hatten, Schneestürmen zu trotzen, die so dicht waren, daß ihre vorderen Hunde nicht mehr zu erkennen waren, wurden mit dem Gewinn belohnt. Wie Rick Swenson bei seinem dramatischen Alleingang im Jahre 1991. Oder die 28jährige Libby Riddles, die 1985 ein riskantes Spiel wagte und haushoch gewann. Als sie Unalakleet erreichte, war sie auf Platz zwei, in Shaktoolik ging sie in Führung. Doch noch waren ihr die nachfolgenden Teams auf den Fersen. Ein Orkan mit einer Geschwindigkeit von mehr als 100 Stundenkilometern röhrte zu diesem Zeitpunkt über den Norton Sound. Während sich ihre Verfolger vor ihm einigelten, trotzte Libby dem Sturm. Die Nacht verbrachte sie in ihrem von Böen geschüttelten Schlitten. Zu diesem Zeitpunkt beratschlagten die Renn-Verantwortlichen bereits, ob sie eine Rettungsaktion starten sollten. Man verwarf die Idee, um nicht voreilig in den Rennverlauf einzugreifen. Als Libby den Ort Koyuk auf der anderen Seite des Eises erreichte, waren ihre Verfolger mehr als sechs Stunden hinter ihr. Das war ein Vorsprung, der bei diesem Rennen nicht wieder eingeholt werden konnte.

Kein Wunder, daß ich auf das Kommende gespannt bin: Mehr als 4000 Kilometer bin ich bereits mit Schlittenhunden über Tundren, Flüsse, Seen und durch Gebirge gereist. Doch das hier ist anders. Ich habe keine Erfahrung mit dem Eis eines arktischen Meeres und seinen unberechenbaren Stürmen.

Mich können aber Gefahren nur so lange beunruhigen, wie ich ihnen nicht ins Gesicht sehen kann. Es wird daher allerhöchste Zeit, der Küste die Stirn zu bieten.

Völlig ungeschützt liegt auf einer kleinen baumlosen Erhebung der 800 Einwohner zählende Ort Unalakleet. Man muß wohl Eskimo sein, um so wie auf einem Präsentierteller inmitten der Elemente leben zu können.

Am Ortseingang parkt ein Flugzeug. Gleich daneben befindet sich die im Winter stillgelegte Fischfabrik, auf deren Anlage sich der Iditarod Checkpoint befindet. Ein Helfer harkt bei meiner Ankunft Stroh zusammen.

»Wie sieht's denn zwischen hier und Shaktoolik aus?« frage ich.

»Bodensturm!« sagt der Eskimo.

»Schlimm?«

»Die letzten fünf Iditarod Musher sitzen irgendwo fest. Sei zufrieden, wenn du deine Hunde dazu bewegen kannst, überhaupt in den Sturm hineinzulaufen.«

Ich bin überrascht, daß ich die letzten Rennteams fast eingeholt habe. Als ich in Galena war, hatten sie noch einen dreitägigen Vorsprung. Andererseits gibt mir das zu denken.

So verbringe ich die Nacht im verwaisten Checkpoint. Abends kommen der Checker und ein paar Iditarod-Helfer vorbei und bringen mir Feuerholz, Wasser und Brot.

»Danke, ich hab noch genug zu essen . . .«

»Nimm es, du bist unser Gast«, sagt Chris, ein stattlicher junger Eskimo. »Für mich war das Iditarod die tollste Erfahrung meines

Lebens.« Er zieht einen Computerausdruck mit den Namen der Rennteilnehmer, ihren Zeiten und Plazierungen aus der Tasche.

»Den werde ich mir zu Hause an die Wand hängen.«

Nachts bummle ich durch den Ort, an dessen Gebäuden sich bis zu acht Meter hohe Schneewehen türmen. Dichtes Schneetreiben liegt auch jetzt in der Luft, doch erstaunlicherweise strahlt über mir hell der Mond. Das also ist ein Bodensturm am Beringmeer. Mal sehen, wieviel Fußbreit Trail ich ihm abtrotzen kann. Noch sind es 433 Kilometer bis Nome.

## Im Blizzard nach Nome – Von Unalakleet nach Nome (16.–18. März) –

Gegen Abend des nächsten Tages erreiche ich Shaktoolik. Von den vielen Orten, die ich auf Erden besucht habe, ist er einer der unwirtlichsten. Auf einer schnurgeraden, langgestreckten Landzunge gelegen, ist er bedingungslos der Willkür des Sturms ausgesetzt. Shaktoolik ist nicht mehr als zwei Reihen von 40 Häusern mit einer Straße dazwischen. Zur Rechten wird es durch die zugefrorene Tundra, unmittelbar zur Linken durch das Beringmeer begrenzt. Da ist kein Baum, kein Strauch, weder ein Hügel noch ein Deich, der die Gewalt der Stürme brechen könnte. Meterhoch türmen sich Schneeverwehungen in der Hauptstraße. Sie beseitigen zu wollen, hieße gegen Windmühlenflügel zu kämpfen.

Über einen Umweg erreiche ich den verwaisten Iditarod Checkpoint. An einer Wand hängt eine Liste mit den Namen der letzten fünf Musher, die erst gestern früh hier aufgebrochen sind. »Jim Davis«, lese ich. Es scheint schon so lange her zu sein, daß ich ihn das letztemal – es war in Cripple – sah. Jetzt haben sich die letzten Fünf zusammengetan, um dem Sturm gemeinsam zu trotzen.

Es ist bereits nach 18 Uhr. Soll ich, allein wie ich bin, noch in die Nacht hineinfahren?

»Ein neuer Sturm liegt in der Luft«, sagt der hinzugekommene Checker. »So etwas kann hier ohne weiteres drei Tage dauern.« Das klingt nicht gerade ermutigend.

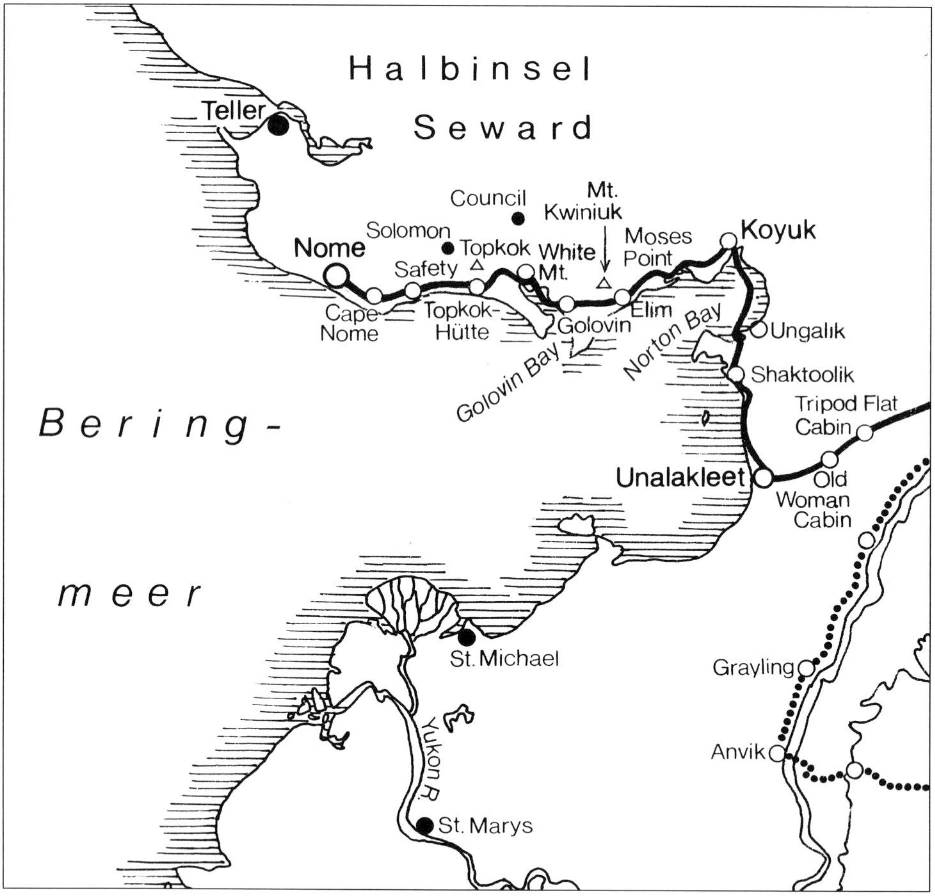


*Unalakleet–Nome*

Du hast die gleiche Entscheidung zu treffen wie damals Libby Riddles, denke ich. Sie hatte hier in Shaktoolik wegen des Unwetters ihren damaligen Partner, Joe Garnie, telefonisch um Rat gefragt. Er sagte: »Wage es!« Und sie gewann. Herbie Nayokpuk, ein Eskimo und erfahrener Iditarod Musher, der bestens mit den Gegebenheiten der Küste vertraut war, traf in einem anderen Jahr an gleicher Stelle die falsche Entscheidung. Eine Suchmannschaft rettete ihn.

Während meines kurzen Aufenthalts in Shaktoolik ist der Sturm noch enthemmter geworden. Bei meiner Ankunft hatte die Sicht 500 Meter betragen, jetzt liegt sie allenfalls bei der Hälfte – es könnte allerdings auch noch schlimmer kommen!

Diese Überlegung gibt den Ausschlag. Schließlich fahre ich mit meinen Hunden in die Nacht hinein.

Ich hatte mir eingebildet, schon einen richtigen *white out* erlebt zu haben, doch das war vor dieser Erfahrung. Es ist, als schwebe mein Team durch ein Nichts. Ich sehe keinen Untergrund, da ist auch kein Himmel, keine Andeutung von Horizont. Da ist nur weißer Raum: oben, unten, vorn, hinten, neben uns; auch die Luft ist weiß. Langsam verändert sich die Farbe dieses Nichts in fahles Gelb. Es wird dunkel. Mir kommen Bedenken: War es richtig, in die Nacht hineinzufahren? Die Sichtweite beträgt jetzt allenfalls noch 50 Meter. Was ist, wenn der Schein meiner Stirnlampe im Schneetreiben nicht mehr bis zur nächsten Trail-Markierung reicht?

Soll ich umkehren?

Im nächsten Moment rufe ich mich selbst zur Ordnung: »Kommt nicht in Frage!« Zur Not kann ich im Schlittensack schlafen. Meine Hunde werden diesen Sturm auch im Freien überleben.

Während das Gelände anfangs hügelig gewesen sein muß, habe ich später den Eindruck, als ginge die Fahrt über Eis. So vergehen Stunden. Es ist mir in dieser Nacht der Rätsel unbegreiflich, wie die Leithunde den richtigen Trail finden.

Die restliche Zeit bis zum Sonnenaufgang verbringe ich in einer schäbigen, hölzernen Schutzhütte. Der Sturm heult dumpf durch das Ofenrohr, er rüttelt an den Wänden, zieht die Wärme aus dem Ofen, der kaum mehr als ein grob umfunktioniertes löchriges Ölfaß ist, und deckt meine Hunde mit einem weißen Tuch zu. Zum Glück hat sich der Wind am Morgen etwas beruhigt: Zwischen hier und Koyuk liegt nämlich das mit 50 Kilometern längste Stück offenen Eises.

»Kommt es nicht vor, daß warme Meeresströme das Eis zum Aufbrechen bringen?« geht es mir durch den Kopf. »Aber bestimmt nicht hier«, beruhige ich mich. Seit Jahr und Tag wird diese Eisverbindung zwischen Shaktoolik und Koyuk als »Dorfstraße« zwischen den Ortschaften genutzt. Die Bewohner waren es auch gewesen, die in regelmäßigen Abständen Löcher ins Eis gebohrt und Fichtenstämme als Trail-Markierung hineingesteckt hatten.

*Jagd und Fischfang sind für Alaskas Eskimos seit alters her wichtigste Erwerbszweige.*

Am Spätnachmittag erreiche ich wohlbehalten den 230-Einwohner-Ort Koyuk, der schon vor Monaten für mich ein Begriff geworden war, als wir beschlossen hatten, Hundefutter hierher zu schikken.

Lehrer Greg Johnson händigt mir die Vorräte in der Schule aus. Zwischenzeitlich hat mein Hundeteam die Dorfjungen angelockt. Auch ein paar Erwachsene kommen, einer fotografiert mich, dann bringt Checker Garry Douglas heißes Wasser und ein paar Beutel Fleisch aus den Iditarod-Hinterlassenschaften vorbei.

»Die letzten Musher sind dir knapp 24 Stunden voraus«, sagt Garry.

Hmmh . . . das ist interessant, offensichtlich komme ich weitaus schneller voran als sie. Soll ich wieder in die Nacht hineinfahren? Ich hätte schon Lust dazu – es scheint, als würde mich das Rennfieber doch noch anstecken . . .

Ich suche noch einmal Greg Johnson auf und frage ihn um Rat.

»Heute sind für Koyuk Windgeschwindigkeiten von 50 Stundenkilometern angesagt worden. Allerdings . . .«, er beugt sich über meine topographische Karte und sucht einen bestimmten Punkt. »Hier . . .«, dabei tippt er mit dem Finger auf das große Delta des Kwik Rivers, ». . . nach etwa zwei Stunden Fahrzeit kommst du auf rund 16 Kilometer durch ein Gebiet, in dem die Windgeschwindigkeit zumeist doppelt so hoch ist wie bei uns. Du mußt natürlich selbst entscheiden, was du tust, aber bei Stürmen von 50 bis 100 Stundenkilometern bleibe ich selbst mit dem Motorschlitten zu Haus.«

Während meine Hunde ein kleines Nickerchen machen, überdenke ich meine Situation. Es geht zur Zeit zwar ein kräftiger Wind, doch ist er nicht so stark, daß ich ihn für gefährlich halte. Andererseits können die Wetterbedingungen hinter der nächsten Bucht ganz anders sein. Etwas nachdenklich stimmt mich auch die zur Zeit umlaufende Geschichte über Bob Ernisse.

Ich hatte Bob in der Cafeteria von Nikolai an jenem Morgen kennengelernt, an dem ich mir die Fingerspitzen erfroren hatte. Schon damals war er gemeinsam mit Bob Hickel, dem Sohn des Gouverneurs von Alaska, gereist. Jetzt hätte es ihn – gut 200

Kilometer vor mir und nur 60 Kilometer vor dem Ziel – fast erwischt.

Die Story, wie man sie sich hier erzählt, ist folgende:

»Es ist nahe der ›Topkok Cabin‹, einer Schutzhütte direkt am Beringmeer. Das Schneetreiben ist so dicht geworden, daß Ernisse seinen drei Meter neben ihm stehenden Reisegefährten kaum noch sehen kann. Die beiden Bobs beschließen, zur Hütte zurückzukehren. Doch während des Wendemanövers verheddern sich ihre Teams. Beim Entwirren zieht sich Ernisse an den Fingern schwere Erfrierungen zu. Angesichts der Verletzungen wollen sie nun doch den Sturm an Ort und Stelle durchstehen. Hickel hilft Ernisse aus seinem schneenassen Arktis-Spezialanzug heraus und in den Schlafsack hinein. Die nächsten Stunden verbringen beide in ihren Schlitten. Als angetriebener Schnee in Ernisses Schlittenbeutel fällt, gerät der in Panik, beschädigt seine Hände noch mehr und unterkühlt sich. Eineinhalb Stunden benötigt Hickel, von Beruf Präsident einer Investment Gesellschaft und Bankdirektor, seinen Freund, den Barmann Ernisse, im Sturm anzukleiden und gleichzeitig zu wärmen. Bei dem hat mittlerweile ein gefährliches Absinken der Körpertemperatur mit Atemnöten und Halluzinationen eingesetzt. Ernisses Lebensuhr tickt schon sehr langsam, als zwei Schlittengespanne aus Nome wie rettende Engel auftauchen. Sie bringen ihn zum letzten Checkpoint Safety, von wo aus er ins Krankenhaus nach Nome transportiert wird.

Wäre Bob Ernisse eine Stunde länger im Sturm geblieben, hätte das Iditarod-Rennen seinen ersten Toten gehabt.«

An dieser Küste kann niemand genau voraussagen, wie das Wetter wird. Eskimos und erfahrene Musher hatten schon reichlich Lehrgeld gezahlt. Andererseits waren mutige und vorsichtige »Rookies« durchgekommen. Auch ich sage mir an diesem Abend in Koyuk: »Wer wagt gewinnt!«

Gegen 18.30 breche ich mit einem abermals schwer beladenen Schlitten auf.

Im stillen hatte ich befürchtet, daß irgendwann einmal der Moment kommen würde, an dem meine Hunde einfach die Nase voll hatten und nicht mehr weiter wollten. Doch das Gegenteil ist der

Fall: Sie werden von Tagesetappe zu Tagesetappe stärker. Seitdem die Hündinnen nicht mehr läufig sind, ist zudem im Team Ruhe eingekehrt. Meine Zwölf haben jetzt nur noch drei Interessen: Fressen, Ruhen, Ziehen. Als ich in die Dämmerung hineingleite, fühle ich, daß wir durch alle Blizzards hindurch Nome erreichen werden.

Um 20 Uhr wird es düster, eine halbe Stunde später ist es fast dunkel. Ich schließe meine Stirnlampe an den Batteriekasten an, doch wegen des Flugschnees sehe ich kaum mehr als zuvor.

Wenn ich doch nur diese verflixte Trail-Markierung finden könnte! Das Tosen des Windes nimmt jetzt von Minute zu Minute zu. Schon prasselt Schnee so erbarmungslos auf mich ein, daß ich das Gefühl habe, er würde aus einem Hochleistungsgebläse auf mich abgeschossen.

Bald wird meine Vermutung zur Gewißheit: Wir sind vom Trail abgekommen. Ich lege den Schlitten auf die Seite, suche den Boden nach Spuren ab und beleuchte, soweit es geht, das Hinterland. Nur dabei nicht auch noch das Team verlieren. Solange ich die 24 wie Reflektoren funkelnden Augen sehe, fühle ich mich sicher. Die Hunde sitzen jetzt aufrecht und verfolgen meine Suche mit der gleichen Zuversicht, wie sie sie immer in ihren Musher setzen. Wenn sie wüßten . . . Sorgfältig studiere ich den Schnee, in dem sich festgefahrene Abdrücke in alle Richtungen verzweigen. Welchen soll ich folgen? Ginge ich der falschen Fährte nach, könnt das katastrophal enden – mein Rückweg wäre abgeschnitten. Denn binnen Minuten ist der frische Schlittenabdruck immer schon zugeweht. Ich halte mich jetzt an eine hartgefrorene, vor Wochen oder Monaten in den Schnee gepreßte Spur. Sie leitet mich durch diese Nacht. Immer wieder stoppe ich und suche sie, manchmal muß ich den Trail mit den Händen unter Flugschnee ertasten, doch schließlich finde ich die Markierungsstäbe. Bis zu der mir beschriebenen Schutzhütte ist es danach nicht mehr weit. Doch die Tür steht offen, ihre Fenster sind zerbrochen, und gut meterhoch ist Schnee in das Innere hineingefegt. Es liegt zwar ausreichend Holz vor der Tür, doch ich habe schon einladendere Stätten gesehen. So fahre ich weiter in die Nacht hinein.

Der Kegel meiner Lampe reicht nur knapp über die Leithunde hinaus, danach beginnt *white out*. Meine Welt beschränkt sich auf einen Radius von 20 Metern. »Fahr ein Stück weiter, du wirst den Trail bestimmt finden«, sagt das Gefühl, wenn ich ihn wieder einmal aus den Augen verloren habe. Der Verstand gebietet: »Halt!« Und wieder lege ich den Schlitten um, wieder leuchte ich sichernd in 24 Augen und suche mit den Händen die verlorene Fährte bis zur nächsten Trail-Markierung.

Ich weiß, daß die Temperatur nicht einmal unter −25° C liegt, doch mir ist kalt wie nie zuvor. Der Wind frißt und reißt an jedem Quadratmillimeter Gesichtshaut, den ich ihm noch als Angriffsfläche gelassen habe. Erstmals kriecht er sogar in meine großen Biberhandschuhe mit den zwei Paar Fingerlingen, in denen es mir sonst selbst bei 45 Grad Kälte mollig warm gewesen war.

Doch bei alledem ist auch dies eine Nacht, in der ich das tiefe Empfinden habe, selbst Teil dieses Naturschauspiels zu sein. Ich kämpfe nicht gegen die Elemente, sondern sichere mir meinen Platz in ihnen. In dieser Nacht danke ich auch dir, Screamer, daß du mich souverän durch den Bodenblizzard hindurchführst. Du Hund ohne jede Emotion: Ich habe dich während der letzten Monate nicht mehr als dreimal vor dem Anschirren bellen oder heulen gehört. Noch vor kurzem habe ich dich als »fett, faul und gefräßig« bezeichnet. Es ist das erstemal seit Wochen, daß ich dich als Leithund verwende, doch jetzt steuere ich dich mit »Ghee« und »Ha« durch ein Land, von dem ich nicht einmal weiß, wie es aussieht. Du und Beetle, ihr beide bietet dem Frontalangriff des Sturms die Stirn – und alle anderen folgen. Peitschende Böen stechen wie Nadeln in eure Augen, ihr habt Eisbälle und Schnee im Gesicht. Doch da ist keiner, der auch nur eine Sekunde nach hinten schaut.

16 Kilometer können eine Ewigkeit sein, so empfinde ich es. Doch wie Greg Johnson vorausgesagt hatte, wird es danach besser.

Gegen drei Uhr morgens stoße ich hinter einem markanten Uferfelsen des Meeres unverhofft auf eine Lichterkulisse, die so kitschig schön wie eine Operetteninszenierung ist: Elim. Im gelblichen und bläulichen Licht der Straßenlampen schimmern die roten, weißen, blauen und grünen Häuser des Ortes wie die bunte Seite eines

Märchenbuches. In der Grabeskälte der Nacht wirkt dieses heitere Bild auf mich wie ein Blick ins Paradies.

Um 3.00 Uhr morgens – 17 Stunden nach meinem Aufbruch vom letzten Nachtlager – fahre ich in Elim ein. Wenige Minuten später heißen mich ein paar freundliche Eskimos willkommen. Jemand schließt mir das Gemeinschaftshaus auf. »Damit du es warm hast ...« Bereits fünf Stunden später holt mich Checker Marlin Paul mit seinem Motorschlitten zum Frühstück zu sich nach Hause ab.

Schon bald danach bin ich wieder auf dem Trail. Zunächst entlang dem Ufer des Norton Sound, dann geht es auf die andere Seite der Kwiktalik Mountains. Als mein Gespann den Bergkamm nach mühseligem Aufstieg erreicht, wirft uns der Sturm nach hinten. Fast die gesamte westliche Seite dieser Bergregion ist schneefrei gepeitscht. Die Abfahrt ist für die Kufen des Schlittens brutal. Als wir wenig später die Golovin Bay, eine 15 Kilometer weite Meeresbucht, überqueren, stoße ich genau auf den Schnee, der oben im Gebirge fehlte. Ein Trail ist nach dem Sturm hier nicht mehr auszumachen, doch zum Glück weisen mir Markierungspfähle den Weg zu der kleinen Siedlung Golovin. Zwei Stunden lang brechen sich meine Hunde ihren eigenen Trail durch brusttiefen Schnee, dann ist der Ort erreicht.

Die Gründer Golovins waren die Söhne des Windes. Wie sonst wäre es zu erklären, daß sie das Dorf auf die Spitze einer Landzunge setzten, auf der man jedes Rasen, jedes Streicheln und Brüllen des Windes ungefiltert auskosten kann? Was das wohl für Menschen sind, die hier leben?

Einen kleinen Einblick erhalte ich, als mich Checker Robby Amarock, ein Eskimo, zum Eintopf in sein Haus einlädt. Es gibt weder gedünstete Seehundsflosse, noch hängen Eisbärenfelle an den Wänden. »So wie hier könnte es auch in einer Wohnung in Virginia, California oder Florida aussehen«, denke ich. Ein moderner Farbfernseher bringt über Satellit empfangene Programme aus allen Gegenden der USA ins Haus. In den Küchenregalen stehen die bekannten Behälter mit Skippy-Peanutbutter und Aunt Jemima-Sirup. Auf der Anrichte liegt ein San Francisco-Sauerteigbrot.

Als ich den 300 Einwohner zählenden Ort White Mountain erreiche, ist es bereits finster.

*In den vom Sturm fast blankgefegten Kwiktalik Mountains. Hinten im »wheel« Boomer (links) und Junior (rechts).*

»Wo haben die Iditarod Musher geschlafen?« frage ich einen 14jährigen Burschen auf einem Motorschlitten.

»Moment mal«, sagt der, verschwindet im Haus und kommt nach ein paar Minuten zurück: »Gleich bringt dir jemand den Schlüssel für das Gästezimmer im Bürgermeisteramt vorbei.«

So verbringe ich die Nacht in White Mountain. Morgens erscheint Howard, der örtliche Checker, ein kleiner älterer Mann, der eine diebische Freude daran hat, mich Deiter zu nennen. Er schleppt einen großen Beutel mit Fleisch an: »Deine Hunde werden das auf dem Weg nach Nome gebrauchen können, Deiter.«

Wenn ich überhaupt heute loskomme . . . es schneit und schneit. Doch diesesmal ist es kein Bodenblizzard, sondern frischer, weicher Neuschnee. Und noch 123 Kilometer sind es bis Nome . . .

Während ich die Hunde anschirre, hält ein Mann mit seinem kleinen Jungen auf einer Snowmachine neben mir.

»Mein Sohn hat einen Zahnarzttermin in Nome«, sagt er, »wir fahren in dieselbe Richtung wie du.«

»Irre«, denke ich, »mal eben 246 Kilometer hin und zurück durch die Wildnis, um kurz beim Zahnarzt den Mund aufzumachen.« Dann hat er noch einen wichtigen Tip für mich: »Gestern ist im weichen Eis des nächsten Flusses ein Motorschlitten versunken«, und er beschreibt mir eine kleine Umleitung.

Im dichten Schneetreiben verlasse ich White Mountain. Ich bin noch keine Stunde unterwegs, als mir Vater und Sohn entgegenkommen: »*White out*«, sagt der Mann, »wir kehren um. Du siehst absolut nichts. Komm zurück nach White Mountain und warte dort das Ende des Blizzards ab. Du kannst im Gemeindehaus wohnen, solange du willst – ich bin der Bürgermeister.«

Trotz dieses gutgemeinten Angebots fahre ich weiter. Der Schnee fällt in dicken Flocken, und je länger ich warte, desto schwieriger wird das Durchkommen. Schon jetzt ist nicht einmal mehr der Ansatz des alten Pfades zu erkennen. In diesem Jahr waren die Wettergötter den ersten Iditarod Teams zur Seite gestanden. Schnell und ohne nennenswerte Hindernisse waren sie auf dem Küstenabschnitt vorangekommen. Uns Schlußlichtern werfen sie ein Hindernis nach dem anderen in den Weg.

50 Kilometer sind es von White Mountain bis zur Küste. Und 50 Kilometer kämpfen sich meine Hunde durch einen Neuschnee, der ihnen oft bis zu den Schultern reicht. Ihre Körper sind weiß vom Flugschnee, ihre Gesichter wirken wie schwarzweiße Masken. Meistens laufe ich hinter dem Schlitten her, um die Hunde zu entlasten. Oft breche ich bis über die Hüften in Schneeverwehungen ein. Da ich Angst habe, dabei den Schlitten zu verlieren, binde ich mich vorsichtshalber an ihn an. Ich bin erschöpft und durstig. Immer wieder grabsche ich auf den Boden, stecke mir eine Handvoll Schnee in den Mund oder reibe mein erhitztes Gesicht damit ein.

»Nur nicht anhalten«, denke ich. »Irgendwann müssen doch diese Killer-Hügel überwunden sein.« Ich fürchte, daß wenn wir erst einmal rasten, meine Hunde nicht wieder aufstehen wollen. Und so strauchle, schiebe und stolpere ich hinter dem Schlitten her. Berg folgt auf Berg. An einem steilen Hang verharrt mein Team – es ist nur eine Sekunde, doch sie macht mir Angst. Nur nicht hinlegen! »*Go!*« brülle ich, »*good girls, good boys, go!*« Ich werfe mich mit aller Kraft gegen den Schlitten und schiebe ihn durch den weichen Schnee bergauf. Sofort setzen sich meine Gefährten wieder in Bewegung.

Es sind viele Stunden nach meinem Aufbruch, als ich in diesem unendlichen Weiß flaches Land erkenne. Die Küste liegt vor mir.

Dort wo der Trail auf das Beringmeer trifft, steht das »Topkok Hilton«. So zumindest nennen Insider die vier mal fünf Meter große Cabin, die nichts anderes als ein einfaches, aber stabiles Bretterhaus mit Betten und Kochgelegenheit ist. Für den aber, der sich hier durch Kälte und Sturm schlägt, ist es eine Oase in der Arktis. An den inneren Hüttenwänden lese ich ein paar hingekritzelte Notizen:

*»Storming like hell. Training for Iditarod. Rick Swenson, 18. 2. 91.«*

Gleich daneben vermerkte eine andere Hand eine Tragödie:

*»18. 2. 91 – Bobby Tootkaylok died this day in a ground storm near the ocean near Solomon Bridge.«* Das ist 18 Kilometer von hier. Nicht weit entfernt hatte sich vor wenigen Tagen auch das Drama des Bob Ernisse abgespielt.

Nur noch 37 Kilometer sind es jetzt bis zum Checkpoint Safety. »Sicherheit« – was für ein herrlicher Name, von da an ist es nur noch ein Sprung bis Nome.

Ein Orkan wie der, gegen den Ernisse und Hickel kämpften, wirft sich auch mir entgegen. Er peitscht jedoch bei Topkok nicht vom Meer her, sondern von den Bergen im Norden, von wo er aufgewühlte Schneemassen vor sich hertreibt. Sie sind so dicht, daß ich meine Leithunde nicht mehr erkenne. Dieser Wind ist in seiner Wildheit und Maßlosigkeit ein Phänomen. Drei Meter hoch ist die fast undurchsichtige Flugschneewolke, die er wie einen dichten Teppich über den Boden wälzt. Darüber aber ahne ich blauen Himmel.

Vorsichtig tasten wir 13 uns durch diesen neuen *ground storm.* Wir haben darin bereits Routine: Schlitten auf die Seite legen, Spuren lesen, Ziehen, Ghee- und Ha-Kommandos. So erreichen wir Solomon. Der Wind kommt jetzt von hinten, und die Sicht wird besser. Von hier bis zum Ziel sollte es eine Vergnügungsreise sein.

Als ich gegen 18 Uhr Safety Roadhouse, eine alleinstehende Kneipe im Wildwestlook 35 Kilometer vor Nome erreiche, ist dort zu meiner Überraschung noch ein Mann anwesend. »Die letzten Iditarod Teams haben den Checkpoint erst vor einer Stunde verlassen«, sagt Pete, der jetzt nach dem Rennen Ordnung schafft.

Das hieße ja, daß ich ihren gut 70stündigen Vorsprung seit Galena innerhalb von 6 Tagen auf eine Stunde reduziert habe!

»Tschüß, Pete«, sage ich, »die hole ich noch ein!«

»Soll ich dir nicht wenigstens ein paar Hot Dogs machen oder Bratwürstchen? Ich habe da auch noch gekochten Schinken.«

Just in diesem Moment meldet sich der Inhaber der Kneipe über Sprechfunk. »Boss, hier ist ein deutscher Musher«, sagt Pete.

»Soll dableiben, ist unser Gast. Und daß er was Anständiges zu essen kriegt!«

So bin ich an diesem Abend doch noch in Safety hängengeblieben.

James Reiter, der das Fähnlein der letzten fünf Musher in Nome anführt, überfährt die Ziellinie um 21 Uhr, 3 Minuten und 15 Sekunden, der letzte gut eine Stunde später. Er wird dafür mit der »Roten Laterne« ausgezeichnet.

Ich genieße zu diesem Zeitpunkt in Safety das erste Bier seit Skwentna und bringe Pete zum Strahlen, indem ich einen Teller nach dem anderen blankputze.

Ich überlege gerade: »Drei bis vier Stunden nach meiner Ankunft in Safety sind die letzten Iditarod Musher in Nome eingelaufen ... veranschlage ich für die 35 Kilometer von hier nach dort drei Stunden, hätte ich – wenn ich vorhin weitergefahren wäre – zur selben Zeit wie sie die Ziellinie überquert.«

»Pete«, sage ich, »Schlittenhundefahren ist die herrlichste Sache der Welt – vor allem, wenn man tolle Hunde hat.«

»Darauf laß uns noch einen trinken«, sagt er, greift in die Kühlbox und zaubert zwei Bierchen auf den Tresen.

Auch die Belohnung meiner 12 Freunde für das Alaska-Marathon habe ich auf diesen Abend vorgezogen:

Es gibt Lammschulter nach Musher-Art, Schweinekotelett à la Safety und fetten Biber. Pete spendiert ihnen einen halben Truthahn, den die Iditarod Musher nicht aufgegessen hatten ... ich

*Musher Vern Halter posiert unter dem hölzernen Triumphbogen in Nome. Vern belegte bei diesem Rennen den 7. Platz.*

blicke ihm ein wenig wehmütig hinterher. Nachdem ganze Fleischberge in 12 Hunderachen verschwunden sind und schließlich vor jedem noch ein Stück liegt, weiß ich: Jetzt sind meine Freunde satt. Bis auf einen . . .

»Bei dir, Boomer, du Herkules des Teams, muß ich – um einer Explosion vorzubeugen – von mir aus stoppen. Du schaust auch nach dem vierzehnten Kotelett so hungrig drein wie zuvor.«

## Das Rennen nach Allakaket

Nach Sibirien ist es von Nome nicht weiter als von dort bis Unalakleet. Wenn es einen Platz gibt, an dem das Gefühl aufkommt, am Ende der Welt zu sein, dann ist es hier. Und doch lebten schon bald nach den Goldfunden von 1898 20000 Menschen in Nome und kehrten das Unterste der Strände nach oben. Die Stadt besaß damals mehr als 100 Saloons, vier Hotels und vier Zeitungen. Wieder einmal zog das Gold die verwegensten, schillerndsten und buntesten Typen an. Manche kamen auch nur, um sich an den anderen eine goldene Nase zu verdienen. Einer davon war Ex-Marshall Wyatt Earp, der nach der berühmten Schießerei in Tombstone schon zur Legende geworden war, als er 1899 Alaska erreichte. Earp eröffnete den »Dexter Saloon«. Offenbar gingen die Geschäfte prächtig. Als er zwei Jahre später Alaska verließ, hatte auch er mit 85000 Dollar für damalige Verhältnisse ein anständiges Vermögen gemacht.

Das Gefühl, am Ende der Welt zu sein, will aber gar nicht recht aufkommen, als ich am anderen Morgen, dem 19. März, Richtung Nome aufbreche. Für einige Zeit folgt der Iditarod Trail einer Straße, an deren Rändern verlassene Fischerhütten und meterhoch eingeschneite Autos und Boote stehen. Auch der Flugzeuglärm wird stärker. Immerhin ist Nome auch heute noch eine Stadt von knapp 4000 Einwohnern. Wenig später habe ich mein Ziel erreicht.

Danach geht alles Schlag auf Schlag: großes Hallo, als die örtlichen Rennveranstalter hören, daß ich mich auf eigene Faust bis hierher durchgeschlagen habe. Touristen-Managerin Lois Wirtz empfängt mich mit Krabben-Cocktail und Sekt. Abends bin ich zu

Gast beim Festbankett für das am drauffolgenden Tag beginnende Schlittenhunderennen von Alaska nach Sibirien.

Bereits am nächsten Vormittag sind meine Hunde und ich in einem Linienflugzeug auf dem Weg nach Anchorage.

»Ladies and Gentlemen«, sagt der Flugkapitän, »unsere Route führt von Nome nach Kotzebue im Norden und von dort nach Südosten: Wir werden den Yukon überfliegen, Nikolai, Rohn und die Alaska Range . . .«

Während meine rissigen Hände den Becher mit heißem Kaffee umklammern, schrumpft das große Abenteuer vieler Wochen auf die Erinnerungen einer Stunde zusammen. Ich drücke die Nase an die Scheibe. Wie eine riesigbreite Bahn zieht sich der Yukon River durch das Land. Dann folgen die Hügel Zentral-Alaskas. »Weißt du noch . . . die großartige, aber kalte Nacht in ›The Burn‹ und der nächste Morgen in Nikolai, als du deine Fingerspitzen erfrorst . . .« Doch schon sind wir über der Alaska Range. »Mt. Denali zur Linken«, knarrt die Stimme aus den Lautsprechern. Wie ein unumschränkter Herrscher thront er dort, der mächtige König dieses Riesenlandes. Aber schon verändert sich das Geräusch der Triebwerke: Landeanflug auf Anchorage.

Der Verkehr und die vielen Menschen verwirren mich. Ich taste mich wie ein Blinder durch diese neue Welt, die mir doch eigentlich so vertraut ist. Schon sehne ich mich dorthin zurück, wo die Stille der einzige Ruf der Natur ist.

900 Kilometer war ich von Tanana nach Anchorage gereist. Dieselbe lange Strecke liegt jetzt wieder vor mir. Als ich eine Woche später in Manley den Schneeanker lichte, um die letzten 100 Kilometer per Hundeteam zurückzulegen, denke ich: »Prima Zeitplan. Morgen, zum Hochzeitstag, bist du zu Hause.« Am Abend des 28. März, nach 39 Tagen und 2000 Kilometern auf dem Schlitten, erreiche ich wieder unser Blockhaus am Yukon.

Das Telefon klingelt am nächsten Morgen gegen 11 Uhr: »Willkommen in Tanana«, sagt Bill. »Du kommst gerade rechtzeitig. Morgen um zehn Uhr beginnt das große 450-Kilometer-Rennen nach Allakaket . . .

Welche Pläne hast du in dieser Hinsicht?«

*Ein beliebter Sport am Beringmeer: Königskrabbenfischen. Nachdem ein Loch ins Eis gebohrt worden ist, wird ein bis zu zehn Meter langer, beschwerter Faden mit einem Köder (zumeist getrockneter Lachs) hinabgelassen: Wenn die naschhafte Königskrabbe den Leckerbissen umklammert hat, wird sie hochgezogen.*

*Mein 14köpfiges Hundeteam beim Allakaket-Rennen*

Hmmh . . ., eigentlich hatten meine Hunde und ich ausschlafen wollen. Und außerdem ist doch heute unser Hochzeitstag! Boomer, »mein bestes Pferd im Stall«, hatte ich in Fairbanks gelassen, da ihn Bill dorthin verkauft hatte. Und Tamarack humpelt, seitdem er gestern hinter Fish Lake in eine Eisspalte getreten ist. Auf der anderen Seite . . . eine Reise nach Allakaket hört sich sehr verlokkend an.

Zwei Stunden nach dem Anruf bin ich auf dem Weg zu Bill. »Unseren Hochzeitstag feiern wir nächstes Jahr richtig schön«, habe ich Juliana versprochen.

Als ich mit dem Sechsergespann auf dem Grundstück der Fliris vorfahre, stehen schon vier weitere Hunde für mich bereit: Mit Bogart, Ickey, Keno und Sultan habe ich für morgen ein 14köpfiges Team zur Verfügung. Bills 30 Huskies feuern die meinen an, als ich die Heimfahrt antrete. Ich habe kaum den Schneeanker gelockert, als sie auch schon mit einem 10stimmigen Urgeschrei davonstürmen. Dabei jagen sie in kürzester Linie durch tiefen weichen Schnee

in Richtung Straße. Ich sehe das Unheil in Form einer soliden Birke auf mich zurasen. Knack! Volltreffer! Ein Krachen, Splittern, Holzstücke fliegen durch die Luft – nicht die der Birke, sondern die meines Brushbow, der vorderen Schlittenrundung, die eigentlich zum Abfangen von Stößen gedacht war!

Da sitzt sie nun, diese sprintgierige, kläffende und hechelnde Meute und betrachtet interessiert, wie ihr Musher bedeppert seinen Schlitten untersucht. Die nächsten Stunden verbringe ich in Bills Werkstatt und behebe den Schaden am Brushbow.

Die Nacht der Vorbereitungen wird wieder einmal lang, vor allem, da ich Berge von Hundefutter abpacken und verstauen muß. Die Rennstatuten bestimmen, daß pro Hund 11 Pfund beim Start nachzuweisen sind. Bei einem 14köpfigen Team sind das für dieses 3-Tage-Rennen 154 Pfund Futter! Endlich ist mein Schlitten gepackt, gegen zwei Uhr morgens falle ich todmüde ins Bett.

Ein paar Kilometer von uns entfernt, direkt unterhalb des Zentrums von Tanana und auf dem Yukon gelegen, befindet sich die

Startlinie. Das bedeutet aber auch, daß ich mit 14 frischen Hunden quer durch den Ort fahren muß . . .

»Lauf doch bitte 100 Meter bis zum Abknick, damit die Leader wissen, wo es langgeht«, bitte ich Juliana am nächsten Morgen. Sie macht es, doch angeregt durch ihr Beispiel schnellen 14 Muskelprotze in die Höhe und 56 Beine krallen sich in den Boden. Ein kräftiger Ruck, und der schwere Schneeanker fliegt genauso spielerisch durch die Luft wie die große Mülltonne, an die der Schlitten angebunden war. Zum Glück stehe ich bereits auf den Kufen. Doch 14 starke Hunde auf einer abschüssigen Straße vor sich zu haben ist genauso, wie auf einer Rakete zu sitzen.

»Hoffentlich jagt dieser verrückte Haufen nicht mit mir den steinigen Yukon-Hang runter«, schießt es mir durch den Kopf. Bei dieser Geschwindigkeit hieße das bei vollbeladenem Schlitten »Totalschaden«.

Juliana, nur noch zwei Meter vor der anjagenden Meute, denkt das gleiche und handelt entsprechend: Der Länge nach hechtet sie sich zwischen die Hunde, wird über den Boden geschleift . . . und schließlich steht mein Team.

Eine Stunde später signalisiert ein Schrotschuß den Rennbeginn.

Allakaket, unser Ziel, ist ein 200-Einwohner-Dorf rund 225 Kilometer nördlich von Tanana am Koyukuk River. Die Rennstrecke folgt der Fährte der alten US-Postkuriere, eine Route, die – abgesehen vom ersten Abschnitt zum Tozitna River – außerhalb des Rennens kaum noch genutzt wird.

Trapper Stan Zuray führt seit 60 Kilometern. Charlie Campbell aus Tanana hat aufgeschlossen. Dann kommen Freddy Jordan und ich. Dort, wo der Trail den Tozitna River berührt, stoße ich auf die drei. Bei Stan hat die Jagd nach dem ersten Platz bereits Tribut gefordert: Er läßt zwei erschöpfte Hunde an diesem offiziellen *dog drop* zurück. Freddy überrascht mit einer anderen unerfreulichen Nachricht: Seine rechte Schlittenkufe ist gebrochen.

»Vielleicht schaffe ich es damit noch bis Allakaket«, brummt der 90-Kilo-Brocken von Athabasca-Indianer, nachdem er den Bruch mit Draht geflickt hat. »Dort kann ich mir bestimmt einen Schlitten leihen.«

Von diesem Punkt an bleiben unsere vier Teams für lange Zeit zusammen. Jeder belauert jeden.

Nach 110 Kilometern wird das Terrain extrem schwierig. Erst kurz zuvor war der Trail hier mit Motorschlitten angelegt worden. Der Pfad ist uneben, gewunden, und ständig brechen wir durch pulvrigen Schnee, der nur als dünne Lage auf trockenen Gräsern liegt. Mein Gott, wenn das die nächsten 110 Kilometer so weitergeht, sind die Hunde erledigt.

Stunde um Stunde kriecht dahin. Mir scheint, als würde es von Kilometer zu Kilometer kälter. Schon ist die Kälte durch meine Bunnyboots gedrungen und hat sich in den Füßen festgesetzt. Auch meine Fingerspitzen, durch mehrere Erfrierungen übersensibel geworden, schmerzen jetzt stärker als zuvor. Was ist mit mir los? Bin ich erschöpft?

Seit 140 Kilometern stehe ich fast ununterbrochen auf den Kufen. Nicht einmal in den kurzen Verschnaufpausen für die Hunde war ich zur Ruhe gekommen, da ich die Zeit nutzen mußte, meinen Huskies so viel Fleisch zuzuführen, wie unter Rennverhältnissen vertretbar war. Ich selbst bin überhaupt nicht hungrig, doch ich spüre, daß ich trinken muß. Wenn ich die Haut meines Handrükkens nach oben ziehe, bleibt sie wie ein Buckel stehen. Das ist ein Alarmzeichen.

Es ist jetzt finster geworden. Aus einem zarten Lichthauch über mir hat sich die große Show der arktischen Nacht entwickelt: Nordlicht. Wie ein gewaltiger phosphoreszierender Bumerang steht sein unbeweglicher Lichtstreif in der Mitte des Himmels. Fern vom Horizont steigt feiner Lichtregen auf und treibt wie leuchtender Nebel über das Firmament. Doch da klatscht mir ein Zweig ins Gesicht. Das ist keine Nacht für Träumer.

Gegen Null Uhr erreiche ich eine Schutzhütte an einem See mit der Bezeichnung Big Lake. Ein junger Indianer hält hier Wasser für uns bereit. Freddy und Charlie stoppen kurz, Stan ist bereits wieder auf dem Trail.

Kann ich es wagen, an den beiden vorbeizuziehen, oder überfordere ich damit meine Hunde? Nach einem vorübergehenden Leistungsknick kurz vor Sonnenuntergang sind sie jetzt wieder stark.

Andererseits haben sie bereits 165 Kilometer ohne Rast hinter sich, und vier Stunden liegen noch vor uns. Diese Überlegung gibt den Ausschlag. Ich halte und füttere mein Team. Dann schütte ich becherweise Wasser in mich hinein. Eine Stunde später bin ich wieder auf dem Trail – noch sind es 60 Kilometer bis zum Tagesziel.

Um 4.19 Uhr morgens, nach einem kräftezehrenden 225-Kilometer-Rennen, genau 18 Stunden und 19 Minuten nach dem Startschuß in Tanana, erreiche ich Allakaket.

»Was zeigt das Thermometer?« frage ich den Checker.

»Minus 34° C!«

Das also ist die Erklärung für die Kälte, die mir so tief in den Knochen steckt.

Einer der Anwesenden weist mir den Weg zu dem Privathaus von Beattus Moses, in dem bereits zwei der ersten Rennteilnehmer untergekommen sind. In der Mitte des geräumigen Blockhauses meines unbekannten Gastgebers steht ein großer Ofen, links davon – durch dünne Sperrholzwände getrennt – liegt das Schlafzimmer. Neben der Tür ist das »Bad« – eine alte Kommode mit Waschschüssel drauf.

Wir Musher schlafen, nachdem wir die Hunde versorgt haben, auf dem Fußboden im Dachgeschoß.

Nach der Kälte der Nacht liegt am nächsten Tag eine fast frühlingshafte Stimmung über Allakaket. Ich spüre die Kraft der Sonne. Noch drei oder vier Wochen, spätestens Mitte Mai, und es wird auch hier der Zauber des Winters durch die Macht des Sommers gebrochen sein.

200 Menschen leben in dieser kleinen Siedlung, die schon vor Jahrhunderten ein Handelsplatz von Küsteneskimos und Inlandindianern war. 1906 hatte Erzdiakon Hudson Stuck hier eine Mission gegründet. Abgesehen vom Einzug der Motorschlitten und Fernseher hat sich seitdem nicht allzuviel in dem kleinen Indianerdorf, in dem selbst der Besitz von Alkohol verboten ist, geändert. Wie fast überall im Busch Alaskas lebt man auch hier vom Fischfang und der Jagd.

Bald nach dem Abendessen wird es im Haus unseres Gastgebers voll. Ein Dutzend Nachbarn kommt, man spielt Karten, trinkt Kaf-

*Ein Indianerkind bestaunt uns Musher in Allakaket.*

fee und plaudert. Wenig später stellt sich auch Stan Zuray ein. Er war heute nacht der erste in Allakaket gewesen.

»Stan hat gute Hunde«, hatte mir Bill schon vor dem Start gesagt.

Ich wußte, daß der Tozi-Trapper 1982 am Iditarod teilgenommen hatte und auf Anhieb als Rookie bei 54 Rennteilnehmern auf den 9. Platz gelangt war.

»Dabei stand anfangs alles unter einem schlechten Stern«, hatte Stan mir verraten. Als ein Freund ihm per Privatflugzeug das Futter für das Rennen bringen wollte, stürzte er ab. So fraßen seine Hunde bis wenige Tage vor dem Start nichts anderes als Fisch. Offenbar sind seine Huskies genauso zähe Burschen wie der Musher. Er ist einer, der sich weder vor Tod noch Teufel fürchtet. Den Beweis hatte er schon kurz nach seiner Ankunft in Alaska erbracht:

»Bevor wir unser Blockhaus am Tozi erbaut hatten, lebten meine Frau und ich nur in einem Zelt«, hatte Stan mir eines Tages erzählt. »Zum Kochen gab's nur ein Provisorium aus Zeltbahnen, in dem unser Ofen, die Lebensmittel, Kleidung, Schuhe, Schneeschuhe, Munition und Hundeschlitten untergebracht waren. Eines Morgens schreckte ich von einem Geräusch auf, das wie ein startender Düsenjäger klang. Ich riß das Zelt auf und sah gerade noch, wie die Fichte neben unserer Küche wie eine Fackel in Flammen aufging.

Wir können nur rätseln, was passiert war: Vermutlich hatte ein Funke aus dem Ofen Gras oder trockenes Holz entzündet . . . Jedenfalls war alles verloren. Das heißt – nicht ganz.

Da wir für das Hundefutter bereits eine *cache* gebaut hatten, war das gerettet. Außerdem fanden wir in der Asche einen geschmolzenen Plastikeimer, der sich wie eine Haut um die Bohnen drinnen herumgelegt hatte.

Nun, wir haben angekohlte Sojabohnen mit Hundefutter und Wasser verrührt und daraus eine Art Brot in der Pfanne gebacken. Meine Frau wurde bei der Kost zwar immer dünner, aber ich war rund und mopsfidel. Mir geht es gut, solange mein Bauch voll ist.

Wir hatten noch 'ne Menge Glück in dem Sommer. Ein paar Leute kamen mit ihrem Boot flußaufwärts, und sie versprachen, uns etwas zu essen zu schicken. Das geschah auch ein paar Wochen später. Du mußt wissen, daß damals die Radaranlage oberhalb von Tanana noch in Betrieb war. Die Jungs dort hatten ihren Koch so lange getriezt, bis er endlich alle überlagerten Sachen aus seinem Vorratshaus rausschmiß; was er sehr gründlich getan hat. Als die Burschen von der *site* bei uns ankamen, hatten sie 900 Pfund Lebensmittel dabei – alles gratis. Sie wußten allerdings nicht, daß wir keine Munition mehr hatten. Aber dieses Problem lösten sie genauso zackig: Ein paar Tage danach dröhnte ein Flugzeug an und warf einen Sack mit Patronen ab.

Nach diesem Geschenk des Himmels blieben wir, um unser Blockhaus fertigzubauen. Wir stellten auch einen neuen Schlitten und Schneeschuhe her. Doch im Herbst waren unsere Vorräte wieder knapp. Bis dahin hatten wir 13 Hunde gehabt . . . Als endlich genug Schnee lag, um per Schlitten nach Tanana zu ziehen, war unser Team bis auf drei geschrumpft. Die restlichen hatten wir gegessen; meine Frau und ich die Hinterschenkel, und die überlebenden Hunde den Rest.«

Während in dieser Nacht des großen Allakaket-Rennens die Temperatur draußen langsam aber stetig sinkt und drinnen die Kaffeemaschine auf Hochtouren arbeitet, um 20 durstige Kehlen anzufeuchten, erzählt Stan Zuray mir die spannendste Geschichte seines Lebens.

»Es war eines Tages im August, zum Ende der großen Lachszüge, wenn Tausende von toten Fischen am Ufer des Tozitna Rivers liegen. Das bedeutete ›Bärenzeit‹. Ich wanderte flußabwärts, um nach Biberbauten Ausschau zu halten und ein paar Anhaltspunkte zu kriegen, wo ich im nächsten Frühjahr meine Fallen setzen konnte.

Plötzlich, hinter einer Biegung des Flusses, entdecke ich 400 Meter vor mir drei große Grizzlies.

Da ich nur ein einschüssiges Gewehr dabei hatte – der verflixte Repetiermechanismus an dem Schießprügel war nämlich defekt –, beschloß ich, zunächst einmal auf einen Baum zu klettern und zu warten, bis sich die Burschen verzogen hatten. Ich hatte mir gerade einen schönen Ast gesucht, als ich seitlich im Gebüsch Schnauf- und Trittgeräusche hörte: ein Grizzly! Noch hatte er mich nicht gesehen, aber gewittert. Er war schon verdammt nahe bei mir, und ich dachte, es könne nichts schaden, noch ein bißchen höher zu klettern. In Sekundenbruchteilen hatte er meine Bewegung bemerkt, kam angerast und sprang am Baumstamm hoch. Plötzlich war sein Riesenschädel an meinem Bein. Es war wohl ein reiner Reflex von mir, jedenfalls schob ich meinen Gewehrkolben zwischen Bein und Bär. Der riß ihn an sich, biß rein und fiel dabei vom Baum. Ich selbst hatte bei der Attacke die Balance verloren, hing zum Glück allerdings noch am Stamm. Aber bevor ich höher klettern konnte, war der Bär schon wieder da. Als er diesmal zubiß, landete er einen Volltreffer: mein Bein, kurz unterhalb der Kniescheibe. Alles, woran ich mich dann noch erinnere, ist, daß meine Arme in die Luft schossen und mir Zweige ins Gesicht peitschten. Als ich erwachte, lag ich auf dem Grund des Tozi Rivers. Ich werde das nie vergessen – beim Augenöffnen sah ich, wie meine Luftblasen aufstiegen. Es ist mir ein Rätsel, wie ich in das Wasser gekommen bin, denn der Baum stand einige Meter vom Fluß entfernt. So gut es ging, kroch ich unter der Wasseroberfläche fort, manchmal, wo es besonders tief war, lief ich auf dem Grund. Trotz meiner Verletzung schaffte ich es, bis zu Bill Fliris Trapperhütte zu kommen. Den Grizzly habe ich nie wiedergesehen.«

Stan ist nach seiner Erzählung aufgestanden und sieht auf die Uhr.

»Ich bin der erste, der heute nacht startet, ich verziehe mich in den Schlafsack. Gute Nacht.«

Um zwei Uhr morgens weckt mich der Piepton meiner Armbanduhr. Stan, Freddy und Charlie, die entsprechend ihrer Ankunftszeit vor mir aufbrechen werden, versorgen bereits ihre Hunde. Ich füttere die meinen. Da während des Rennens keine Zeit bleiben wird, Wasser zu erhitzen, bereite ich eine heiße Brühe vor und fülle sie in einen großen Plastikbeutel, den ich in meine Isolierbox lege.

4.19 Uhr muß ich loskommen! Die Zeit scheint mir zwischen den Fingern zu zerrinnen, ich erledige meine Arbeiten nur noch im Dauerlauf. Beattus hat seinen Motorschlitten hinter mir geparkt und gibt Licht; das hilft ein wenig. Meine Hunde sind aufgeregt, offenbar spüren sie die Spannung. So – alle 14 sind jetzt an der Zugleine. Ich sprinte zu dem Kabel, an dem die Hunde angebunden waren, löse es von den Bäumen, wickle es zusammen und verstaue es im Schlitten. Verflixt, ich habe meine Startzeit doch schon um drei Minuten überzogen. Schnell streife ich noch ein paar Booties über Problemfüße, schüttle Beattus, dem guten Geist des Rennens, die Hände, dann nimmt der Checker meine Zeit: 4.25 Uhr! Das heißt, daß ich sechs Minuten verschenkt habe. Ärgerlich! Charlie, der nächste vor mir, hatte einen offiziellen Vorsprung von 45 Minuten, jetzt sind es 51 Minuten . . .

Schon jagen meine Hunde aus diesem entlegenen Ort am Polarkreis heraus. Trotz nächtlicher Stunde stehen ein paar Menschen am Trail-Rand und winken, dann umfängt mich Stille. Die Temperatur liegt bei −30° C – das ist die Stunde meiner Schlittenhunde. Sie fliegen förmlich über das Eis des Koyukuk Rivers. »*Easy!*« sage ich und trete häufig auf die Bremse. Eben noch hatten sie in ihren vereisten Schlafmulden gelegen. Wenn ich sie jetzt laufen ließe, wie sie wollten, könnte es Muskel- und Sehnenverletzungen geben.

5 Uhr morgens. Der erste Schimmer von Helligkeit kriecht über das Land. Die Kilometer, die in der bitteren Nachtkälte der Herfahrt doppelt gezählt hatten, fliegen an diesem Morgen förmlich unter mir dahin. Nach 45 Minuten verlasse ich den Fluß. Jetzt geht es hoch und immer höher in die Berge.

Dann überquere ich einen See. Das muß Big Lake sein. »Wahnsinnszeit!« denke ich, als ich die jetzigen Daten mit jenen der Herfahrt vergleiche. An diesem Morgen halte ich nicht: Hunde wie Musher drängen weiter.

Drei Stunden bin ich unterwegs, als ich auf dem Trail eine Bewegung sehe; ein Mensch . . . das ist Charlie! Das hieße ja, daß ich in drei Stunden seinen 51minütigen Vorsprung aufgeholt habe! Ich wußte es doch – meine Hunde laufen phantastisch. Bedeutet das auch, daß ich eine Chance habe, den anderen beiden auf den Leib zu rücken? . . . Freddy war eineinhalb Stunden vor mir gestartet, und Stans Vorsprung hatte geringfügig darüber gelegen. Jetzt, ganz anders als im ersten Teil des Rennens, packt mich das Fieber richtig. Ich kann es mir allerdings erlauben. Meine Hunde laufen mit der Präzision von Uhrwerken.

Kurz vor 11 Uhr erreiche ich einen kleinen Creek, der etwa den Halbzeitpunkt markiert. Meine Huskies haben eine Strecke von 120 Kilometern über schweres Terrain, Berge und Hindernisse in sechseinhalb Stunden zurückgelegt. Das sind mehr als 18 Kilometer pro Stunde.

Mittlerweile ist es warm geworden. Das beste wird sein, den Hunden hier etwas zu saufen zu geben. Als ich die vorbereitete Brühe aus der Isolierbox hole, stelle ich fest, daß der Beutel wie ein Ballon aufgeblasen ist. Der Inhalt gärt! Ob ich es wohl wagen kann, das an meine Vierbeiner zu verfüttern? Testweise setze ich es den beiden wählerischsten Trinkern vor. Im Nu haben sie ihre Näpfe blankgeputzt. Daraufhin gebe ich allen Hunden zu saufen.

Es war der größte Fehler dieses Rennens!

Als ich eineinhalb Stunden später weiterfahre, haben 12 von 14 Hunden schwere Durchfälle. Mein Team, das noch bei der Ankunft ein Kraftpaket gewesen war, schleicht jetzt wie ein geschlagenes Häufchen durch die Wildnis.

Ich könnte mich ohrfeigen. Warum habe ich ihnen bloß dieses Zeug gegeben? Es war gut gemeint gewesen, angesichts der erwarteten Tageswärme wollte ich ihnen so viel Wasser wie irgend möglich zuführen. Jetzt habe ich das Gegenteil erreicht.

Es ist inzwischen »heiß« geworden. Die Luft steht, die Sonne brennt, und die Temperatur ist auf −5 °C gestiegen. Ich ertappe mich dabei, wie ich über meine Schulter schaue. Holt vielleicht ein nachfolgendes Team auf?

Erst am späten Nachmittag kommt ein frischer Wind auf und belebt endlich meine Hunde. Kurz nach 21 Uhr gleite ich über die Ziellinie in Tanana. Der Checker nimmt die Zeit, dann gratuliert er mir zum 4. Platz. Ein Team aus Allakaket, das das Rennen in entgegengesetzter Richtung gefahren war, hatte an diesem zweiten Renntag besser abgeschnitten als ich.

Meine Gesamtrennzeit für 450 Kilometer beträgt 36 Stunden und 4 Minuten. Stan Zuray war knapp zwei Stunden vor mir eingelaufen. Freddy Jordan hat den Sieg davongetragen.

Am nächsten Vormittag klingelt das Telefon: »Hallo, hier ist Freddy. Glückwunsch zum 4. Platz und dazu, daß du mit all den Hunden, mit denen du gestartet bist, auch die Ziellinie überquert hast.«

Ich hatte mittlerweile gehört, daß ich der einzige Teilnehmer war, der ein komplettes Team heimgebracht hatte.

»Was ich dir noch sagen wollte ...«, Freddy kichert in sich hinein, »du hast mir richtig Angst gemacht, als du gegen 11 Uhr kurz nach Stan zu dem Creek kamst, an dem du Pause gemacht hast ...«

Was sagt er da ... wenn er mich an jenem Creek gesehen hat, heißt das ja, daß ich seinen eineinhalbstündigen Vorsprung eingeholt hatte. Das ist ja unglaublich – andererseits wußte ich, daß meine Hunde so schnell wie selten zuvor gewesen waren. Und genau in dem Moment gebe ich ihnen eine »K. o. -Suppe«, die sie von den Beinen haut . . .!

So grübele ich noch immer: Wäre ich, der Rookie, vielleicht andernfalls als erster durchs Ziel gefahren?

. . . es ist reizvoll, mit Illusionen zu leben.

## Abschied

Der Frühling verändert das Leben in Alaska: Bären mit schlotternden Fellen kriechen aus ihren Höhlen, bleichgesichtige Menschen wagen sich aus dem Schutz ihrer Häuser. Das Grün der Wälder wird zwar noch lange auf sich warten lassen, doch man spürt die immense Kraft der Sonne, deren Licht bis weit in die Nacht hineinreicht.

Als ich Mitte April mit meinem Gespann das Adlernest passiere, das während des Winters so oft einziger Anhaltspunkt in der weißen Wildnis des Fish Lake war, steigen zwei mächtige Weißkopfseeadler in die Lüfte. Man paart sich auch hier für den Sommer und wartet, daß das Eis endlich bricht, damit sich die scharfen Krallen in die fette Beute im See schlagen können.

Doch noch heißt es, sich in Geduld zu üben. Der alte Winter ist zäh, noch ist er nicht bereit, sein Reich dem Eindringling Sommer zu überlassen. Welche Kraft er besitzt, zeigt er am 13. April, als nicht weit von Fairbanks ein für diesen Tag nie zuvor gemessener Tiefstwert von −37° C registriert wird. Selbst Mitte Mai, als die Luft über der nördlichen Halbkugel anderenorts vom Duft der Blüten erfüllt ist, fällt bei uns noch Schnee.

Aber schon spürt jeder die großen Umwälzungen; auch die Bären, die jetzt rastlos und hungrig die Wälder durchziehen. Ein ganz dreister pirscht sich an die Fischvorräte von Trapper Tom Fogg und plündert sie, was ihm allerdings Tom Fogg nicht verzeiht . . . »Das Fleisch eines im Frühjahr geschossenen Bären schmeckt wie Schweinekotelett«, sagt er und leckt sich die Lippen. Es ist noch immer das Gesetz dieser Wildnis, daß die Stärksten überleben. Das gilt auch für Juliana, die sich Wochen nach ihrem beherzten Hechtsprung in mein durchgehendes 14köpfiges Team am Morgen der Reise nach

Allakaket ärztlicherseits bescheinigen läßt: »Du mußt wohl etwas hart gefallen sein – drei gebrochene Rippen!«

Am 23. Mai umreißen wir den Beginn einer neuen Epoche mit dem Tagebucheintrag: »Der erste Moskito!« und kleben das erlegte Exemplar gleich daneben. Da, endlich, am Abend desselben Tages, dröhnt Nachbar Freddys Baß durchs Telefon: »Der Yukon ist aufgebrochen!«

Waren es noch vor Monaten Motorschlitten und Hundegespanne, die über das Eis zogen, sind es jetzt Boote mit Männern, die Jagd auf Treibholzstämme machen, um Brennholz für den nächsten Winter heranzuschaffen. Wenn auch der König Alaskas diese Schlacht verloren hat, so wird er doch in fünf Monaten im schneeweißen Herrschergewand schon wieder Einzug halten. Dann beginnt die Stunde der Huskies.

Jetzt, Anfang Juni, ist es neben unserem Haus still geworden. Wo noch vor acht Wochen 15 Hunde den Schlittenreisen entgegenfieberten, sind nur Beetle und »Gattin« Speedy verblieben.

»Wißt ihr noch, ihr beide, wie mich euer Liebesabenteuer in der eisigen Nacht vor Finger Lake entsetzte? Dabei folgtet ihr doch nur der Stimme der Natur; was uns nun um fünf entzückende Kleine, die wie Wollknäuel über unser Grundstück toben, bereichert hat. Wir haben eure Kinder nach den Checkpoints unserer gemeinsamen Reise benannt: Da ist die zappelige Knik, dann Skwentna, die Papa Beetle wie aus dem Gesicht geschnitten ist, und Rohn, der Kraftmeier des Wurfs und einzige Rüde. Die kleine Ruby erinnert mit dem Rot ihres Fells an Mama, und Topkok war die letzte, die das Licht der Welt erblickte. Ihr seid eine nette Familie, wenngleich ich auch meine, daß du, Beetle, deine Vaterpflichten nicht darauf beschränken solltest, an Mutter Speedys Hütte das Bein zu heben.«

Meine anderen vierbeinigen Freunde sind an ihre alten Plätze zurückgekehrt. Ich fühle jetzt mit ihnen, denn diese Monate sind für einen alaskanischen Husky die Zeit der endlosen Langeweile, wo – neben dem Fressen – die einzige Freude darin besteht, Moskitos zwischen den Zähnen zu zermalmen. Mit dem Abschied ist mir all das, was mir auf den Reisen dieses Winters so lieb und teuer war, zwischen den Fingern zerronnen. Was bleibt, ist die Erinnerung...

Aber das will ich nicht wahrhaben! »Wir nehmen doch Beetle mit nach Deutschland? Sollten wir nicht eine gute Hündin dazukaufen, eine Husky-Zucht beginnen und dort zwei Teams aufbauen?« überrasche ich Juliana.

Meine Ehegattin denkt einen Moment nach. Dann streift mich dieser schelmische Seitenblick: »Du weißt ja, was alaskanische Huskies zu fressen gewohnt sind: drei Pfund Lachs pro Tag, oder 36 Pfund bei einem Zwölferteam. Nimm schon mal gute Beziehungen zum Delikatessengroßhändler auf!«

Der mächtige Yukon, der Strom unserer vielen Winterabenteuer, wird 150 Meter unterhalb unserer Blockhütte weiterziehen, auch wenn wir längst gegangen sind. Und meine Freunde, die sich mit mir über einsame und eisige Trails durch dick und dünn geschlagen haben, werden ihr jahrtausendealtes Lied wieder anstimmen. Wie Generationen vor ihnen wird einer den Kopf heben, und seine Stimme wird in die Stille der arktischen Nacht dringen. Alle anderen werden einfallen und ihren Jubelchor der Wildnis erklingen lassen. Und das lockende Lied der Huskies wird über die Wälder schwingen, über Kontinente und Meere ... und mich am anderen Ende der Welt erreichen.

*»Mutter Speedy« mit (von links) Skwenta, Rohn und Ruby*

# IV.

# Informationen und praktische Tips



## Iditarod-Schlittenhunderennen auf einen Blick

**Erstaunliches und Statistisches ...**

1 Das erste Iditarod-Rennen begann am 3. März 1973.

2 Den »langsamsten Sieg« errang 1974 Carl Huntington mit 20 Tagen, 15 Stunden, 1 Minute und 7 Sekunden.

3 1992 stellte Martin Buser mit 10 Tagen, 19 Stunden, 17 Minuten und 15 Sekunden alle bisherigen Rekorde in den Schatten.

4 Den knappsten Sieg trug 1978 Dick Mackey davon. Mit einer Zeit von 14 Tagen, 18 Stunden, 52 Minuten und 24 Sekunden erreichte er Nome eine Sekunde vor Rick Swenson.

5 1983 schaffte es Sohn Rick Mackey, an die Leistung seines Vaters Dick von 1978 anzuknüpfen. Beide trugen bei ihrer Siegesfahrt die Startnummer 13.

6 Rick Swenson ist der einzige fünffache Sieger. Seine Siege (1977, 1979, 1981, 1982, 1991) ziehen sich über drei Dekaden hin.

7 Die vierfache Siegerin Susan Butcher kam in den Jahren 1986, 1987, 1988 und 1990 als erste ins Ziel.

8 1992 überfuhren 63 Musher die Ziellinie in Nome; das ist der bisherige Rekord.

9 Jüngster Teilnehmer am Iditarod-Rennen war 1979 Rome Gilman, der gerade zuvor 18 Jahre alt geworden war. Mit derzeit 86 Jahren ist Oberst a.D. Norman Vaughan der älteste Musher, der je teilgenommen hat.

10 Der letzte in Nome ankommende Musher erhält die *red lantern*, eine Rote Laterne. Die längste Zeit dafür benötigte 1973 John Schultz mit 32 Tagen, 5 Stunden, 9 Minuten und 1 Sekunde. Das schnellste »Schlußlicht« war 1989 Bob Hoyte mit 17 Tagen, 11 Stunden, 19 Minuten und 19 Sekunden.

11 Wer auf dem Trail in Notwehr ein großes Tier wie Elch, Karibu o. ä. tötet, muß es ausnehmen. Keiner der nachfolgenden Musher darf während dieser Zeit überholen.

## Iditarod-Entfernungen (in km) von Anchorage bis Nome

| | | | |
|---|---|---|---|
| Eagle River | 32 | Ruby | 1052 |
| Wasilla | 79 | Galena | 1136 |
| Knik | 101 | Nulato | 1220 |
| Rabbit Lake | 185 | Kaltag | 1287 |
| Skwentna | 240 | Unalakleet | 1432 |
| Finger Lake | 312 | Shaktoolik | 1496 |
| Rainy Pass | 360 | Koyuk | 1590 |
| Rohn | 438 | Elim | 1667 |
| Nikolai | 587 | Golovin | 1712 |
| McGrath | 665 | White Mountain | 1741 |
| Takotna | 702 | Safety | 1829 |
| Ophir | 763 | Nome | 1865 |
| Cripple | 859 | | |

Die Gesamtstrecke beträgt auf der Nordroute 1865 km oder 1159 Meilen. Die häufig in den Medien erwähnte Angabe »*1049 miles*« ist nicht richtig und darf – so die Auskunft des Iditarod Head office in Wasilla – nur symbolisch verstanden werden: »Gut 1000 Meilen ist die Strecke lang, und 49 steht für die Tatsache, daß Alaska der 49. Staat der USA ist.«

## Iditarod-Sieger

| Jahr | Teilnehmer | Zeit in Tagen | Std. | Min. | Sek. |
|---|---|---|---|---|---|
| 1973 | Dick Wilmarth | 20 | 00 | 49 | 41 |
| 1974 | Carl Huntington | 20 | 15 | 02 | 07 |
| 1975 | Emmitt Peters | 14 | 14 | 43 | 45 |
| 1976 | Gerald Riley | 18 | 22 | 58 | 17 |
| 1977 | Rick Swenson | 16 | 16 | 27 | 13 |
| 1978 | Dick Mackey | 14 | 18 | 52 | 24 |
| 1979 | Rick Swenson | 15 | 10 | 37 | 47 |
| 1980 | Joe May | 14 | 07 | 11 | 51 |
| 1981 | Rick Swenson | 12 | 08 | 45 | 02 |
| 1982 | Rick Swenson | 16 | 04 | 40 | 10 |
| 1983 | Rick Mackey | 12 | 14 | 10 | 44 |
| 1984 | Dean Osmar | 12 | 15 | 07 | 33 |
| 1985 | Libby Riddles | 18 | 00 | 20 | 17 |
| 1986 | Susan Butcher | 11 | 15 | 06 | 00 |
| 1987 | Susan Butcher | 11 | 02 | 05 | 13 |
| 1988 | Susan Butcher | 11 | 11 | 41 | 40 |
| 1989 | Joe Runyan | 11 | 05 | 24 | 34 |
| 1990 | Susan Butcher | 11 | 01 | 53 | 23 |
| 1991 | Rick Swenson | 12 | 16 | 34 | 39 |
| 1992 | Martin Buser | 10 | 19 | 17 | 15 |

# Kleidung und Ausrüstung

Da dem Musher auch bei −40° C – z. B. an steilen Berghängen oder beim Trail-Brechen mit Schneeschuhen – sehr heiß werden kann, sollte **arktische Kleidung** niemals nur aus einer sehr dicken Lage bestehen. Beim unausbleiblichen Schwitzen bildet sich Feuchtigkeit auf der Haut und setzt sich in der Wäsche fest. Sie erkaltet dann sehr schnell bzw. gefriert, was zur lebensbedrohlichen Unterkühlung führen kann. Einige der bei den großen Rennen eingetretenen Notfälle sind auf Bekleidungsfehler zurückzuführen. Es ist wichtig, daß man Kleidungsstücke schnell ablegen kann, jedoch soviel auf dem Körper behält, daß auch bei starker Anstrengung ausreichende Wärmeisolierung gewährleistet ist.

Die Qual der Kleidungswahl beginnt schon bei der langen **Unterwäsche**: Während herkömmliche Unterwäsche schnell verschwitzt und später lange Zeit wie eine Eisschicht auf dem Körper liegt, nehmen speziell entwickelte synthetische Fasern (Polarfleece/Arcticfleece) kaum Feuchtigkeit auf. Während des zweiten Winters habe ich solch eine Arcticfleece-Wäsche (Firma Big Pack) getragen. Gegenüber dem Vorjahr war das wie ein »Unterschied zwischen Tag und Nacht«. Das Material ist teurer als herkömmliches. Doch was ist das schon, wenn man weiß, daß unter Umständen das Leben davon abhängt.

Abgesehen von ganz wenigen Ausnahmen habe ich auch bei niedrigsten Temperaturen am Oberkörper nicht mehr als das genannte Arcticfleece-Hemd, eine dicke, mit einer guten synthetischen Füllung versehene **Jacke** und einen Ex-Armeeparka getragen. Als weitere Lagen standen mir für Notfälle ein Wollpullover, eine Weste und ein in den Parka einknöpfbares Futter zur Verfügung.

Trotz ihrer hervorragenden wärmenden Wirkung ist von Daunen am Körper abzuraten. Sie absorbieren Feuchtigkeit, werden klumpig und verlieren dadurch ihre Wirkung.

Meine **Beinkleidung** bestand aus einer langen Arcticfleece-Unterhose, Jeans und einer wattierten Überhose. Die Erfahrungen im Schneesturm am Rabbit Lake zeigten mir zudem, wie wichtig es ist, (ausreichend große!) wasserabweisende Überkleidung zu haben.

Generell ist festzustellen, daß – was den Preis anbelangt – bei arktischer Kleidung nach oben hin keine Grenzen bestehen.

Bei allen Anforderungen an die Haltbarkeit sollte das Material auch leicht sein. Das war ein schwacher Punkt meines Armeeparkas. Er ist sehr warm, strapazierfähig, vergleichsweise preisgünstig zudem, aber schwer.

Wenn man bei der Oberbekleidung auf **Reißverschlüsse** schon nicht verzichten kann, sollten die jedoch robust und hochwertig sein. Ein Parkareißverschluß, der sich bei −50° C nicht schließen läßt, kann zur Todesfalle werden.

In arktischen Regionen haben **Pelze** noch immer ihren hohen Stellenwert. Um den Wind im Gesichtsbereich zu brechen, gibt es nichts Besseres als eine Kapuzenkrempe, die mit Vielfraß- oder Wolfspelz besetzt ist. Solch ein schmaler *fur ruff* ist allerdings selbst in Alaska sehr teuer.

Auf dem Kopf ist die **Biberpelzmütze** mit herunterklappbaren Seitenteilen gebräuchlich, als **Gesichtsschutz** wird Polarfleece-Material verwandt.

Gewöhnlich habe ich zwei Paar **Handschuhe** getragen: Fingerlinge und darüber sehr große gefütterte Fäustlinge aus Elchleder und Biberpelz. Diese sogenannten *overmitts* sollten so groß bemessen sein, daß notfalls noch ein zweites Paar Handschuhe sowie chemische Handwärmer innen drin getragen werden können.

Bei der **Fußbekleidung** scheiden sich die Geister: Ich habe auf den meisten meiner Fahrten **Bunnyboots** mit zwei Paar Wollsokken getragen und nur einmal, nach 16 Stunden ununterbrochenen Stehens auf den Kufen bei −30° C, kalte Füße bekommen.

Der Nachteil von Bunnyboots ist, daß die Füße feucht werden. Mehrere Paar Reservesocken sind daher unbedingt mitzuführen. Wichtig ist auch, daß feuchte Socken gewechselt werden, bevor man in den Schlafsack kriecht.

**Mukluks** sind die Alternative zu Bunnyboots. Cathy Fliris' Produkte zählen zweifellos zu den besten und wärmsten in Alaska. Mukluks sind leicht, warm, und der Fuß bleibt immer trocken. Wer allerdings viel im Gelände hinter dem Schlitten herläuft, wird sich wünschen, griffigere Sohlen als die glatten der Mukluks zu haben.

Bei nassem Schnee, Regen oder Bachdurchquerungen sind Mukluks ungeeignet.

Was auch immer getragen wird, es ist notwendig, ein Paar Stiefel zum Wechseln zu haben.

Zu den allerwichtigsten Ausrüstungsgegenständen zählt der **Schlafsack.** Er ist mit besonderer Sorgfalt auszuwählen und zu behandeln. Ich verwandte auf dem Iditarod Trail den Daunenschlafsack »Radial 1400 DC« der Firma Big Pack (Fabrikstr. 35, 7311 Bissingen/Teck). Seine Daunenfüllung war auf meinen Wunsch um 200 Gramm auf 1600 Gramm angehoben worden. Ich habe mich in ihm selbst bei −42 °C warm und wohl gefühlt. Da sowohl die Luft als auch der Schnee in Zentral-Alaska fast immer sehr trocken sind, ist die Gefahr, daß die Daunen naß werden, gering. Den mitgeführten feuchtigkeitsabweisenden **Biwaksack** habe ich nicht verwenden müssen, trotzdem wird geraten, ihn dabeizuhaben. Eine gute **Schlafunterlage** ist bei Schnee und Extremtemperaturen ebenfalls wichtig. Die bestens isolierenden Karibufelle sind schwer und nicht einfach zu bekommen. Ich habe auf dem Iditarod Trail die Therm-A-Rest-Matratze (amerikanisches Fabrikat, aber auch im deutschen Fachhandel erhältlich) verwandt. Sie ist effektiver als jede andere Matratze, die ich besitze.

Auch an die **Kamera** sind bei einer Winterreise durch Alaska besondere Anforderungen zu stellen. Viele Fabrikate arbeiten von −20 °C abwärts nicht mehr zuverlässig. Kameraverschlüsse bewegen sich gar nicht mehr oder aber schwerfällig, und es kommt dadurch zu Überbelichtungen. Ich habe auf meiner Reise die klassische **Leica M6**, eine sehr leichte, rein mechanische und – bis auf die Belichtungsmessung – batterieunabhängige Kamera verwandt. Für die Stromversorgung benutzte ich relativ kälteunempfindliche Lithium-Batterien. Kamera und Objektive arbeiteten auch bei Extremtemperaturen völlig einwandfrei und ohne Korrekturen. Als Objektive wurden Leica Summicron -M 1:2/35, Leica Elmarit -M 1:2,8/28 und Leica Summicron -M 1:2/90 verwandt. Ab −20 °C sollten keine Motorwinder benutzt werden, da mit großer Wahrscheinlichkeit die durch die Kälte brüchig gewordenen Filme splittern. Aber auch beim Handtransport ist Behutsamkeit angebracht.

Anfangs hatte ich die Kamera, um sie warmzuhalten, unter Jacke und Parka getragen. Da bei der Berührung mit Kaltluft ab ca. −30 °C schlagartig sowohl Apparat als auch Objektiv mit einer dicken Frostschicht überzogen werden, bin ich später dazu übergegangen, die Kamera auch bei extremen Temperaturen im Schlitten zu transportieren. Meine Erfahrungen mit der Leica M6 waren dabei bestens.

## Ausrüstung im Schlitten

### 1 Kleidung

1 Überhose
1 Jacke
1 Regenponcho
1 Regenüberhose
1 Unterhose
1 lange Unterhose
1 langärmliges Unterhemd
1 Extra-Gesichts-/Nasenwärmer
1 Oberhemd
1 warme Weste
1 Pullover
1 Paar Mukluks oder Bunnyboots
4 Paar Socken
5 Paar Arbeitshandschuhe
1 Extra-Schal

### 2 Schlafutensilien

1 Schlafsack
1 Biwaksack (Regenschutz für Schlafsack)
1 Therm-A-Rest Matte
2 Paar Wollsocken

### 3 Hygiene

Seife
Zahnbürste
Zahnpasta
Handtuch
Handcreme (Vaseline ist bei Kälte gut)
Fettstift für Lippen
Pinzette
Toilettenpapier

### 4 »Küchentasche«

Messer, (Gabel), Löffel
Evtl. Dosenöffner/Flaschenöffner

Leichter Kochtopf/Kochgeschirr mit Deckel
Feuerzeug

**5 Nähzeug**

| | |
|---|---|
| Nadeln | Knöpfe |
| Faden (auch dünne Angelschnur) | Flicken |
| Sicherheitsnadeln | |

**6 Reiseapotheke**

Hier sollte sich jeder individuell bei seinem Hausarzt beraten lassen.
z. B.

| | |
|---|---|
| Schmerztabletten | Desinfektionsmittel |
| Wundsalbe | Pflaster |
| Elastische Binde | Salbe gegen Muskelverletzungen |

Ein »Endlosband« elastischen Pflasters wird wegen der bei Kälte an den Händen auftretenden Risse dringend empfohlen.

**7 Brustbeutel für Wertsachen**

| | |
|---|---|
| Paß | Kreditkarte |
| Geld | Schlüssel |

**8 Survival**

| | |
|---|---|
| Kompaß | Signalpistole und Leuchtmunition |
| Topographische Karten | Kerzen |
| Gewehr und Munition | Reservefeuerzeug |
| Kleine Taschenlampe | Chemische Handwärmer |
| Taschenmesser | |

**9 Fototasche**

| | |
|---|---|
| Kameras und Objektive | Filme |
| Reservebatterien | Blitzgerät |

**Sonstiges**

Große Stahlthermoskanne
Gute Feuerzeuge (Gasfeuerzeuge müssen bei Kälte am Körper getragen werden, da sonst kein Gas entweicht).

Ggf. sturmsichere, wasserunempfindliche Streichhölzer
Ggf. Brille (Brillenträger sollten Kontaktlinsen verwenden, da Brillengläser bei niedrigen Temperaturen sofort vereisen)
Gute Sonnenbrille
Evtl. Tagebuch
Bleistift (Kugelschreiber sind bei Kälte nur bedingt verwendbar)
Stirnlampe mit Reservebatterie und *diversen* Ersatzglühlampen
Reserve-Stirnlampe
Chemische Handwärmer
Fahrradflickzeug zur evtl. Reparatur der Bunnyboots
1 Flasche Petroleum als Feuerstarter (Petroleum ist wirkungsvoller als alle mir bekannten chemischen Produkte)
Eine Handvoll Birkenrinde zum Entfachen des Feuers
1 Beil
1 Handsäge mit Reserveblatt
Werkzeug zur Schlittenreparatur: Zange, Schraubenziehersortiment, Reserveschrauben, dünner Draht, stabiler Bindfaden, Isolierband
kleine Petroleumlampe und Petroleum

**Karten für Iditarod Trail (Nordroute)**

Topographische Karten im Maßstab 1:250000 sind gegen Gebühr zu beziehen bei: U.S. Geological Survey, Fairbanks, AK 99701.

Die Bezeichnungen lauten: Anchorage, Tyonek, Talkeetna, McGrath, Iditarod, Ophir, Ruby, Nulato, Norton Bay, Unalakleet, Solomon und Nome.

**Essen für den Musher**

Als Anhaltspunkt mag der Inhalt meines Depots dienen, wie ich es in Rohn (Beginn der 150-Kilometer-Etappe »Rohn – Nikolai«) vorfand:
3× Müslimix (Frühstück)
9 Teebeutel
4 Brühwürfel
3 große Beutel Trailmix (Studentenfutter)
3× Salami- u. gebratene Schinkenspeckscheiben für kleine Zwischenmahlzeiten

3× geräucherte Lachsstreifen
4 Schokoladenriegel
3 Abendessen (vorgekochte, versiegelte und gefrorene Mahlzeiten. Werden zusammen mit dem Wasser für die Hunde erhitzt.)
1× Eiserne Ration (für Notfälle)

Informationshalber werden nachfolgend die im Rohn-Depot vorgefundenen sonstigen Ausrüstungsgegenstände (ohne Hundefutter) erwähnt:
1× Unterwäsche
1× Arbeitshandschuhe
1× Wollsocken
24 Hunde-Booties
1 Hemd
1× Toilettenpapier
4 Stirnlampenbatterien

**Zubehör für Hunde und Schlitten**
6 Freßnäpfe (für 12 Hunde)
1 Schöpfkelle
Isolierbox zum Anrühren und ggf. Aufbewahren des Hundefutters
Diverse große Plastikbeutel
20-Liter-Metalleimer mit Deckel zum Tauen des Schnees und Erhitzen des Wassers
Großer Kocher (ich verwandte anstatt des bei Mushern gebräuchlichen 400 $ teuren Spirituskochers einen großen ehemaligen Kochtopf mit diversen Luftlöchern sowie zwei »Rippen« zum Draufstellen des 20-Liter-Eimers. Mit diesem »Feuertopf« war ich in der Lage, sowohl ein kleines Holzfeuer als auch mittels einer flachen, mit Spiritus gefüllten Backform auf seinem Boden ein schnelles Feuer mit Brennflüssigkeit zu entfachen.)
Stahlkabel zum Anbinden der Hunde
Extraketten für läufige Hündinnen
300 Hunde-Booties
4 Reserve-Zuggeschirre
2 Segmente für Hauptzugseil (Reserve)
je 2 Zug- und Halsleinen (Reserve)

3 Karabinerhaken
1 »Jäckchen« für nasse oder unterkühlte Hunde
Mehrere Meter dünnes Seil sowie stabiles Nylonband
1 Satz Plastik für Schlittenkufenlaufflächen
Hundemedizin (Hier sollte der Tierarzt um Rat gefragt werden.)
Basisapotheke für Hunde muß z. B. beinhalten:
Schmerztabletten (z. B. Aspirin)
Salbe zur Behandlung der Pfoten
Mittel zum Einreiben bei Muskelverletzungen
Antibiotika
Tabletten gegen Durchfall
Bandage zum Umwickeln von Gelenken
Bei abgebrochenen Krallen gibt man in Alaska allgemein Zweikomponentenkleber auf die Bruchstelle.

## »Alaskanisches Musher-Wörterbuch«

| | |
|---|---|
| *Lead Dog* oder *Leader*: | Leithund, der das Team führt |
| *Double Lead:* | zwei Leithunde, die Seite an Seite das Team führen |
| *Swing Dogs:* | Hunde unmittelbar hinter den Leithunden |
| *Wheel Dogs:* | Hunde unmittelbar vor dem Schlitten |
| *Team Dogs:* | Alle Hunde im Team mit Ausnahme der vorgenannten |
| *Hike! All Right! Okay! Lets Go!:* | Startkommandos |
| *Ghee:* | Befehl, nach rechts abzuzweigen |
| *Ha:* | Befehl, nach links abzuzweigen |
| *Come Ghee* oder *Come Ha:* | Befehl, um 180° in der einen oder anderen Richtung zu wenden |
| *Whoo!:* | Befehl zum Anhalten |
| *Booties:* | Hundeschuhe |

# Tips für eigene Schlittenhundereisen durch Alaska

Bill Fliris mit Big Man

Da Schlittenhunde in Alaska einen sehr hohen Wert haben, gibt es nur wenige **Tour-Veranstalter** oder **Mietfirmen**, die bereit sind, dem Anfänger – wie auch dem Fortgeschrittenen – Hunde zur Verfügung zu stellen.

Seit kurzem bietet jedoch Bill Fliris in Tanana ein »Schlittenhunde-Paket« an, das nach einer Einführung in das *dog mushing* einen selbständigen Aufenthalt in seinem Wildnishaus am Tozitna River, Schlitten, wie auch ein gutes Hundeteam beinhaltet.

*Bill Fliris Wildnis-Cabin am Tozitna River*

Preis z. Zt. für das gesamte Paket 1000 US$ pro Monat, d. h. Hunde, Schlitten und Haus incl.

Anschrift: Tozitna River Huskies, – Bill Fliris –, Box 137, Tanana, AK 99777, Tel.: (907) 366-7245.

Ein anderer heißer Tip sind Carol und Tonya Schlentner in Manley Hot Springs, die auf sehr individueller Basis und zu moderatem Preis Hundeteams und Knowhow zur Verfügung stellen. Carol ist bei der Beschaffung einer Unterkunft behilflich. Anfragen (auch auf deutsch) bei:

Carol Schlentner, Box 74, Manley Hot Springs, AK 99756.

## Nützliche Anschriften

**Informationen über Rennteilnahme:**
Iditarod Trail Committee, P.O.Box 870800,
Wasilla, AK 99687, Tel.: (907) 376-5155, Fax: (907) 373-6998

**Anschriften der Dachorganisationen im deutschsprachigen Raum:**
Deutscher Schlittenhundesport Verband (DSSV), Schießstättenstr. 19, W-8900 Augsburg
Mushersportverband Österreich (MSVB), Breitenseerstr. 7, A-2294 Marchegg
Schweizerischer Verband für Schlittenhundesport (SVS), 19 Ch. du Nant d'Aisy, CH-1247 Anieres
International Sleddog Racing Association (ISDRA), Region 9, Im Eichgehölz 2, W-8000 München

**Informative Zeitschrift für aktive wie passive Musher:**
Zeitschrift Schlittenhund, Verleger: Goldrausch Verlag, Karl Heinz Raubuch, Hauptstr. 249, W-6635 Schwalbach, Tel.: 06834-5976, Fax: 06894-87725
Die in Alaska erscheinende Zeitschrift (englisch) *Mushing* wird auch ins Ausland versandt:
*Mushing*, P.O.Box 149, Ester, AK 99725, Tel.: (907) 479-0454

**Spezialgeschäfte für Schlittenhundeausrüstung und Zubehör:**

Schmidt – Artikel für Hundesport, Iggelheimer Weg 10, W-6733 Haßloch/Pfalz, Tel.: (06324) 58592

Klondike Shop, Aberenstr. 51, CH-8712 Stäfa, Schweiz, Tel.: 0041-1 9264944, Fax: 41-1 9266219

Müller Ausrüstung & Touren, Schützenhausstr. 9, CH-8618 Oetwil a. S., Schweiz, Tel. und Fax: 0041-1 9291967

Spezialgeschäft für Musher-Zubehör in Fairbanks/Alaska: Coldspot Feeds, 471 Fleshman St., Fairbanks, AK 99712, Tel.: (907) 457-8555

Hersteller von Musher-Kleidung und Mukluks in Alaska:

Tozi Wear, – Cathy Fliris –, P.O.Box 137, Tanana, AK 99777, Tel.: (907) 366-7245

Schnitzereien (auch Gravuren) aus prähistorischen Mammutknochen und -elfenbein (auch Musher-Motive) fertigt:

Wolf Hebel, P.O.Box 23, Ruby, Alaska 99768, Tel.: (907) 468-4446

Angebote: Schlittenhundetouren und Wildnishütte siehe »Tips für eigene Schlittenreisen«

Wer einen Winter mit einem Trapper an einer Trapline verbringen möchte, wende sich an:

Alex Tarnai, P.O.Box 187, Tanana, Alaska 99777. Der gebürtige Ungar spricht auch deutsch.